国家示范性高职建设教材·电子商务专业

呼叫服务

主　编　刘巧曼　段　建

副主编　郑久虎　安　刚

参　编　王海英

南京大学出版社

图书在版编目(CIP)数据

呼叫服务/刘巧曼,段建主编. —南京:南京大
学出版社,2014.12
ISBN 978 - 7 - 305 - 14583 - 4

Ⅰ. ①呼… Ⅱ. ①刘… ②段… Ⅲ. ①无线电通信—
电话业务—高等职业教育—教材 Ⅳ. ①F626.13

中国版本图书馆 CIP 数据核字(2015)第 004375 号

出版发行 南京大学出版社
社　　址 南京市汉口路 22 号　　　　邮编　210093
出 版 人 金鑫荣
书　　名 呼叫服务
主　　编 刘巧曼　段 建
责任编辑 高　聘　王抗战　　　　编辑热线　025 - 83596997

照　　排 南京理工大学资产经营有限公司
印　　刷 南京大众新科技印刷有限公司
开　　本 787×1092　1/16　印张 15.5　字数 360 千
版　　次 2014 年 12 月第 1 版　　2014 年 12 月第 1 次印刷
ISBN 978 - 7 - 305 - 14583 - 4
定　　价 34.00 元

网　　址:http://www.njupco.com
官方微博:http://weibo.com/njupco
官方微信号:njupress
销售咨询热线:(025)83594756

前　言

随着世界经济一体化步伐的加快,大量的外国公司、外国品牌涌进了国内市场,我国企业在国内、国际市场上的竞争也日趋激烈。为了在市场上站稳脚跟,各大企业不但在产品质量上下功夫,而且将客户服务放在了企业品牌塑造的第一位,希望通过全面、周到、细致的客户服务,树立企业形象,为企业带来新的利润增长点。

呼叫中心最初是作为一个"通讯增值业务"出现的,但是随着呼叫中心技术的不断发展,呼叫业务的日趋成熟,它的应用领域也越发的广泛,其影响力也越来越大,进而带来了企业"客户互动管理"的革命。呼叫中心作为企业客户服务最前沿的地方,也是最能体现企业客户服务质量的地方,因此企业为了最大限度的提升客户服务品质,不仅需要一大批具备呼叫服务业务能力的专业型人才,而且这些人才还要是具备呼叫服务的服务技巧、客户管理、客户关怀等技能的实用型人才,然而,目前就我国呼叫服务人才的规模来看,这类综合型人才的缺口还是很大的,远不能满足企业的用人需求。

为了适应呼叫服务业对专业人才的迫切需求,各地区、各相关院校结合各自的基础资源做了非常积极有益的尝试,取得了一定的成绩,但是也存在一些问题,例如人才培养过程中缺乏专业化的指导;相关教材、大纲资料不充分;培养出来的学生距离呼叫中心运营实际用人要求存在较大的偏差等等,这些问题都有待整合产业各方面资源加以梳理和解决。

本教材结合呼叫服务行业实际情况和服务要求进行编写,集合呼叫行业运营专家资源,以呼叫中心运营类复合型人才培养为目标,在梳理现有知识要点的基础上,更加注重对学生实际操作能力和服务能力的训练,更加科学化、系统化地教授呼叫服务实用技能,让学生在任务引导下,有目的、有问题、有思考的进行学习。

全书共分七大项目,内容涉及呼叫服务的整个过程,具体包括呼叫服务基础、售后应答服务、电话营销服务、呼叫服务思维、呼叫服务技巧、呼叫服务运营以及呼叫服务职业生涯规划等七个方面,每个项目以任务加以分析,每个任务都是在引导情景下展开,在讲解知识点的同时配以同步任务训练,讲训结合,突出能力培养,特别适合高中职院校的学生学习。

由于编者才疏学浅,水平有限,如有不妥之处,恳请批评指正。

编　者
2014 年 8 月

目　录

项目任务情境说明 ………………………………………………………… 1

项目一　呼叫服务基础 …………………………………………………… 1

任务1　呼叫行业认知 ………………………………………………… 1

1.1.1　任务引导 ………………………………………………… 1

1.1.2　支撑知识 ………………………………………………… 2

1.1.3　任务同步训练 …………………………………………… 8

1.1.4　自主学习任务 …………………………………………… 9

任务2　呼叫服务平台认知 …………………………………………… 9

1.2.1　任务引导 ………………………………………………… 9

1.2.2　支撑知识 ………………………………………………… 10

1.2.3　任务同步训练 …………………………………………… 18

1.2.4　自主学习任务 …………………………………………… 19

项目二　售后应答服务 …………………………………………………… 20

任务1　呼入电话业务类型 …………………………………………… 20

2.1.1　任务引导 ………………………………………………… 20

2.1.2　支撑知识 ………………………………………………… 21

2.1.3　任务同步训练 …………………………………………… 23

2.1.4　自主学习任务 …………………………………………… 25

任务2　呼入电话服务操作流程 ……………………………………… 26

2.2.1　任务引导 ………………………………………………… 26

2.2.2　支撑知识 ………………………………………………… 26

2.2.3　任务同步训练 …………………………………………… 30

2.2.4　自主学习任务 …………………………………………… 31

任务3　呼入电话的服务技巧 ………………………………………… 32

2.3.1　任务引导 ………………………………………………… 32

2.3.2　支撑知识 ………………………………………………… 33

2.3.3　同步训练任务 …………………………………………… 39

2.3.4　自主学习任务 …………………………………………… 40

任务4　客户投诉处理技巧 …………………………………………… 41

2.4.1　任务引导 ………………………………………………… 41

2.4.2　支撑知识 ………………………………………………… 42

2.4.3　任务同步训练 …………………………………………… 51

2.4.4 自主学习任务 ······ 53

项目三 电话营销服务 ······ 54
  任务1 呼出电话业务类型 ······ 54
    3.1.1 任务引导 ······ 54
    3.1.2 支撑知识 ······ 55
    3.1.3 同步训练任务 ······ 59
    3.1.4 自主学习任务 ······ 60
  任务2 呼出电话业务操作流程 ······ 61
    3.2.1 任务引导训练 ······ 61
    3.2.2 支撑知识 ······ 62
    3.2.3 同步训练任务 ······ 68
    3.2.4 自主学习任务 ······ 70
  任务3 电话营销的作业技巧 ······ 70
    3.3.1 任务引导训练 ······ 70
    3.3.2 支撑知识 ······ 73
    3.3.3 同步训练任务 ······ 87
    3.3.4 自主学习任务 ······ 88

项目四 呼叫服务思维 ······ 90
  任务1 客户服务礼仪基础 ······ 90
    4.1.1 任务引导 ······ 90
    4.1.2 支撑知识 ······ 91
    4.1.3 任务同步训练 ······ 94
    4.1.4 自主学习任务 ······ 95
  任务2 客户管理的目标 ······ 95
    4.2.1 任务引导 ······ 95
    4.2.2 支撑知识 ······ 96
    4.2.3 任务同步训练 ······ 98
    4.2.4 自主学习任务 ······ 100
  任务3 客户服务案例分析 ······ 100
    4.3.1 任务引导 ······ 100
    4.3.2 支撑知识 ······ 100
    4.3.3 任务同步训练 ······ 107
    4.3.4 自主学习任务 ······ 108
  任务4 客户服务技巧 ······ 108
    4.4.1 任务引导 ······ 108
    4.4.2 支撑知识 ······ 109

　　　4.4.3　任务同步训练 ……………………………………………… 113
　　　4.4.4　自主学习任务 ……………………………………………… 115
　任务5　客户服务礼仪原则及技能提升 …………………………………… 115
　　　4.5.1　任务引导 ……………………………………………………… 115
　　　4.5.2　支撑知识 ……………………………………………………… 116
　　　4.5.3　任务同步训练 ……………………………………………… 120
　　　4.5.4　自主学习任务 ……………………………………………… 121

项目五　呼叫服务技巧 ……………………………………………………… 122
　任务1　坐席员基本心理 …………………………………………………… 123
　　　5.1.1　任务引导 ……………………………………………………… 123
　　　5.1.2　支撑知识 ……………………………………………………… 124
　　　5.1.3　任务同步训练 ……………………………………………… 129
　　　5.1.4　自主学习任务 ……………………………………………… 130
　任务2　客户心理及调适 …………………………………………………… 130
　　　5.2.1　任务引导 ……………………………………………………… 130
　　　5.2.2　支撑知识 ……………………………………………………… 131
　　　5.2.3　任务同步训练 ……………………………………………… 136
　　　5.2.4　自主学习任务 ……………………………………………… 137
　任务3　压力管理 …………………………………………………………… 137
　　　5.3.1　任务引导 ……………………………………………………… 137
　　　5.3.2　支撑知识 ……………………………………………………… 139
　　　5.3.3　任务同步训练 ……………………………………………… 146
　　　5.3.4　自主学习任务 ……………………………………………… 147
　任务4　良好心态的培养 …………………………………………………… 147
　　　5.4.1　任务引导 ……………………………………………………… 147
　　　5.4.2　支撑知识 ……………………………………………………… 148
　　　5.4.3　任务同步训练 ……………………………………………… 155
　　　5.4.4　自主学习任务 ……………………………………………… 156

项目六　呼叫服务运营 ……………………………………………………… 157
　任务1　呼叫中心的现场管理 …………………………………………… 157
　　　6.1.1　任务引导 ……………………………………………………… 157
　　　6.1.2　支撑知识 ……………………………………………………… 158
　　　6.1.3　任务同步训练 ……………………………………………… 183
　　　6.1.4　自主学习任务 ……………………………………………… 184
　任务2　客户关怀方案设计 ……………………………………………… 184
　　　6.2.1　任务引导 ……………………………………………………… 184

6.2.2　支撑知识 ………………………………………………………… 185
6.2.3　任务同步训练 ……………………………………………………… 194
6.2.4　自主学习任务 ……………………………………………………… 195

项目七　呼叫服务职业生涯 ……………………………………………… 196
　任务 1　呼叫中心职业素质要求 ………………………………………… 197
　　7.1.1　任务引导 ………………………………………………………… 197
　　7.1.2　支撑知识 ………………………………………………………… 197
　　7.1.3　任务同步训练 …………………………………………………… 203
　　7.1.4　自主学习任务 …………………………………………………… 205
　任务 2　呼叫中心职业素质培养 ………………………………………… 205
　　7.2.1　任务引导 ………………………………………………………… 205
　　7.2.2　支撑知识 ………………………………………………………… 206
　　7.2.3　任务同步训练 …………………………………………………… 211
　　7.2.4　自主学习任务 …………………………………………………… 213
　任务 3　职业生涯规划基础 ……………………………………………… 214
　　7.3.1　任务引导 ………………………………………………………… 214
　　7.3.2　支撑知识 ………………………………………………………… 214
　　7.3.3　任务同步训练 …………………………………………………… 218
　　7.3.4　自主学习任务 …………………………………………………… 220
　任务 4　职业生涯规划设计 ……………………………………………… 220
　　7.4.1　任务引导 ………………………………………………………… 220
　　7.4.2　支撑知识 ………………………………………………………… 221
　　7.4.3　任务同步训练 …………………………………………………… 227
　　7.4.4　自主学习任务 …………………………………………………… 228
　任务 5　呼叫中心员工的职业生涯规划 ………………………………… 228
　　7.5.1　任务引导 ………………………………………………………… 228
　　7.5.2　支撑知识 ………………………………………………………… 229
　　7.5.3　任务同步训练 …………………………………………………… 235
　　7.5.4　自主学习任务 …………………………………………………… 236

参考文献 ……………………………………………………………………… 237

项目任务情境说明

　　呼叫中心进入中国已有十几年的时间了,虽然时间不如发达国家的长,但是比起世界的平均水平,我们的时间并不短,成立最早的外包呼叫中心也有近十年的历史。

　　上海汇通呼叫中心是一家集计算机网络工程、通讯工程为一体的专业呼叫中心,在移动业务推广、宽带业务推广、广告销售、游戏推广、邀约潜客挖掘、保险及大宗商品电销、调研等方面拥有丰富的资源和强大的运营能力。第五代呼叫中心坐席系统以及专业的电销团队协助企业实现业务快速增长的目标。

　　上海汇通呼叫中心现有 100 个呼叫坐席同时服务,拥有高素质、经验丰富的业务高管、高效执行的后勤、创新开发的技术团队、精通业务的运营团队。

　　上海汇通呼叫中心服务平台服务内容:

呼入型服务	呼出型服务	在线咨询服务
服务种类 1. 热线咨询服务 2. 售前咨询 3. 售后服务 4. 售后服务、预约 5. 产品增值营销 6. 投诉处理	服务种类 1. 市场开拓调研 2. 挖掘潜在客户 3. 数据清洗 4. 电话营销 5. 客户满意度调查	服务内容 1. 热线咨询服务 2. 售前咨询 3. 售后服务 4. 售后服务、预约 5. 投诉处理
高品质的呼入服务,提高客户满意度,降低成本,改善变动费用,为贵公司创造更高的价值	从市场开拓到顾客满意度调查,提供一站式的全方位服务,为贵公司提供扩大市场规模机会	提供并接手很多作为与顾客的触点之一的在线咨询服务

呼叫中心业务领域:

（1）电信业:增值业务推广、客户满意度调查,咨询。

（2）金融保险行业:市场调查、产品销售。

（3）人才服务:活动销售,咨询。

（4）酒店旅游行业:业务咨询、预定。

　　本书共有七个项目,每个项目下面分有多个任务,每一个任务都由任务情境引出,本教材中的绝大部分任务情境均以上海汇通呼叫中心为真实情境展开,呼叫服务坐席人员所遇到的业务问题也都是服务中真实存在的问题,同学们可以通过这些工作情境,带着问题和任务有针对性地进行相关知识的学习,在任务或问题的引导下高效率地完成学习目标,掌握呼叫服务的专业知识和技能,熟悉真实的呼叫服务工作环境和内容,为以后的工作就业打下扎实的专业基础。

项目一 呼叫服务基础

能力目标

1. 能够了解呼叫中心的基本概念；
2. 能够通过对呼叫中心发展的学习建立起对呼叫服务行业的概念；
3. 能够了解呼叫中心的基本组织架构；
4. 能够通过对呼叫中心平台业务内容的认识加深对呼叫中心的认知；
5. 能够全面了解呼叫中心的日常工作；
6. 能够了解呼叫中心的系统结构。

知识内容

1. 呼叫中心的概念；
2. 呼叫中心的历史；
3. 呼叫中心的发展；
4. 呼叫中心的基本组织架构；
5. 呼叫中心中各个岗位及其主要职责；
6. 呼叫中心平台的系统架构及流程管理。

本项目包含了两个学习任务,具体为:

任务 1:呼叫行业认知。

任务 2:呼叫服务平台认知。

任务 1 呼叫行业认知

1.1.1 任务引导

1. 任务情境

在日常生活中,手机、电话是我们的必需品。伴随着营销与服务意识的不断加强,当我们遇到问题的时候经常会想到拨打热线电话进行求助,热线电话的那边就是呼叫服务中心。在那里,呼叫服务人员将帮助我们进行受理和处理等工作,帮助我们处理相关业务。当然除了我们打电话给呼叫中心,我们常常也会接到类似于调查、应用推荐、资讯询问等由呼叫中心拨打给自己的电话,这也是呼叫中心服务人员的日常工作之一。

2. 任务分析

要了解呼叫服务行业,需要思考下面的问题:

(1) 大家心目中的呼叫中心是什么样的?

(2) 我们都拨打过或者接到过哪些呼叫中心的电话?

1.1.2 支撑知识

一、呼叫中心的概念

呼叫中心是一种工具。从根本上说呼叫中心已经深入到我们日常生活的点点滴滴。我们致电 10086、10000、航空公司、银行系统时,接线员使用的工具就是呼叫中心。比如我们拨打 10086 移动客服,接电话的移动人员使用的就是呼叫中心;向银行拨打电话询问自己的银行卡余额,播放语音消息的就是呼叫中心……呼叫中心本身是一个建立和保持客户关系的工具。

呼叫中心也是一个运营场所。它充分地利用现代通讯与计算机技术,通过人工服务或自助服务的形式方便灵活地处理各种不同的电话呼入或呼出业务。比较常见的形式是在一个大房间中,有很多接线员与计算机,接线员利用手边的电话、电脑与客户进行沟通,回答客户的问题,或者拨打电话,对自己营销的产品进行营销等操作。

图 1-1 呼叫中心

呼叫中心的命名是各种各样的,它的来源是英文 Call Center,有时候也被称作客户服务中心或服务热线,这种形式是由发达国家先提出的,它是在服务质量提升及科学技术发展的条件下产生的。伴随着技术的不断发展,尤其是 CTI(计算机电话集成)技术的快速发展,呼叫中心现在已经在各个行业中有了快速的发展,更具有了丰富多彩的内在能力与外部延伸。在不同的企业中,根据呼叫中心在企业中的不同工作方式与工作内容,对呼叫中心的叫法也不尽相同,比如客户服务中心(Customer Service Center)、客户关怀中心(Customer Care Center)、客户联络中心(Customer Connect Center)、客户接触中心(Customer Contact Center)、客户支持中心(Customer Support Center)、多媒体接入中心(Multimedia Access Center)、客户关系中心(Customer Relation Center)、电话行销中心(Telemarketing Center)、信息处理中心(Information Process Center)等一系列名称,各种各样的别名也从不同的角度反映了呼叫中心在内容的广泛性与复杂性上有了长足的发展。在以客户服务至上的今天,呼叫中心已成为政府与群众、企业与客户、银行与储户沟通的信息桥梁,它是今后政府、企业、银行实现信息化的主要发展方向之一,能够很明显的提升服务水平,为政府、企业和银行带来良好的经济效益与社会效益,并最终推进社会的发展。

二、认知呼叫中心的作用和特征

(一) 呼叫中心的作用

呼叫中心是指一些企业或组织为了密切与客户联系并为之提供有效服务而设立的一种实体,它是以计算机技术和通信技术为硬件支撑,由坐席员通过电话等多种通信手段实现服务的,是企业或组织为市场营销、售后服务或其他特定服务活动而接收或发出呼叫的一种运营场所。简单地说,呼叫中心是一个不用与客户直接见面,而是通过电话等通信方式为客户提供各种服务的场所。

呼叫中心的作用包含以下几个部分:
- 提高工作效率
- 节约开支
- 选择合适资源
- 提高客户服务质量
- 留住客户
- 带来新的商业机遇

呼叫中心作为一种不断发展的、全新的现代化服务方式,一直备受企业重视,是企业在竞争中出奇制胜的法宝之一。

(二) 呼叫中心的特征

呼叫中心是一个以CTI(计算机电话集成)技术为核心,集合了语音技术、呼叫处理、计算机网络和数据技术为一体的系统,它具有以下特点:

1. 实现"一号通",便于客户记忆;

2. 智能化呼叫路由,使资源得以充分利用,采用自动呼叫分配系统,由多种条件决定路由的选择;

3. 自动服务分流,由自动语音或自动传真使客户呼叫分流,或由不同坐席人员提供不同服务便客户呼叫分流;

4. 7×24 小时服务,通过自动语音应答设备能够做到为客户提供 24 小时全天候服务;

5. 提供灵便的交流渠道,允许客户在与坐席人员联络时随意选择包括传统的语音服务、IP 电话、电子邮件、传真、文字交谈、视频等在内的任何通讯形式;

6. 提供"个性化"服务,事先了解有关客户的各种信息,不同客户安排不同的坐席人员提供更有针对性的服务;

7. 完善的客户信息管理、客户分析、业务分析等功能,为企业的发展决策提供事实依据;

8. 既具有良好的社会效益,又能产生好的经济效益的"利润中心"。

案例

随着 IT 互联网技术的成熟,2008 年航空电子客票的推行,机会来了,呼叫中心成为国航提升直销能力的有效手段。与普通纸质客票相比,电子客票可以通过互联网购买机票和用银行卡付款,无需再到售票柜台,不需要送票、取票,直接到机场凭有效身份证件办理乘机手续。

国航电话销售服务中心总经理黄峰说:"电子客票的普及为呼叫中心取代原来的代理售票点、提升直营能力提供了很好的契机。国航经过考察发现,互联网和电子客票的普及在改变旅客消费习惯,呼叫中心能够成为重要的直销渠道;同时,全国统一的销售服务电话,取代原有的散布在各地的客户服务中心,有助于提高呼叫中心的服务水平和客户满意度。因此,国航对呼叫中心提出了一个新的定位——销售与服务中心。"

经过 3 个阶段的部署,国航的新系统上线,统一的服务热线取代了"国航电话订座中心"。客户电话都可以无缝地接到能够最恰当地解决问题的销售服务代表处,客户可以从国航位于北京、上海和成都的 300 多名销售服务代表处获得及时和个性化的服务,这极大地方便了客户的订票过程。而且电话客户服务中心的销售服务代表现在能够在通话期间看到客户的基本信息和历史活动记录。

不仅如此,新升级的国航呼叫中心还可以通过收集客户数据,通过数据挖掘实现定制化的服务。根据统计数据显示,乘坐头等舱和公务舱的乘客占航班收入的 40%～50%,因此,如何为这些乘客提供更加个性化的高端服务是提高客户忠诚度、提升销售收入的重点。国航电话销售服务中心根据客户的服务建议和这些高端客户资料等,进行主动分析,针对他们推出了一系列的特别服务。例如,为购买头等舱的旅客提供机上订餐服务,旅客在购票时就可以在系统上查看飞机提供的所有餐食种类,通过点击预订。电话销售服务中心的客服代表将向客人核实相关的要求和特别服务,并将确认信息送到食品公司。食品公司根据要求将标上座位号和名字的餐食送上指定航班。这样一对一的服务全部基于电子客票预订系统和呼叫管理系统来实现。

自新呼叫中心系统上线以来,国航电话销售服务中心的月收入同比增长接近 300%。

三、呼叫中心的分类

1. 按采用的不同接入技术分类

（1）基于交换机的呼叫中心

基于交换机的方式是将用户呼叫接入到后台坐席人员，其处理能力较大、功能齐全、性能稳定，适于构建规模超过 100 个座席的较大的呼叫中心系统；但其成本比较高，一般的企业无法承担。这种方案主要适用于银行、电信等行业的大型呼叫中心。

（2）基于板卡的呼叫中心

基于板卡的方式是以计算机语音处理技术为基础，其基本思想是在计算机平台上集成各种功能的语音处理卡，完成对用户拨入呼叫的控制。相对于基于交换机的呼叫中心，板卡的方式可以解决呼叫中心的基本功能，其成本低廉、设计灵活，但这是以性能的差距为代价的——不具备强大的交换处理能力、功能专用、稳定性难以保障。这种方案主要用于容量小、业务简单的小型呼叫中心。

2. 按照呼叫类型分类

（1）呼入型呼叫中心

不主动发起呼叫，其主要的功能是应答客户发起的呼叫，其应用的主要方面是技术支持、业务受理、业务咨询、投诉/建议、信息查询等。

（2）呼出型呼叫中心

主动发起呼叫，其主要应用是电话营销、市场调研、用户资料更新、催缴费、客户回访、客户挽留等业务。

（3）呼入/呼出混合型呼叫中心

这种类型的呼叫中心，既处理客户发出的呼叫，也主动发起呼叫。单纯的呼入型呼叫中心和单纯的呼出型呼叫中心都比较少，绝大多数呼叫中心属于此类型。

3. 按照规模分类

呼叫中心的规模大小一般按提供多少个业务代表坐席进行区分。一般认为 100 个坐席以上的呼叫中心为大型呼叫中心，50~100 个坐席代表的呼叫中心为中型呼叫中心，而50 以下的呼叫中心为小型呼叫中心。

4. 按照功能分类

电话呼叫中心、Web 呼叫中心、IP 呼叫中心、多媒体呼叫中心、视频呼叫中心、统一消息处理中心。

四、呼叫中心的产生和发展

（一）呼叫中心的产生

呼叫中心起源于美国的民航业，其最初目的是为了能更方便地向乘客提供咨询服务和有效地处理乘客投诉。美国银行业在 20 世纪 70 年代初开始建设自己的呼叫中心。不过那时的呼叫中心还远远没有形成产业，企业都是各自为战，采用的技术、设备和服务标准都依据自身的情况而定。一直到 20 世纪 90 年代初,都只有很少的企业能够有财力在技术、设备上进行大规模投资来建设可以处理大量话务的呼叫中心。从 20 世纪 90 年代初期开始,随着 CTI 技术的引入,其服务质量和工作效率有了很大的提高,反过来也使客户中心系统获得了更广泛的应用,而客户关系管理也越来越受到企业关注,从而促进呼叫中心真正进入了规模性发展,尤其是 800 号码的被广泛认同和采用,更促进了这一产业的繁荣。

(二)认知呼叫中心的历史

呼叫中心的发展与通信技术、网络技术的发展密切相关,因此,我们一般以呼叫中心所使用的主要技术手段为依据来划分呼叫中心的四个历史发展阶段。

1. 第一代呼叫中心:基于交换机的人工热线电话系统

在呼叫中心发展的早期,只是利用电话向用户提供简单的咨询服务。功能简单、自动化程度低,由专门的话务员或专家,凭借经验和记忆,为打入电话的顾客进行咨询服务。其信息容量有限,服务能力也无法提高。

第一代呼叫中心的特点是基本靠人工操作,对话务员专业技能的要求相当高,而且劳动强度大、功能差、效率低。一般多用于受理用户投诉、咨询。目前,没有正式设立呼叫中心的企业或组织一般仍采用这种方式。比如,提供家政或维修服务的一些公司一般都设有人工接听的热线电话。这种形式虽然从规模上不能算作是呼叫中心,但就其功能而言已具备了呼叫中心的特点。

2. 第二代呼叫中心:基于交互式自动语音应答呼叫中心系统

随着技术的进步,为了高效率地处理客户提出的具有普遍性的问题,为了节省人力资源,降低坐席员的劳动强度,呼叫中心则通过交互式语音应答系统(IVR)处理大部分常见问题。如电信运营商设立的 114 特服电话,就是早期一个比较典型的第二代呼叫中心案例。随后大量声讯台、寻呼台也普遍采用这一方式为客户提供呼叫服务。现在电信运营商已建成多个呼叫中心,如 10000/10001 和 1860/1861 等,通过其方便快捷的服务,使呼叫中心的概念在这一发展阶段逐渐深入人心。

这一阶段呼叫中心的特点是广泛采用计算机技术,减轻了坐席员的劳动强度,减少了出错率;均衡坐席员的话务质量,降低了呼损率,提高了用户的满意度等。不足之处是此类呼叫中心需要采用专用的硬件及软件平台来实现,难于满足用户的个性化需求,灵活性差、升级不方便、成本高。

3. 第三代呼叫中心:基于语音板卡的客服系统

随着计算机电话集成技术(CTI:Computer Telephony Integration)的发展与成熟,通过通信技术与计算机技术的结合,出现了基于语音板卡的客服系统,从而通过标准化的通用软件与硬件平台将电话语音、计算机及网络获取的数据(如客户信息等)集成于一体,使用户不仅可以得到 24 小时的持续服务,而且能同时得到语音、图像、数据等多方面的信息支持。因而,采用此类系统的呼叫中心可以大大增加服务的信息量、提高服务的效率,还能有效地控制成本、增加收入,树立专业化的企业形象,建立完善的客户服务资料库。采用此类系统的不足之处是:由于基于语音板卡的软件是针对具体的呼叫中心项目而开发的,因此软件结构的规划性、科学性、紧凑性以及应用的灵活性会受到限制。并且当呼叫量增大时,系统的稳定性和运行效率很难得到有效的保障。

4. 第四代呼叫中心:新一代基于IP的呼叫中心系统

随着互联网的发展与普及,与因特网应用相关的技术也得到快速发展,呼叫中心也呈现出多媒体化和分布式的发展趋势。以IP技术为基础的呼叫中心很大程度上是为因特网用户服务的,其功能较以往更加强大,应用范围更加广泛,并呈现出逐步普及的趋势。那些跨地区、跨国家甚至跨洲的大型企业或组织,通过互联网将原来集中式的呼叫服务分散到各地,从而可以最大限度地整合整个企业或组织的呼叫中心资源,更利于管理与资源共享,从而降低服务成本,提高呼叫中心的容灾能力。

IP呼叫中心是一种结合互联网技术的新型呼叫中心,除了具备传统呼叫中心的各项功能和以“电话”为主要接入方式外,还提供Web呼叫服务,即支持用户从网页直接访问呼叫中心,通过覆盖全球的互联网将传统业务和新型增值业务完美融合在一起,实现呼叫中心低成本、高效率的管理体系。通过采用先进的VoIP(Voice over Internet Protocol,基于互联网的语音传递技术)及软件交换技术,还可以为电话和因特网用户提供统一的服务。因此相比较传统呼叫中心,IP呼叫中心在处理能力上大幅度提升的同时,还具有功能和成本优势。

(三) 呼叫中心现状与发展

1. 呼叫中心现状

呼叫中心在国内历经十几年的发展,技术不断成熟。同时,企业对呼叫中心的认知和需求也愈加成熟和普及,到目前为止,中小企业对呼叫中心不同程度的使用和普及率也有了较大幅度的提升,有近几十万家企业,以不同形式应用呼叫中心服务于客户或进行营销等工作。而呼叫中心从十年前的昂贵成本中心到今天普及到中小企业的简单易用的通信管理工具,它的普及,与呼叫中心的托管式服务或呼叫中心电信运营模式息息相关。托管运营模式的诞生和普及,使得中小企业群体能够零成本快速拥有呼叫中心,而使用中付费的服务方式使得中小企业降低了投入风险,同时也让运营服务商在快速扩大客户规模的规模化服务中共享资源、提高投资利用价值进而找到了盈利模式。

无论模式的创新还是技术的创新,想得到市场、客户的认可,根本所在还是要踏踏实实做客户需要的东西,概念的创新能够赢得短暂的关注,而若想赢得客户的信赖需要的是站在客户的角度为其提供他所需要的东西,同时竭尽所能,做好它,长久地做好它,长久持续的专注打造的专业,才能够给客户带来真正的价值。

2. 呼叫中心的未来发展

云呼叫中心是伴随云计算的应用而产生的,起步相对较晚,国内用户数量增长迅速但仍然落后于传统呼叫中心,但随着国内中小企业信息化的普及应用,中小企业市场对云呼叫中心的优势认知、接受程度越来越高,云呼叫中心按需付费,投入成本低,使用风险低的优势将越来越被广大中小企业管理者认可,市场增长潜力巨大。

基于云计算构建的IT系统具备支持超大规模、高可靠性、高通用性、高可扩展性、按需服务和虚拟化的一般特征(见图1-2),将呼叫中心的三个核心因素,即企业通信、运营管理、业务应用统一放在云计算的架构下设计,云呼叫中心平台才能具备运营的能力和基础。

按需索取
随需而变
通用性
高可靠性
低成本
超大规模
虚拟化
高扩展性

图 1－2 云呼叫中心的特征

1.1.3 任务同步训练

一、任务描述

我们了解了呼叫中心的基本特点与分类,那么中国国内的大型呼叫中心或者超大型呼叫中心都有哪些呢?请查找相关的资料和图片并进行记录。

二、同步训练任务书

任务名称	呼叫中心调查	任务用时	20 分钟
同步训练描述	以小组为单位讨论、分析并完成不同类型呼叫中心资料整理。		
序号	呼叫中心名称	呼叫中心资料信息	
1			
2			
3			
4			
5			

三、教师点评

在我们国家有很多类似的大型呼叫中心,以及呼叫中心的资料。大家可以在网上或者书店相关资料中找到相关的知识。

四、综合评价

任务名称	呼叫行业认知		
任务完成方式	□小组协作完成 □个人独立完成		
评价:			
任务成绩(满分100分):			
自我评价 (20%)		小组评价 (20%)		教师评价 (60%)	
存在的主要问题:			

1.1.4 自主学习任务

分小组进行呼叫中心的电话服务,对通话的过程进行记录,并对通话的感受与相关想法进行描述。

任务2 呼叫服务平台认知

1.2.1 任务引导

1. 任务情境

周康是一位刚刚毕业的学生,在上海汇通呼叫中心工作。一段时间过后他了解了针对客户服务人员制定的服务规范流程。

呼叫中心对客户服务人员整体上的一些规范,例如:每天登录、退出系统的时间规定、上下班及排班规定、电话使用细则、电脑使用细则、穿着规定、请假规定、参加培训的规定等。

周康想是谁来制作这些流程呢?通过自己了解和学习知道了原来通常由一线经理执笔,二线经理审核把关,而规模较大的呼叫中心,应该经律师审核,具体操作应征询执行员工的意见。最后对于这些规范流程,应加强相应地培训,对新员工要作相应培训,对老员工也应每隔一段时间作相应培训,以确保这些流程正确执行。

2. 任务分析

对呼叫服务中心的认知,我们需要掌握的内容:

(1) 一个完整的呼叫中心由哪些部门构成,每个部门有哪些岗位及其主要职责是什么?

(2) 呼叫中心的流程管理是什么,以及流程管理有哪些内容?

(3) 一个呼叫中心的日常工作是怎么实现的呢?

1.2.2 支撑知识

一、呼叫中心组织架构及岗位职责

(一) 呼叫中心组织架构

在任何一个形式的企业或者部门中,都有其对应特性的组织架构。一个好的组织架构及组织能力是企业竞争的先决条件,组织与管理是关乎企业工作效率、管理模式、工作流程处理方式等重要环节。对于一个呼叫中心来说,为协助呼叫中心坐席员提高服务质量,同时对整个呼叫中心实施有效的数字化管理,呼叫中心内部必须建立起恰当的组织结构,要准确定位呼叫中心内部的核心职能,构建完善的部门和职位体系,理顺内部信息沟通的渠道,从而支持呼叫中心整体目标和策略的实现。(如图 1-3)

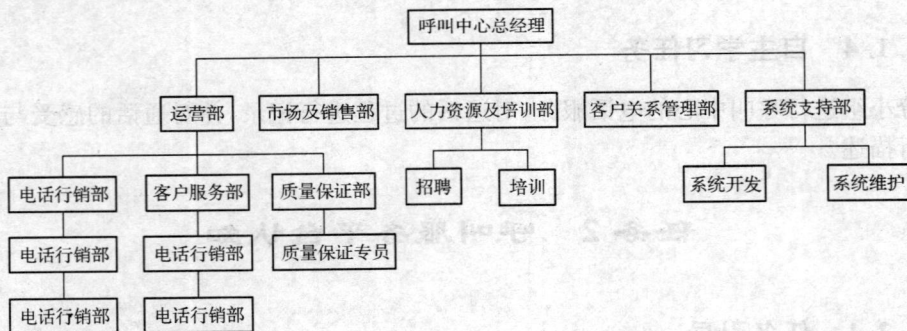

图 1-3　呼叫中心组织结构图

(二) 呼叫中心的岗位职责

1. 运营部

运营部是负责呼叫中心日常运行,并且提供服务从而达到挽留和赢得客户的目的,并对新客户进行电话行销,同时,还负责对服务质量以及流程进行有效的监控。

在运营部门中最高的管理者是运营经理,运营经理的主要职责是:

● 呼叫中心最高决策人,制定呼叫中心的发展方向和政策。

● 负责协调呼叫中心与公司其他部门之间的关系，并召集会议讨论调整流程和服务内容，确保客户的需求受到充分的重视。

● 负责管理整个呼叫中心的运作表现、质量保险、生产率及成本效率控制等目标，并全面监管日常客户服务。

● 规划、管理及控制呼叫中心的运作，以便用有效及高效的方法达到品质与成本的目标。

● 在符合优质的服务目标下，确保呼叫中心的资源得到最有效的利用。

● 管理被分派项目的整体质量、绩效及生产力。

● 负责设计及发展优秀的工作流程及范例，并确保其执行品质。

● 发现及校正任何影响生产力及获利方面的营运问题，培养积极的及专业的客户服务团队。

在运营部门的管理下，运营部分为电话营销、客户服务与质量保证部门。

电话营销部主要职责：在运营经理的领导与积极运作下，提供给客户 7×24 小时的热线咨询、信息查询、投诉受理等方面的服务。

在电话营销部中主要有电话营销组长及电话营销员，其中电话营销组长的主要职责是：

● 负责提升小组的业务绩效，以完成全组业绩目标为首要任务。

● 协助主管训练新进电话营销专员，确保团队所有员工明确项目进度及个人目标。

● 负责新进组员受训后的辅导责任。

● 负责小组的管理（如主管交办的任务，准客户之间冲突的处理以及出勤等）与行政工作，巧妙地处理及解决来自小组成员的疑难客户咨询。

● 负责督导电话营销专员的销售业务，以确保电话营销专员遵守工作守则。

● 负责监听组员电话以了解所属问题，并能适时地提供协助。

● 协助解决电话营销人员的问题。

● 负责小组的士气提升。

● 每天与全体组员召开业务会议。

● 协助招聘经理扩展小组组织，补充人力，并负责招聘及面试。

● 每周与每位组员 P.R.P 两次，透过 P.R.P 或其他管理机制，随时掌握电话营销专员的活动量与业绩进度。

● 充分了解组员销售量，以掌握市场确切的反应，并向电话营销经理及客户经理推荐有关执行效率改进的方案。

● 持续加强产品、销售及管理的专业知识与技能，以提升管理绩效。

● 保守业务机密。

● 执行主管交办的任务。

电话营销员的主要职责是：

● 负责执行电话营销业务，完成销售任务，并向客户提供快速、准确与专业的咨询及服务。

● 达成个人业绩目标。

- 根据公司提供的产品或服务,招待电话营销项目,并完成销售任务。
- 提供给客户快速、准确与专业的查询及服务,并寻求各种销售的机会。
- 参加密集训练,提升专业知识及技巧、对处理工作的专注以及对服务品质的追求,以达到个人绩效、公司整体绩效及服务品质要求的满意度。
- 适当处理客户投诉并适的回报给主管。
- 适时反映市场情报,让主管得以随时掌握市场动向并创造新商机。
- 充分应用公司资源,避免浪费,以创造更高的利润。
- 详细记录销售过程,以利于主管分析绩效并得以提供协助或训练。

客户服务部主要职责:执行电话营销任务,完成既定的销售目标,并且能够为客户快速准确地提供专业的业务咨询服务。

客户服务部组长主要职责是:
- 监督及管理小组成员运作并给予客户 7×24 小时的服务。
- 管理呼叫中心的运作,并保证实现既定 KPI。
- 监督并评估小组成员的工作质量及效率,必要时可决定是否采取改善措施。
- 提供指导及支援以促进小组成员的服务质量及日常操作的顺利实施。
- 监督电话流量并适当部署资源以符合服务目标。
- 巧妙处理及解决来自小组成员的用户投诉及复杂的用户咨询。
- 确保新服务及项目的执行。
- 积极地获取回馈,并向运营经理推荐有关改进执行效率的方案。
- 每个班长负责 12—14 名员工,直接向运营经理汇报。

客户服务部坐席员主要职责是:
- 负责客户热线咨询、信息查询及疑难问题的解答工作。
- 上班后立即登录服务系统,来电铃响三声内必须应答。
- 接听客户电话时必须使用文明用语,热情周到,认真负责。
- 协助客户进行信息登记和更新。
- 接到疑难电话或投诉,应详细记录来电时间、内容、客户联系方式和明确答复时间并填写疑难反馈单转交直接上级处理解决。
- 对工作过程中接触的企业、商业机密及客户数据进行严格保密。
- 按时参加工作例会,分享工作经验和知识,并向上级汇报工作中出现的问题。
- 负责所用电脑和办公设备的内外部清洁。
- 负责自己办公席位的卫生环境。
- 严格遵守公司的各种规章制度及客户服务中心的各种规章制度和工作流程。
- 对部门工作和公司文化提出有价值的建议和意见。
- 熟悉本岗位工作,努力学习相关知识,提高服务技能和综合素质。
- 参加部门安排的各项培训和考核。
- 服从直接上级领导的工作安排和管理。
- 及时进行工作总结和工作述职。
- 在完成本职工作前提下,积极帮助组内新员工提高工作技能。

● 积极与同事进行沟通,相互学习,相互帮助,发扬协作精神,努力提高组内工作绩效。

质量保证部,在整个运营部中担当的是质量保证的角色,在确保各部门工作任务指标达成的同时,也要保证工作成果的质量必须达标。质量保证部的主要职责是:

● 质量保证专员应负责确保实现既定的 KPI,并积极主动地完善各部门及部门之间的工作流程等。

● 质量保证专员应负责对一线员工进行培训,并对流程进行明确描述,确保其有效性。

● 质量保证专员应站在客户的立场上明确核心工作流程,并根据用户最关心的三个最重要的因素,进行流程变更和质量监控。

● 质量保证专员应协同呼叫中心经理共同开发监控服务质量和 KPI 的工具和手段。

● 质量保证专员应阶段性地从呼叫中心运营部门的前线员工及管理人员那里收集用户动态。

● 为流程改进提供主要依据。

● 质量保证专员应随时跟踪个人执行情况,并进行具体的统计。

● 当流程及效率需要大规模改进时,质量保证专员负责设计并执行项目实施计划。

● 质量保证专员应协同有关部门开展神秘用户调查,并阶段性地进行对外部用户满意度调查。

● 为使得流程更有效率,质量保证专员应与客户关系专员合作,进行客户反馈调查和客户流失率分析。

2. 人力资源及培训部门

人力资源及培训部门主要的职责是负责为运营部门提供高素质的人员以满足运营的需求,并提供运营所要求的新员工入职培训。

人力资源及培训部门主要分为两个部分:(1) 培训员(2) 人力资源管理员

其中培训员的主要职责是:

● 了解企业未来的发展计划,并尽可能地为员工提供必需的发展培训。

● 在公司中创造学习的文化氛围。

● 计划、组织并实施职业发展计划。

● 领导并开展一般的软性技能和管理培训。

● 维护并更新所有的员工培训记录,保证所有的培训设备状态优良。

● 协助相关部门进行运营培训,并对其进行地有效性评估。

● 建立独立的人力资源部,专门为呼叫中心提供人力资源的服务。

尽管人力资源和培训部门只能属于支持的角色,但对于整个客户服务系统的成功,起到了不可或缺的作用。该部门提供广泛的支持,包括人力资源、行政和后勤等。

人力资源管理员的主要职责是:

● 根据业务需要规划人力资源和员工攻略。

● 根据人力资源政策处理来自运营部门的新增或补充员工的申请。

● 建立人员的薪酬和福利架构。

- 准备招聘计划。
- 发布招聘广告。
- 进行面试。
- 控制人力安排，避免人员过剩而造成浪费。
- 处理员工的投诉或者纪律问题。
- 组织并领导定期的员工与高层管理人员的沟通。
- 处理员工的薪酬和保险问题。
- 带领员工开展娱乐和体育项目。
- 向运营经理提议与员工有关的纪律。
- 进行员工满意度调查。
- 管理集中采购和供给、财务和会计、存货控制、文具提供、安全、卫生、餐厅、交通、计划生育和勤杂工人。

3. 系统支持部

在呼叫中心中，具有很多的电子设备以及相应的软件、硬件设备，在日常的工作中，这些设备需要专门的人员来进行维护与管理。系统支持部的主要职责就是开发适合运营需求的程序，并维护部门的网络、系统、服务器、电信设备、数据库、资料库和桌面，保证网络和系统有效运营。

系统工程师的主要职责是：

- 维护并支持部门的网络、系统、服务器、电信设备、数据库、资料库和系统桌面。
- 保证网络和系统有效运营。
- 建议有关部门站在市场的角度对新技术的应用进行成本和利益的分析。
- 与有关部门共同评估供应商的标书。
- 为相关部门提供必要的技术培训。
- 维护并及时更新资料库。
- 根据有关部门的需求开发应用软件，以满足客户需求及业务需求。
- 在技术和系统方面采取安全措施。

4. 客户关系管理部

客户关系管理部的主要职责是在市场部门的配合下设计、执行客户忠诚度计划，并控制客户忠诚度计划项目的进度来提高客户的忠诚度、客户的回头率和客户关系管理，同时进行数据分析，挖掘客户的购买能力从而进行升级销售或者交叉销售。

客户关系管理专员的主要职责是：

- 通过数据挖掘、数据分析进行客户确认和客户细分。
- 在系统部门的协助下维护数据库，并保地随着业务需求的发展变化，数据库的及时更新。
- 计划、组织并实施任何客户挽留计划、目标客户计划、客户建议会、客户满意度调查和其他忠诚度计划。
- 跟踪客户流失率，并进行客户流失率分析，定期向总裁和客户服务总监提交分析报告。此外，客户关系部应与销售、市场和技术部合作，尽可能降低客户流失率。

● 负责客户投诉的分析及流程改造和跟踪。

5. 市场及销售部

市场及销售部的主要职责是：设计电话行销、DM（快讯商品广告）、数据库行销的销售策略，并通过运营部得以实施，达到获得新客户的目的。

呼叫中心的运营管理首先是人的管理，因此建立一个有效的组织结构就成为呼叫中心成功运作中的关键环节。组织结构建立起来以后，下一步即是根据架构来确定整个呼叫中心的运转流程。

二、呼叫中心流程管理概述

（一）流程与流程管理的作用

流程就是为了完成某项工作而制定的程序步骤，是操作人员为了达到工作目的而执行的一致工作方法。

流程在呼叫中心的工作中占有举足轻重的地位，呼叫中心的所有业务都需要流程来驱动。

在呼叫中心中，为了能够达到一个更好的用户体验，就必须有一个完善的良好的工作流程，这样对于呼叫中心的运营工作有着水到渠成的作用。

一个有效的流程管理应该发挥以下的作用：

● 使业务的过程变得更加简单化，从而提高工作效率，减少工作内容及重复性。
● 改进过程的速度提高，能够使呼叫中心工作不再无目标的散放式管理。
● 容易找到更有效的方式降低成本。
● 更有效的呼叫处理和数据管理过程，可促使客户满意度和效益的提高。

借助于容易理解的工作流程表，使新员工能够更快的熟悉工作流程并投入工作。

（二）管理流程的内容

呼叫中心、企业内部各部门、客户等组成一个紧密的工作小组，小组内各岗位、各环节密切配合，依次完成各岗位应有的任务，最终完成客户的闭环服务。管理流程是各岗位工作时沟通和配合的依据，是呼叫中心工作有序进行的保障，将对客户满意度产生重要影响。

呼叫中心管理流程主要有以下几个方面：

1. 电话现场转接管理流程

电话现场转接管理流程是针对坐席员无法解决的问题，或者客户强烈要求与上级领导对话的时候，或者从坐席员开始，到组长、运营主管、呼叫中心经理这样的顺序将不断升级的问题进行处理的流程。

2. 工作单传递管理流程

工作单传递管理流程，主要是针对在呼叫中心的运营现场根据客户的要求而生成的各种工作单，比如客户投诉处理单、保障单、咨询单等等，对工作单的处理一般经过工单的管理人员审核、相对口部门传递分发、回馈结果系统录入、专人回复客户，工单归档等流程。

3. 信息发布与更新管理流程

信息发布与更新管理流程主要是对呼叫中心所需要的业务信息、客户资料、数据等信息的主动向业务部门收集、信息员加工整理、管理人员审核发布与更新的这一流程进行管理。

4. 质量监控流程

质量监控流程主要是指对呼叫中心现场工作中提供的服务及受理的质量的控制,其中质的监控一般都是对坐席员话务与业务质量控制的数据收集、管理和分析;量的控制一般是对数据量的计算和制取。在质量监控的流程中既要注意个案的收集,也要注意全面的数据分析。

5. 故障报警流程

故障报警流程一般都是针对通路系统、操作系统、主机通讯等技术类故障的定时监控、及时发现上报、排除故障的管理流程。

6. 灾难应急流程

灾难应急流程一般都是呼叫中心针对现场可能出现的不可抵抗的灾难事件时,仍然能保证呼叫中心正常服务的应急流程。

三、呼叫中心系统架构

(一)呼叫中心的关键技术模块

呼叫中心是一个基于CTI技术,并且不断将通信网、计算机网和信息领域最新技术功能融合,而且与企业连为一体的完整的综合信息服务系统,也是一个最完整的电子商务系统。通常意义上现代呼叫中心一般涉及计算机电话集成技术(CTI)、自动语音交互应答技术(IVR)、呼叫自动分配技术(ACD)、数据仓库技术与管理科学等诸多方面,成为了一种能够充分利用现有通信手段和计算机技术的全新现代化服务方式。

1. 计算机电话集成技术

计算机电话集成技术,简称CTI,计算机电话集成技术是随着电信技术和计算机技术的发展而产生和发展的,随着两者的逐步融合,在计算机领域引入了通信技术,在电信设备中也增加了计算机技术应用,这样就诞生了CTI这个横跨了电信和计算机两个领域的新技术。如今的CTI技术已经演变成了不仅仅是计算机和电话的结合,而且还兼容传真、互联网、视频、语音邮箱等媒体的通讯形式,从而成为计算机与电信的完美融合。

CTI服务器是呼叫中心的核心,它为呼叫中心的实现提供软件控制和硬件支持。在硬件方面,提供了交换机与计算机互通的接口,将电话的语音通信和计算机网络的数据通讯集成起来,完成计算机平台与通讯平台的数据相互转换;在软件方面,CTI服务器可使电话与计算机系统实现信息共享,在系统进行电话语音信号传递的同时实现客户相关资料信息的提取,在坐席员应答客户电话的同时能够立刻在他的计算机屏幕上显示出与客户相关的信息,实现屏幕上的弹出功能、协调语音、数据传送功能、个性化的呼叫路由功能和自动拨号功能等。

2. 自动语音交互应答技术

自动语音交互应答技术,简称 IVR,在呼叫中心的工作运营中也占着重要的位置。主要是为用户电话来访提供语音提示,引导用户选择服务内容和输入电话事务所需的数据,并接收用户在电话拨号键盘输入的信息,实现对计算机数据库等信息资料的交互访问。对于查询或者咨询业务,IVR 可以引导用户进行留言。在呼叫中心平台中,IVR 是一个子系统,它与其他子系统共同协调来实现呼叫中心平台的功能;另外,它又是一个独立运行、维护和升级的系统,可以在只需要 IVR 系统的场合中独立使用。IVR 可以减少或取代人工坐席的操作,提高效率、节省人力及实现 24 小时服务。

对于客户来说,IVR 提供了多种选择,客户既可以选择收听他们所需要的信息,也可以选择在呼叫中心有空闲时进行回呼,更可以选择呼叫中心 E-mail 或者传真传送给他们所需要的资料。客户可以对 IVR 系统随时提出请求。对于一些无法提供 7×24 小时服务的企业,IVR 系统就能够很好地为他们解决这个问题。另外,这项技术可以使呼叫中心在不增加坐席的情况下同时处理更多的语音业务,从而节省坐席员的宝贵时间。

3. 呼叫中心自动分配技术

呼叫中心经常会有大量的电话进行呼入呼出,呼叫中心自动分配技术(ACD)就能够很好的处理这个问题,系统能够实时跟踪坐席员的状态并依此来生成有效的坐席员队列。

一个呼叫中心的 ACD 系统主要有以下几个方面:

(1) 程控交换功能

ACD 在本质上是交换机的一种类型,具备程控交换机最基本的话务交换功能。

(2) 排队功能

ACD 必须具有话务排队功能,所谓排队是指在内线都忙的情况下,外部再打来电话时则按照一定规则进行排队,一旦内线空闲时再进行接入。

(3) 路由功能

拨入 ACD 的话务可以根据一定的路由规则转发给相应的坐席或者其他终端。

(4) CSTS 协议支持

这是 ACD 的最主要功能之一,是交换系统与计算机系统的互联纽带。ACD 与一般通用交换机最大的区别是:通用交换机是一个封闭系统,由自身内定的规则进行接续,而 ACD 这是一个开发的系统,根据主控计算机的命令进行接续,使得 ACD 具有更强大的灵活性。

ACD 系统是现代呼叫中心的灵魂,是呼叫中心诞生的技术基础。如果没有 ACD 呼入的信息查询、客户服务和订单接入等,呼叫中心就是一片混乱。ACD 的作用是将接入的电话智能的路由到不同的呼叫中心坐席员那里,它不仅仅是路由电话,而且已经发展成为整个呼叫中心呼入呼出电话、语音及数据传送的智能控制中心,并且由它控制呼叫中心处理业务的优先顺序、管理方式和衡量标准。

4. 呼叫管理系统

呼叫管理系统就是负责记录和汇报呼叫中心内各种各样与呼叫有关的数据的管理系统。与 IVR、ICC、呼叫预拨系统、录音系统等一样,呼叫管理系统是目前呼叫中心解决方案中不可缺少的一环。呼叫管理系统由被管理呼叫中心的结构组成,可以分为单点呼叫管理系统和组网呼叫管理系统两种。一个标准的呼叫管理系统包括以下几类：

（1）对呼叫进行监控

监控、记录和统计各种呼入呼出的相关数据，包括次数和时间等。

（2）对坐席进行监控

监控、记录每个座席的工作情况，包括每一次操作的细节及对坐席工作表现的总结。另外，可以显示每个坐席实时的工作状态，如通话、示闲、示忙等。

（3）对 ACD 组进行监控

能够从全局的角度记录一个 ACD 组的整体工作情况，包括整个 ACD 组的工作强度和服务质量。

（4）对于整个呼叫中心进行监控（只用于组网呼叫管理系统）

如果是一个分布式呼叫中心，那么呼叫管理系统能够对连接在一起的每个独立呼叫中心进行信息监控，包括被监控的呼叫中心整体呼叫量、坐席员整体表现等。

通常情况下，一个呼叫管理系统还包括诸如好大屏幕、信息公告板、信息滚动条等电子系统，进行管理信息的公布。

5. 数据库服务器

数据库服务器主要是提供系统数据的存储和数据访问等功能。客户基本信息、交互数据、业务资料等都存储在数据库服务器中，以便为坐席人员的服务提供支持，为管理人员的预测提供依据。

呼叫中心的数据随着时间的积累，数据量将会非常巨大，因而对数据库处理能力的要求相当高。呼叫中心的数据库系统一般采用主流商业数据库系统，如 SQL Server、Oracle 等。规模较大的呼叫中心为了防止负载过大而导致性能下降，系统实现时常常引入应用服务器，将呼叫中心的客户与服务器分层，分解为客户端、应用服务器和数据库服务器三个层次来计算，将业务逻辑和数据处理分别分配到客户端、应用服务器和数据库服务器来实现，以平衡负载，提高呼叫中心的性能。数据库系统一般单独使用一台服务器，对于特别重要的数据资料，应该实行双机备份来确保数据安全。

6. 其他服务器

其他相关的服务器包括 Web 服务器、E-mail 服务器、传真服务器、IP 电话网关等。为了满足现代用户的多种需求，呼叫中心的组成将会变得越来越复杂，越来越庞大。它会将多种相关的技术整合进自己的系统中。

1.2.3 任务同步训练

一、任务描述

老师会进行场地安排，届时我们会去一个真正的呼叫中心进行参观，在参观的过程中，同学们可以看看呼叫中心的座席都是由哪些构成的，也可以看看坐席员的日常生活、工作场所、工作内容等，在参观的时候大家认真参观，回来后需要填写下面的同步训练任务书。

二、同步训练任务书

任务名称	呼叫中心参观	任务用时	课余时间
同步训练描述	班级所有成员共同参观结束后以小组形式进行讨论填写下表		
呼叫中心名称			
呼叫中心座席组成：			
参观呼叫中心感想：			

三、教师点评

　　大家经过学习,和参观呼叫中心,对于呼叫中心的架构、职能以及相关主要工作有了一个深入的了解,在这个了解的基础上我们需要拓展自己的思维,想想自己对未来工作的设想或者也可以对自己参观后的感受进行认真的理解。

四、综合评价

任务名称	呼叫服务平台认知		
任务完成方式	□小组协作完成 □个人独立完成		
评价：			
任务成绩(满分100分)：			

自我评价 （20%）		小组评价 （20%）		教师评价 （60%）	

存在的主要问题：

1.2.4　自主学习任务

　　各小组成员在进行呼叫中心的参观后,对客户服务人员的职场生活进行了解,并且在课后对客户服人员日常的工作内容进行相关资料的查找。

项目二　售后应答服务

能力目标

1. 在情景训练中能进行呼入电话受理；
2. 能有效掌握通话的主动权；
3. 能掌握呼入服务的 3F 法；
4. 掌握呼入电话的谈判处理能力；
5. 掌握客户投诉的行为分析；
6. 在场景训练中掌握处理客户投诉流程的一般方法。

知识目标

1. 呼入电话的受理步骤；
2. 通过匹配创造和谐沟通氛围；
3. 同步和引导的技巧；
4. 总结和重复的技巧；
5. 电话谈判的准备事项；
6. 投诉处理的重要性；
7. 制定客户投诉流程的准则。

> 本项目包含了四个学习任务,具体为:
>
> 任务 1:呼入电话业务类型;
>
> 任务 2:呼入电话操作流程;
>
> 任务 3:呼入电话的服务技巧;
>
> 任务 4:客户投诉行为分析及处理流程。

任务 1　呼入电话业务类型

2.1.1　任务引导

1. 任务情境

周康是呼叫中心中国电信业务的坐席员,中国电信旗下有两个服务热线:10000 和

114,部门主管为了让员工提高业务能力,适应不同业务类型的工作环境,决定让周康等人实行轮岗制,轮流接听两个热线电话。

周康接听的第一个电话是114用户打来的,一位姓张的女士打算请客户吃饭,却不知道自己所在地周围有没有合适的餐馆,她告诉了周康自己的需求,周康询问了张女士对餐馆的要求,根据电脑的显示告诉了张女士几家合适的餐馆,最终张女士确定了一家叫"私家小厨"的餐厅,并要求周康帮忙预定,周康顺利完成了餐馆的预定工作,张女士十分感激,连声道谢,称终于解决了就餐问题,挂了电话。

张女士的电话刚刚挂断,电话铃声再次响起,这次是10000用户的电话,是一位姓叶的先生,叶先生打电话是为了变更电信手机流量套餐,他希望把自己5元包30M的流量套餐变更为10元包100M的优惠套餐,周康知道了叶先生的意图后很快通过电脑对套餐进行了变更,并且告知叶先生套餐更改完毕,下月起效,叶先生听完就挂断了电话。

接听完叶先生的电话,周康突然意识到:同样都是电信的服务热线,这两个服务热线的区别是什么?为什么整个服务流程走完用户的反映是那么的不一样,张女士万分感激而叶先生却匆忙挂了电话,连一声谢谢也没有?周康一脸的疑惑。

2. 任务分析

为完成本任务,同学们需要学习的知识主要有:

(1)呼叫中心的呼入服务有何重要性?

(2)呼叫中心呼入电话服务业务主要有哪些类型?

2.1.2　支撑知识

一、呼入电话业务的重要性

呼入电话服务业务是企业为提升客户满意度,呼叫中心及时、准确地回应客户来电的一种电话服务方式。

（一）保持沟通,维系关系

呼入电话服务业务的基本功能之一就是维系客户关系,特别是要积极、有效地处理客户抱怨甚至投诉。呼叫中心与客户保持长期的沟通联络,不仅在成本方面是上门服务无法比拟的,而且还可以维系、提升企业和客户之间的关系,增强客户对企业的忠诚度,让客户更加喜欢、忠诚企业的品牌和产品,实现重复购买并发挥口碑传播的作用。呼入型呼叫中心已经成为企业客户管理体系中重要的组成部分。

（二）互相沟通,把握需求

通过有效开展呼入电话服务业务,坐席员可及时、准确地了解消费者的需求、意见,从而提供针对性的服务,及时地满足客户变化着的需求。例如,中国电信陕西某分公司要求,坐席员在为客户提供优质服务的同时,还要认真研究用户的需要,以找到最佳的服务突破口,为经常出差的客户推荐"商务套餐",给喜欢煲"电话粥"的客户介绍"我的e家"套餐,利用"尊享e9"和"宽带不限时"满足喜欢上网的客户需求。

（三）提高效率，增加收益

有效开展呼入电话服务业务，有助于提升企业经济效益。一方面，有效的呼叫应答服务有助于提升客户满意度，进而推动企业良好市场形象的树立和市场竞争力的提升；另一方面，通过有效开展呼叫应答服务，可以准确把握市场需求及其变化趋势，有助于企业有效开展目标营销。

（四）树立形象，提升价值

客户呼叫中心系统往往由许多不同的功能模块组成，如 ACD 排队、智能分组，IVR导航、录音、话务管理、监控系统、TTS 语音合成等，人工通话部分有外呼、转接、抢线、三方通话等。在非工作或服务时间还可以设定留言信箱、一号通转接等。这些功能无不给予客户一个这样的形象，即企业的客户服务流程非常规范，服务及时、到位。即使在非工作时间，客户仍可通过语音留言或一号通转接功能与企业相关的工作人员取得直接联系。这些将直接正面地提升企业的服务形象，给客户留下深刻的印象。

（五）业务知识培训，提供员工技能

智能型呼叫中心系统的话务技术管理、业务知识库管理等功能，可以使管理人员灵活地将相关的业务内容定期存放在业务系统中，供呼叫中心员工日常进行查阅，并不定期开展业务技能抽查，举办业务技能大赛等，以提高业务人员掌握相关业务规范细则的积极性，从而有效实现在岗人员的业务技能随时更新，以及不断提高在岗人员的业务操作能力，为企业客户提供更好的服务。

二、呼入电话服务业务类型

呼入电话服务业务主要包括业务咨询、业务受理、信息查询、客户投诉、客户抱怨、技术支持等业务，涉及电子商务、家用电器、保险、企业管理顾问、旅行社、物流、餐饮等行业领域。它包括以下基本类型：

（一）客服热线服务

这类业务包括业务咨询、业务办理、客户投诉、客户建议等，为客户提供专业化的热线服务。客户服务热线是连接用户与客户呼叫中心的桥梁，是用户和客户呼叫中心之间直接、快速、高效的沟通渠道。例如：中国电信客服热线 10001、PICC 客服热线 95518、交通银行客服热线 95559 等。很多企业还采用了 400 电话平台。客户服务热线并不只有热线电话一种沟通渠道，还包括传真、电子邮件、短信和在线及时交流等其他渠道方式。

（二）信息咨询服务

咨询和信息服务型呼叫中心主要是通过接听客户的电话，然后按照客户的问题要求予以帮助解答。典型的例子是中国电信的 114 服务台及各类社会信息服务咨询中心。这类呼叫中心通常都是面对全社会的大众服务，受众人群众多，在同一时刻呼入的电话相对

来讲比其他类型的呼叫中心也要多。另外,由于这类呼叫中心的客户经常询问的都是类似的问题,所以为了减少人工劳动成本,交互式语音应答系统(IVR)的使用非常多。再有,由于信息内容繁杂,客服坐席员不可能全部记住,所以会依靠系统所提供的知识库功能来辅助客服坐席员的对外服务。由此可知,咨询和信息服务型呼叫中心重点需要解决的是呼入接通率、为客户提供流畅完美的交互式语音应答系统以及构建完善知识库问题。所以,对此类呼叫中心的重点要求是在 ACD/PBX、IVR、知识库、数据库等功能上。

（三）售后服务

为购买了企业产品的客户提供在购买时所承诺的售后服务是售后服务呼叫中心的主要工作。典型的例子如联想的阳光服务及 IBM 的蓝色快车等呼叫服务。由于客户已经购买了企业的产品,一旦客户需要服务通常都是在客户遇到麻烦或不满意公司产品而心情不好的时候。所以,一旦客服坐席员承诺了客户的服务请求后,必须在给客户承诺期限内处理完成。但是由于客服坐席员并不是具体负责解决问题的执行人员,而仅仅是服务业务接口,因此,在此时呼叫中心应用系统中的事件处理、工作流程管理子系统就非常重要。它在整个事件处理过程中起到了传递、跟踪、提醒、报警等功能。再有,这类呼叫中心客服坐席员的态度、业务水平、工作责任心的重要性大于其他类型的呼叫中心,所以录音和监控系统在这类呼叫中心中的作用就更加重要。

2.1.3　任务同步训练

一、任务描述

每位同学选择一种业务类型,如客服热线服务、信息咨询服务、售后服务等类型,向某公司的客户呼叫中心打入电话,了解不同呼入电话业务类型的特征。互相交流呼入电话业务的类型及其特征。

二、同步训练任务书

任务名称	呼入电话业务类型	任务用时	20 分钟
同步训练描述	以小组为单位讨论、分析并完成不同呼叫应答服务业务类型的特征。		
序号	呼入电话业务类型	特征	
1			
2			
3			
4			
5			

三、教师点评

(一)客服热线服务的特征

1. 手续简便、功能强大。

客户可通过专线电话方便地查询本人的信息,进行咨询、查询、投诉受理、报案登记、挂失登记、客户回访等多种功能。

2. 覆盖广泛、节约时间、灵活方便。

专线电话不受时间、空间限制,可随时随地帮您解决相关问题。

3. 操作简便、安全可靠。

(二)信息咨询服务的特征

1. 咨询范围的广泛性
2. 咨询答案的针对性
3. 广泛的服务对象
4. 高素质的信息咨询人员

(三)售后服务的重要性

售后服务是售后最重要的环节。售后服务已经成为了企业保持或扩大市场份额的要件(如新蛋、天猫、京东等)。售后服务的优劣影响消费者的满意程度。在购买时,商品的保修、售后服务等有关规定可使顾客摆脱疑虑、摇摆的心态,下定决心购买商品。优质的售后服务可以算是品牌经济的产物,在市场激烈竞争的今天,随着消费者维权意识的提高和消费观念的变化,消费者们不再只关注产品本身,在同类产品的质量与性能都相似的情况下,更愿意选择那些拥有优质售后服务的公司。

四、综合评价

任务名称	呼入电话业务类型		
任务完成方式	□小组协作完成 □个人独立完成		
评价:			
任务成绩(满分100分):			
自我评价 (20%)		小组评价 (20%)	教师评价 (60%)
存在的主要问题:			

2.1.4 自主学习任务

号码百事通

"号码百事通"是一切基于中国电信 114 台的增值业务的统称,其目的就是要在充分挖掘和整合用户号码信息的基础上,延伸和拓展传统的查号业务,满足用户现实和潜在的各类信息查询需求,将 114 台打造成一个综合类信息服务平台,提高中国电信差异化服务优势。

号码百事通 118114,全国 8 亿电话用户的语音搜索引擎。无论您身在何处,都可通过拨打 118114、登录互联网和移动互联网查询餐饮、娱乐、家政等全方位生活信息,同时还提供酒店、机票、旅游预订等全程服务。号码百事通是中国电信在转型过程中推出的新型信息查询服务。

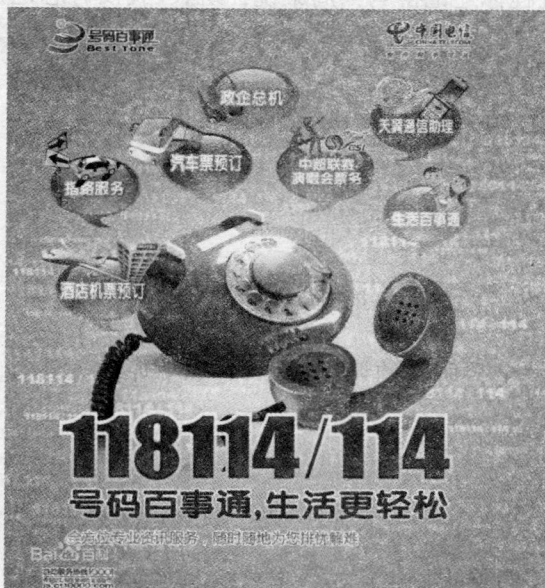

业务于 2005 年下半年推出,将原 114 平台的号码查询服务升级为综合号码信息搜索服务。

业务开始初期定位于"语音 Google",在产品开发和业务推广过程中,逐步形成 4 大类 12+2 项子业务。

四大类业务分别是行业首查、查询转接、信息发布和通信助理。

该业务的推出为全国 8 亿电话用户提供了随时随地的生活信息查询服务。

无论用户身在何处,只要拨打 118114 就可以查询餐饮、娱乐、家政等各类生活信息。

同时还提供酒店预订、机票预订等服务。使 118114 平台成为广大人民群众喜闻乐见的生活助手!

号码百事通提出的口号是:知百事,通天下。

资料来源:百度百科,http://baike.baidu.com/view/4887.htm? fr=aladdin

请同学们上网搜索,学习了解"号码百事通"的业务分类。

任务2 呼入电话服务操作流程

2.2.1 任务引导

1. 任务情境

快下班了,周康很高兴。突然,班长说要看一下周康的呼入电话记录本。周康一下子懵了,"接听电话要做记录的,我竟然忘了,这下怎么办?"他只好将今天忘记做电话记录的事实告诉班长。班长说道:"刚到呼叫中心工作,一定要严格按照呼叫中心呼入电话的基本操作流程工作,形成良好的接听电话的习惯,以后才能更好地为客户服务,提升服务质量,呼入电话的操作流程你还记得吗?"周康说:"班长,我没有忘记,我这就将电话记录抓紧时间写好。"

2. 任务分析

为完成该任务,更好地为客户提供服务,同学们一定要掌握:坐席员在接听电话时应遵循的基本操作流程。

2.2.2 支撑知识

一、呼入客户对优质服务的要求

一份由洛克菲勒基金会所做的调查显示,有如下原因导致客户不能成为企业的回头客:

死亡	1%
迁移	3%
使用了同一行业中朋友的服务	5%
为竞争对手所得	9%
对产品不满意	14%
因为劣质的服务	68%

通过以上调查显示,超过三分之二的客户不使用某一产品或服务是因为缺乏优质的客户服务。

客户服务是企业竞争的利器,客户服务的水平和质量代表着一个企业的文化形象、整体能力和综合素质,与企业的利益直接挂钩。优质的客户服务能给企业带来好的口碑,树立企业品牌,赢得竞争优势,从而获得客户信赖、客户忠诚,所以具有一定战略眼光的企业必须时刻关注客户的兴趣和感受、客户需求的变化,加强与客户的及时沟通。为了给客户提供更好的服务,企业要做出很多努力来探寻和满足客户的需求,从而在风云变幻的市场中争得立足之地。

呼叫中心是企业面对客户的第一道门户,呼叫中心坐席员是确保客户满意的关键人物。客户在接受呼叫服务的过程中往往会把对坐席员的印象笼统地用于整个企业,我们把这种思维称之为"客户逻辑",所以,如果企业的形象是100,而坐席员的服务是1的话,就存在着这样的关系:"1＝100,100－1＝0"。优质服务需要从坐席员开始进行全程护垒。在呼叫应答服务中,客户对坐席员的评价主要来自两个方面,一是服务后的所得,即"接受了什么服务";二是在服务传递过程中与坐席员之间互动的感觉,即"如何得到服务的"。相对于前者,客户更注重的是与坐席员的服务接触感觉,它能给客户带来最生动的印象。具体来说,呼入客户对优质服务的要求包括如下几点。

(一)电话一打就通

这是优质服务的第一步,电话最好在三声之内被接起。电话铃声响一声大约3秒钟,若长时间无人接听或持续占线,客户会产生急躁感甚至受欺骗感,对企业产生不好的印象。

(二)客户感到受欢迎

电话接通后,坐席员应致亲切问候,通过声音传递微笑。客户听到坐席员亲切、优美的招呼声,心里会很愉快,感到受欢迎,有助于双方对话的顺利展开。

(三)客户感到被关注

对待每一位客户,坐席员都要表达一种积极的关注。即使遇到的问题已经重复了100次,坐席员也要像第一次一样对待,始终礼貌待人、专心致志,随时准备为客户提供有效、快捷的服务。

(四)对客户的需求及时作出回应

优质的服务要求必须对客户的需求做出及时的回应。坐席员要加强与客户的沟通,充分了解客户的真实需求并及时回应,或是监督企业的反应与行动,保证回应的质量和速度。

(五)客户得到专业而友好的服务

客户呼入电话的根本需要是解决问题。坐席员必须拥有产品或服务方面最好的专业技术知识,确保客户的实际问题得到解决,使客户满意。

二、呼入电话接听服务流程

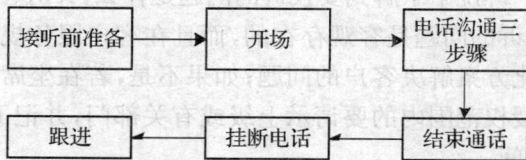

接听前准备　→　开场　→　电话沟通三步骤　→　结束通话　→　挂断电话　→　跟进

图 2-1　呼入电话接听服务流程图

（一）接听前准备

接听前准备工作对客户服务人员做好呼入应答服务有重要作用。好的准备工作既是服务工作顺利展开的前提，也是有效运用沟通技能技巧的前提。

接听前的准备工作主要涉及心理状况、服务工具、环境、知识和信息等。一般情况下，坐席员进入工作场地后要做好以下准备事项：

1. 给自己倒好一杯水，清理好嗓子；
2. 排除工作以外的杂念，调整好心情，做好与客户沟通前的心理准备；
3. 调试好电话和耳麦；准备好记录用的表格及笔；检查计算机运行是否正常；
4. 熟悉客户常问问题的标准回复答案；
5. 了解公司和部门最新发布的信息，保证为客户提供的服务信息是最新和最即时的等。

（二）开场

坐席员如何进行电话应答服务的开场白，对整个客户服务过程至关重要，直接影响客户对企业的第一印象。

电话铃声响起，坐席员要在三声内接起电话，响太久客户会烦躁，特别是当客户有火要发的时候，长时间的等候等于火上浇油。但是，切忌电话刚响就接起电话，这样会让对方措手不及，甚至会让打电话的人产生联想：该呼叫中心是不是没有事情可做啊。

电话接起后，应按规定的专业客服术语同客户打招呼，并在三秒内进入状态，开始辨别客户的情绪。抓住客户的情绪后，针对客户的特定要求为客户提供恰当的服务。

开场白尽可能简短，让客户明白他找到了合适的人即可。在开场阶段，坐席员不要急于询问客户的姓名和其他个人信息，避免引起客户潜在的不满或打断客户的思路。

（三）电话沟通三步骤

电话沟通应具备清晰的逻辑性，通常分为三步：

正常的电话沟通分三步，首先了解客户打入电话的目的，再次商讨解决方案，最后达成共识，这就是电话沟通的三步骤。

客户呼叫中心接入电话内容大体可分为咨询、投诉和其他三大类。对于咨询类问题一定要准确、简洁、明朗地告知客户，这就要求坐席员对企业和产品相当的熟悉。投诉问题要多听，尽快地从客户诉说中了解到要投诉的问题是什么，针对客户投诉的问题做出相应的反应。如果客户投诉的问题是客观存在的，而且在客户服务规范中有明文规定的解决方案，要立即按标准化方案解决客户的问题；如果不是，若在坐席员授权范围内的应立即给予解决，如果不在授权范围内的要请示上级或有关部门，并记下客户的联系方式，同时给客户明确的答复时间。

（四）结束通话

什么时候可以结束通话，如何结束通话，也是一门学问。

对于咨询类的电话，坐席员要尽可能多地告诉客户想知道的事情，一问一答之间做到回答明确，当客户不再有问题的时候就可以结束这通电话。在结束通话前，一定要问客户是否还有其他的问题，并欢迎客户随时来电咨询。

对于投诉类的电话，坐席员要尽可能多地听客户讲，如果是不能马上解决的问题，在明白客户投诉的事件后就可以结束通话。在结束通话前，一定要将你所意会的意思重复一遍，向客户确认你没有理解错他的诉求，然后明确告诉客户什么时间会给他一个答复。

在结束电话前，坐席员还可以请求客户就此电话服务做出满意度评价。如果公司有这方面的要求，但客户又主动地挂断了电话，坐席员可以主动回拨或发送手机短信请求客户对电话服务进行评价。

（五）挂断电话

在结束通话后，坐席员还应注意挂断电话的基本原则。

平时普通人在结束通话后习惯随意挂断电话！如果情非得已，需要由我们先挂断电话的时候，一定要先说抱歉并征求到对方的同意。挂断电话的时候要轻放，不要让客户觉得我们恨不得马上挂断电话，对客户的情感造成伤害。最好是按下电话的挂断键，而不是将话筒摔下去。如果是用耳机也要轻轻按挂断键。

特别要注意的是，如果客户正处在情绪不正常的状态的时候，千万不要挂断电话，否则将会永远失去这个客户。不要认为客户无理取闹我们就可以同样粗暴地对待。

（六）跟进

在结束电话后，要跟进客户服务，提高工作效率，为后期服务做好准备。

1. 做好电话记录

一般来说，我们应该一边跟客户沟通，一边记下重要的信息，事后再整理清楚，做到条理化、明晰化。如表 2-1 所示，电话记录的内容通常包括：电话呼入的时间、电话结束的时间、客户的姓名、联系方式、处理的结果等。如果有需要请示或者上报的要及时上报，如果有要交接的要特别注明。

表 2-1　呼入电话记录单（示例）

序号	呼入时间	结束时间	客户信息			服务内容	处理结果	备注（请示、转接）
			姓名	电话	住址			
1								
2								
3								

2. 汇总与分析电话呼入记录

一天的工作结束后，要将呼入电话记录的信息汇总，从中找出呼入电话的共性，并分析客户咨询问题的同质程度,如果同质性很高,说明我们的宣传可能做得不够,那就要加强宣传;或者是现场服务做得不好,那就要加强现场服务管理;或者是产品说明书做得不好,就需要对产品说明书进行改进。总之,客户投诉问题的同质程度越高,就能说明我们在某方面没有做好,这就需要我们针对问题进行及时改进。

同时,通过计算呼入电话的平均时间,我们可以得出坐席员解决问题的速度是多少,可以考虑坐席员的技能水平和绩效。

3. 制作总结报表

上面的步骤只是将坐席员一天的工作做了一个总结,对于这个步骤将一段时间的工作做出总结,从而对每一个阶段的客户服务工作做出评价,及时改进客户服务的不足,持续改进呼叫中心绩效和客户满意度。

2.2.3 任务同步训练

一、任务描述

按照呼入电话服务操作流程,每一组学生,分别扮演客服人员不同角色,并介绍各个环节上的工作内容和注意事项等情况并完成如下任务书。

二、同步训练任务书

任务名称	呼入电话服务操作流程	任务用时	30分钟
同步训练描述	以小组为单位讨论、分析并完成呼入电话服务操作流程的工作内容和注意事项。		
序号	呼入电话服务流程	工作内容和注意事项	
1			
2			
3			
4			
5			
6			

三、教师点评

客户向呼叫中心呼入电话进行咨询、查询、订购、投诉以及寻求技术支持,呼叫中心坐席员给予回应和解决问题。坐席员必须严格按照呼入电话服务操作流程进行服务。

四、综合评价

任务名称	呼入电话服务操作流程		
任务完成方式	☐小组协作完成 ☐个人独立完成		
评价:			
任务成绩(满分 100 分):			
自我评价 (20%)	小组评价 (20%)	教师评价 (60%)	
存在的主要问题:			

2.2.4 自主学习任务

咨询电话的处理流程

呼入服务是呼叫中心最初的业务应用,伴随着该业务为企业所广泛应用,呼入电话服务在接听数量、服务时间以及服务方式等方面有着巨大的发展。呼入电话服务中不同的呼叫类型分别有不同的流程。

咨询电话的处理是呼叫中心最常见的一种业务方式,如下图 2-1 所示。客户通过拨通面向社会公布的相关服务号码即可咨询自己想知道的内容。如:拨打 12315 特殊号码即可咨询相关工商行政管理方面的最新规定。

请同学们思考:呼叫中心其他类型服务业务的处理流程。

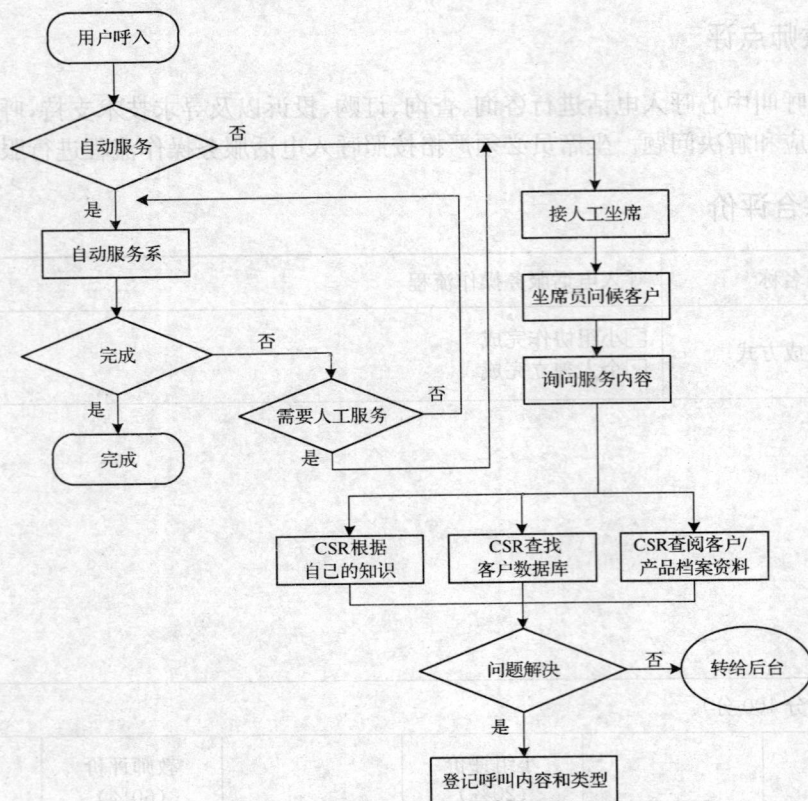

图2-2　咨询电话的处理流程图

任务3　呼入电话的服务技巧

2.3.1　任务引导

1. 任务情境

上午9点30分,中国电信宽带用户王先生照例打开电脑,然后打开股票行情软件,电脑怎么都连不上网络,重新启动试了试,还是连不上! 于是,王先生赶紧打电话给10000进行询问。

周康热情询问:"您好! 有什么可以帮助您的吗?"

王先生:"我的网络出问题了,想问一下怎么回事。"

周康查询一番后回答:"王先生,您的宽带欠费了,所以我们暂停服务了!"

王先生试图和周康商量,说:"你先给开通网络行不? 我从网上银行缴费,立刻就交,很快的,我还等着看股票呢!"

周康生硬的回答:"这是不行的,您已经欠费了。"

王先生继续和周康商量:"只是刚刚欠费,又不是恶意拖欠,我每个月都按时缴费的,这个月忘记了而已,你先开通,我从网上银行交不是更快吗?"

周康更加生硬的回答:"和您说过了,这是不行的,您选择最近的电信营业厅缴纳所欠费用后,网络就可以正常使用了。"

王先生:"晕,什么是行,什么是不行! 你是客服人员,是给客户服务的,如此强硬,真是不能接受! 不行是吧,你给我等着!"说完就挂断了电话。

电信条例明文规定:60日以内不缴纳信息费用予以停机处理。王先生心想:我就是刚刚欠费,最多连30日都不到,凭什么停我的宽带! 而且态度还这么恶劣! 用你们的产品还要受你们的气不成! 我要讨个说法!

2. 任务分析

客户服务技巧,需要不断学习,储备丰富知识,才能厚积而薄发。客户服务工作十分基础,但里面的学问很大,要正确分析和评估每通电话客户的真实想法,这要求坐席员在电话服务中掌握不同的技巧,根据实际情况处理好每一个问题。

作为呼叫中心的坐席员,值得我们思考和学习的内容:

(1) 作为呼叫中心坐席员应具备哪些呼入电话服务的基本技能?

(2) 什么是呼入电话的谈判,有什么谈判技巧?

2.3.2 支撑知识

一、呼入电话服务基本技能

(一)亲切的问候

消费者心理学研究表明:"当一个人进入陌生环境时,前五秒钟的注意力是最集中的",从而形成对环境的第一印象。声音印象也是在最初几秒钟形成的,所以在客户电话打进来时为了使客户感到满意,应该抓住至关重要的前几秒。

一个亲切的问候是接近客户的第一步,是建立和谐氛围的第一步,同时还可以给客户留下良好的印象。

客户如何对坐席员产生信任,客户如何对陌生的坐席员袒露心扉,客观说出他的问题……这一切都是从问候开始的。一句可以让客户产生信任感的问候,一个让人感到亲切、自信、专业的微笑均可以让客户对坐席员产生信任。

(二)通过匹配创造和谐的沟通氛围

当客户感到我们是可信赖的时候,就会与我们交流;当客户感到我们不仅可以信赖,而且和他是同一类型的人的时候,客户就很愿意和我们交流。怎样让客户感到我们跟他是同一类人呢? 就是通过匹配的方法,即我们准确地呼应客户的信息,主要有语言的匹配、声音的匹配和感受的匹配等。

1. 语言的匹配

一般而言,语言的匹配就是感观语言的匹配,其中包括:视觉、听觉、味觉、嗅觉和触觉。

例

客户："听我告诉你他是怎么说的,告诉我他是不是对的。"

客服："我想听听,您说吧。"或者"好的,我听听看。"

上面的例子告诉我们,客户的电话语言需要我们在回答时作出相应的感观动作与之匹配。上面客服回答的方法就是利用了感观语言的"听觉"匹配,当客户要求我们"听听"的时候,我们匹配给客户的就应该是"听"。

2. 声音的匹配

对于呼叫中心客户服务人员,声音是我们与客户沟通的唯一方式,所以声音是匹配客户的最基本也是最直接的方式。一般匹配客户的声音包括音量匹配、音调匹配、语速匹配、语气匹配、强度及停顿的匹配,但是在进行声音匹配的时候要注意:不可用向客户喊叫来匹配,只能用正常的声音来匹配对方的强度和速度。

遇到电话杂音太大所不清楚客户声音时,客户服务员要说:"非常抱歉,您的电话杂音太大,我这边听不清,请您换一部电话打过来好吗?"稍停五秒,客户同意后可挂机。如无法听到客户的回应,则需要重复两次,每次稍停五秒后再挂机。不可以在未得到客户认可的情况下直接挂机。

3. 感受和问题的匹配

客户打电话过来的时候总是带着情绪的,他更希望能找个可以理解他的人来倾听他的不满,这时我们就可以通过匹配客户的感受和问题来让客户感受到你是可以理解他的。

"如果是我,我也会很着急的……"

"我与您同感……"

"是挺让人生气的……"

但是不要总说"我理解……"如果这样说,客户只会想"你真的理解吗?"

在匹配客户的感受和问题时还需要掌握一个"yes、but"原则:"yes"是指可以认同客户的感受,"but"是指不能轻易认同客户的观点。比如客户打电话进来愤怒地投诉:"你们的服务人员怎么工作的? 我的机器刚买了一个月就坏了,我说换一换都不行……"这时客户服务人员一定不要轻易地认同客户的观点来承受错误,因为我们还没有判断出这个产品是人为损坏还是产品自身原因造成的损坏,但是也不能在客户愤怒的时候直接否认或直接了解事情的真相,可以委婉地认同客户的感受,"您别急,如果是我遇到了这样的事情,我也会着急的,让我看看能为您做些什么……"然后再引导客户说出事情的原委。

(三)有效掌握通话的主动权

在呼叫中心,作为客户服务员,每一通电话接触的都是不同的人和不同的事。为了提高工作效率,我们既要为客户解决问题让客户达到满意,又要有效地控制通话时间,这就要求我们在通话的过程中有效地掌握主动权。如何在客户喋喋不休的时候控制客户,让客户随着我们的节拍走呢?

1. 同步和引导

在客户打电话进来的时候不能急于掌握主动权,应该先了解客户的问题、融入客户的世界,让客户感受到我们是在听他们诉说。一旦通过客户的诉说了解真相后,就可以通过发问的技巧,让客户慢慢跟着我们的脚步走,直到最后提出解决方案,并得到客户的认可。这种方法就是我们平时所说的"同步和引导",要先跟客户的步调保持一致,然后运用技巧引导客户随着你的脚步走,加快解决问题的步伐。

2. 总结和重复的技巧

在客户喋喋不休地向你倾诉时,要适当地打断,并对客户所述的事情进行总结和重复,让客户感觉到你在用心地听他的诉说,并且理解了他的意思,这样也可以有效地帮助你控制通话的主动权。

在客户说出重要信息时,也要进行信息的重复,以核对信息的准确性。所以,重复和总结的方法是最容易掌握的且很有效的一种沟通技巧,人们喜欢别人重复自己的话,因为他会觉得很舒服。

适当的总结和重复,可以帮助坐席员弄清信息、节省时间、将客户话题集中在问题上、始终控制电话和交流的主动权、加深和谐的程度、让客户知道你在仔细倾听并理解他的意思。

(四)3F(Fell-Felt-Found)服务技巧

3F 的意思是客户的感受、别人的感受、发觉,它是一种表示体谅理解的答复技巧,由于承认了客户的感受,因此是一种客户能听得进去的说明。如:

"我理解你怎么会有这样的感受(Fell),其他人也曾经有过这样的感受(Felt),不过经过说明后,他们发觉(Found)这种规定是为了保护他们的安全。"

(五)采取主动行动

在客户服务过程中,有效运用服务技巧可以安抚客户的情绪,让通话顺利地进行,并提升客户的满意度,但是最重要的还是迅速采取行动,因为客户打电话的最终目的就是希望你帮助他解决问题。

1. 表示出愿意帮助的态度

(1)把客户的问题当成自己的问题:让客户感受到我们是真诚地在为他解决问题。

(2)把话题集中放在问题的解决上:不要总是一味的安抚客户的情绪,为了能够帮助客户解决问题,适当的时候,要运用技巧把我们和客户的谈话重点放在问题的解决上。

2. 结束通话

在结束电话时,我们可以重复关键信息以确保记录准确或客户没有误解;或讲一些结束语,或提问封闭式问题来了解客户满意度,感谢客户打来电话,给客户一个良好的印象。

二、呼入电话服务中的谈判技巧

作为客户呼叫中心的坐席员,对每天的工作内容如果给一个抽象但不全面的概括,就是"谈判"。要成为一名优秀的"谈判高手",坐席员至少学习下面的谈判技巧:

(一) 谈判准备事项

1. 准确判断自身实力

无论自己和客户的谈判处于什么状态,都不要忘了一点:先看看自己是处于优势还是劣势。在进行谈判时,应该特别牢记自己具备的实力。因为谈判的局势在不断发展变化,所以要正确认识自己的实力,并随时掌握谈判的微妙变化,这样才能适时地施展自己的战术和技巧。

2. 先"高估"客户的实力

刚刚进入客户呼叫中心的坐席员,往往有两种极端的态度:一种认为客户很可怕,他们都是来找麻烦的,是很难对付的;另一种则认为客户是一群什么都不懂的人,可以随便糊弄,自己想说什么就说什么。在和客户沟通的时候至于对方的实力如何,还要等到"谈判"正式开始,经过实际的交涉和观察才能获知。了解谈判对手的实力如何是非常重要的。如果不能完全了解,则无法拟定有效的战术和技巧,以化解对方的攻势。在我们和客户进行沟通时,经常很难了解每一个客户的具体情况,而只能做一个大概的了解。因此,当我们接起电话,摸不清对方的虚实时,宁可高估,也不要低估了他们,而在谈判沟通过程中,逐渐发现其"不过如此",那么自己的自信心和主动性也能很快地体现出来,帮助我们走向最后的成功。在我们和客户的电话交流过程当中,预先高估对方,谈判的局面尚存在扭转的余地。但若低估对方,一旦发现有误,则一切都将难以挽回。

3. 适度地让对方了解你的实力

在谈判前,客户呼叫中心坐席员要先评估自身的强弱和地位的优势,并设法探查客户对于自己企业和产品的了解程度。完成了这两项的初步准备,才能够于谈判时适时而有效地运用谈判技巧。不过,若反复地向客户展示自己的力量,有时也会有弄巧成拙的危险,尤其是当对方是一个谈判高手时。所以,应特别注意切莫让自己陷入不利的境地,也不要让对方对自己产生误解。

4. 站住阵脚

在和客户沟通的时候,可能经常遇到不讲理的人,在不该大声喊叫的时候,偏偏叫嚣不停,甚至还砸电话,百般威胁。不过这种人通常不是虚有其表的"纸老虎",便是还不够成熟,只要你站住脚跟,其实是不难对付的。此外,有些谈判高手因为自视过高、目中无人,非但对客户呼叫中心坐席员提出无理的要求,甚至还强迫其无条件地接受。事实上,这样人往往与前一种人一样,他们的能力并不是自己想象的那么高。不可否认,当谈判高手过于自信,表现出盛气凌人的高傲姿态时,会使人不得不屈从。但是,面对这一类对手时,如果坐席员的姿态也与他摆的同样高,谈判则必然无法进行下去。

所以,在我们和客户沟通时,如果对方过于自信,就得设法挫挫他的锐气,让他明白自身能力的有限性,使谈判能在较平和的气氛中进行。

5. 让客户了解你准备和他沟通的内容

在和客户沟通时,就算你的能力再强、经验再丰富,要是对方根本不知道你在说些什么,那也是白忙一场,徒然浪费口舌。面对对方的沉默,我们不能先被吓住了,此时,客户呼叫中心坐席员应该停止"发表高论",一厢情愿地介绍自己的产品和服务,而应该以各种方式,如直接询问或提出对方不得不回答的问题,来探查他沉默的原因。当试过以上两种方式对方仍沉默时,客户呼叫中心坐席员就应该改用另外的叙述方式了,以更直接的方式表达自己的意见。要知道谈判是一种双向的沟通,双方必须在彼此了解的基础上展开争论。如果坐席员的表达方式令对方有"不知所云"的感觉,那么就是具备再好的谈判技巧也是徒劳。

6. 充分了解实际情况

谈判时,往往会因为没有掌握完整而正确的事实,而遭到意想不到的失败。缺乏事实根据的谈判,只要对方一指出你真正的事实,那么你苦心构架的一切,瞬间即为泡影。而想再回头重新收集材料力挽狂澜时,谈判的主动权早已落入对方手中,就由不得你了。因此,当我们与客户交流意见和看法的时候,应该先尽可能地了解客户真正需要解决的问题是什么。

7. 不可轻信谣言

谣言毕竟是谣言,但谈判者却经常被谣言所误导,以致背离了事实。若听信谣言,客户呼叫中心坐席员将是最大的受害者。所以,不要将谣言和事实混为一谈,这是谈判的守则。

（二）设定自己的谈判目标

在客户呼叫中心坐席员和客户沟通前,必须设定自己的谈判目标。也就是自己的权限是什么? 希望客户接受的最基本的条件是什么? 自己谈判结果的底线是什么? 也就是我们通常所说的"最小极限"和"最大极限"。坐席员首先把自己的目标分为"想要"和"需要"两种。这是谈判中不可缺少的重点,也是最小、最大策略的基础。

在一般的谈判之中,除非自己交涉事务既少又简单,否则当事人的行动通常都会有所变化。在谈判开始之前,客户呼叫中心坐席员可能会先安抚一下客户强烈要求退货的冲动情绪,对客户的遭遇表达自己的理解和同情,同时可以向客户保证此类事情不会再发生。显然,在任何谈判中,我们能够向客户阐述和沟通的要点越多,越有发挥谈判技巧的能力的机会。此外,即使是最单纯的谈判,通常也会存有一些商讨的机会。

（三）如何走向谈判成功的彼岸

任何一次和客户沟通的过程并不都是那么顺利的,有时要经历一个艰难的过程。

1. 排除万难

大部分的谈判都必须克服许多困难,才能达到目的。有时候客户的要求不能通过一次电话就得到解决,客户呼叫中心坐席员可能得通过多次电话的沟通谈判,才能安抚客户的情绪,最后达成一致,走向成功的彼岸。

2. 创造"完美的结局"

如果能把"渐进法"与"完美结局"结合起来,必能发挥巨大的效果。尤其是争议较多的谈判,大多数要分为数个阶段进行。而对于争议较大的问题,则应设法于最初的阶段解决,其余较容易的问题,则留在后面再逐项解决,如此一来,可以在谈判的最后达到令人满意的完美结局。

3. 化为复合问题的对立

聪明的做法,是在一次谈判中"解开"对方不满意的根源,进而化解矛盾。这要求坐席员能够尽快明确与分歧、对立有关的全部要素,进而将单一问题的对立转化为复合问题的对立。例如,交易价格不仅是价格的问题,往往与交货时间、数量、售货服务内容等联系在一起。因此,仅强调价格一个方面的问题,往往双方很难谈得拢。但在实际的交涉中,对方多半会提出固执单一的问题,结果不是你赢就是我赢。若能确认为复合问题,便有可能把关于问题 A 的行动(也就是妥协)与关于问题 B、C 等的行动联合在一起,而这正是所谓的谈判。当把多个问题联系到一起后,双方当事人就有机会交换并彼此妥协,互相协助对方实现不同的目标。在这种形势下,谈判对手不是对立者,而是合作者,协力寻求多项同意点,帮助对方得到利益。

在此强调的是,上述做法并非是故作姿态,掩饰自己期望达到的目的。无论你是代表自己或组织,如果你打算进行有效谈判,就必须要明白你并不是要赢得一切。假使你真的获得了胜利,那通常意味着你也付出了高昂的代价。这里的秘诀在于帮助对手得到了一笔好的交换,使大家都能满足的同时,也就有了更多的机会维持这份令双方当事人均有利可图的关系。

4. 消除不满

我们可以把某种对自己来说并不需要花费什么,但是对接受者而言却意义重大的东西给予对方。比如,对于那些对我们的产品和服务提出很多有效的质疑和积极意见的顾客给予"荣誉顾客"的称号,可能会很好地消除顾客的不满。

5. 通过互惠交换化解对峙

在条件交换策略中,我们掌握了某项对方重视的问题,以在这方面的让步来使对方交换另一项对我们重视的问题的让步。当然,其前提是,并非一切条件对双方当事人而言都同等重要。

即使在高度组织化的谈判里,个人的喜欢依然扮演着重要的角色。例如,在越战时期,美国领导人明确表示不愿撤退,主要原因是他们害怕别人认为其愚蠢。日常生活中也有许多类似案例,人们固执于某些其实对他们并不重要的主题。分歧之所以出现,主要是由三种因素导致的:经验、信息、角色。

(1)经验。每个人的价值观念不同,对同一件事情也会有不同的看法。显然每个人的观念都是由自己经验所塑造而成的。因此,要了解一个人的思想,需要先了解他的背景;要想了解一个人的行动,必须先引出他的感觉、倾向和信念。

(2)信息。个人所掌握的信息资料因方向不同而有所差异是很正常的,"依据我的资料"也是经常听到的词句。在沟通中,这些人通常不去理会别人的想法,只顾陈述自己所整理出的资料。如果每个人根据自己掌握的资料对事情发表意见并做出结论,沟通必然也会很难。因此,为了有效解决问题,双方不仅要提出自己的立场,而且还要让对方知道你的来龙去脉,然后一起研究、讨论解决问题的办法,而不是争执、抗辩。

(3)角色。在谈判的舞台上,意见分歧常常是因为所扮演的角色各不相同引起的,无论是扮演的角色还是实际的需求,都会对个人的观点、行动产生影响。例如,原告与被告的律师因扮演的角色不同,各为各的客户服务,但事情的真相如何,因扮演的角色所限,不见得会有直接的影响。

特别要注意,不要以狡黠的诡计来操纵对方,而应以诚信为基础使双方都站在成功的一面,每个人都有自己的想法但却不复杂——只想表达自己的要求。若是能找出彼此相配合的方法及态度,竞争的状况就会转化成合作的情形,进而联合双方的力量,争取更多的利益。成功而又互惠的谈判,是找出对方实际的需要,并在协助对方得其所需的同时,也得到自己所需求的事务。

2.3.3 同步训练任务

一、任务描述

根据呼入电话的服务技巧,同学们分组,分别扮演客户和坐席员,以客户要求退换产品为主题,进行模拟服务。扮演坐席员的学生运用呼入电话的服务技巧对客户进行服务。

二、同步训练任务书

任务名称		呼入电话的服务技巧	任务用时	40分钟
同步训练描述		以小组为单位讨论、分析并完成坐席员应对客户要求退换产品所运用的服务技巧。		
序号	呼入电话服务技巧			
1	基本技巧			
2	谈判技巧			

三、教师点评

如果说顾客是企业的生命,服务则是维持这种生命的血液。纵观世界顶尖企业的发展历程和经营策略,像沃尔玛、麦当劳、联邦快递、星巴克、迪士尼、花旗银行等,这些公司无一例外,服务始终是它们参与市场竞争的一个秘密武器,甚至成为它们的核心竞争能力。对于任何一个企业来说,服务绝不是一种可有可无的简单策略,而是应该将它上升到一种战略的层面,那么呼叫中心坐席员的服务技巧就显得更加重要了。

四、综合评价

任务名称	呼入电话的服务技巧		
任务完成方式	□小组协作完成 □个人独立完成		
评价:			
1. 呼入电话服务基本技能	亲切的问候		
	通过匹配创造和谐的沟通氛围		
	有效掌握通话的主动权		
	采取主动行为		
2. 呼入电话服务中的谈判技巧:			
任务成绩(满分100分):			
自我评价 (20%)	小组评价 (20%)	教师评价 (60%)	
存在的主要问题:			

2.3.4 自主学习任务

吉亚通讯呼叫中心的基本服务技巧要求

1. 微笑服务

以电话铃声作为开始信号,只要页面弹出、铃声一响,微笑就开始。

2. 发音

太快和太慢的语速都会给客户各种负面的沟通感觉。当然语速还要根据谈话内容而调整,若谈到一些客户可能不很清楚或对其特别重要的内容时,应适当放慢语速,给客户时间思考理解。掌握合适的音量,能使你和客户都不会感到太疲劳。若音量微弱会一下子拉远你与客户之间的距离。如果声音太大除了让人耳朵感到不适外,还会带进很多诸如你的喘气声、键盘敲击声以及业务操作时的伴随杂音。同时,你应该注意把麦克风放置到准确的位置(1 cm～2 cm之间);首先要保持坐姿舒适、呼吸平稳,同时头不要抬得太高或压得太低。根据表达内容适当升高或降低;音准是客服代表的一个基本素质。调查显示,当客户没有听清楚时,他们多数时候不会要求重复,这就要求客服坐席员在电话沟通过程中咬字要清楚,如在引出客户具体受益前作一停顿以引起客户的兴趣,对客户受益的内容用重音表达,在句子结束时不要拉长尾音以避免造成还有下文的误解。同其他技巧一样,好的客服坐席员会针对自己的情况不断改进。

3. 服务技能

一到工作台上,一进入工作,就必须养成合适的修辞、择语与发音的习惯,表达的逻辑性、咬词的清晰以及用词的准确应该媲美于播音员。作为网络客服,未来呼叫中心的呼叫坐席,你面对的是需求、性格、个性、心境、期望值各不相同的个体,你既要有针对性的每位顾客个性化的表达沟通技巧,又必须掌握许多有共性的表达方式与技巧。

4. 在客户面前维护企业的形象

如果有客户找到你这里,抱怨他很不爽的购买经验,你已经不止一次听到这类的抱怨了。不要让客户对整个公司的诚信产生怀疑,甚至反感。适当的表达方式是"我完全理解您现在的感受,您购买的产品出现的微小瑕疵并不影响正常的使用,很多顾客购买了都觉得很划算,很不错,每件产品在发货前我们都经过了详细的检查,请您放心使用,感谢您能来我们××购物。"

资料来源:http://www.jytelecom.com/zuijingenxin/383.html

请同学们列举三个呼入型企业呼叫中心的基本服务技巧要求。

任务4 客户投诉处理技巧

2.4.1 任务引导

1. 任务情境

在任务3中,中国电信宽带用户王先生打了第一通电话没能解决上网问题,而且对于周康的服务态度也非常生气,于是拨打了10000号进行投诉,接通后对坐席员小徐说明了情况。

小徐满含歉意地说:"王先生,对于我们坐席员较差的服务,我代表公司向您致以诚挚的歉意,非常抱歉我们在这个问题上没有处理好,给您造成了困扰。现在我给您立刻将网络开通,您先使用,但也请您尽快将所欠网费补缴上,以免影响您后续的使用,您看这样解决可以吗?"

王先生听了坐席员小徐的话,上网问题得到了解决,也就不生气了,说道:"你们有的客服人员真的需要进行培训提升服务意识,那你先把网络开通,我立刻就从网上银行缴费。谢谢你了!"说完就挂了电话。

第二天,班长为了检查新员工周康呼叫服务的工作质量,就把前一天小周工作的通话录音调出来听,恰好听到了任务 3 中周康和客户王先生的对话,打算利用学习时间对周康进行一次一对一的培训。培训的时候,周康认真听完了自己的录音,也认真学习了客服小徐的录音,说道:"与她相比,我的确没有把张先生的问题处理好,这是我应该改进和学习的地方。"

班长说道:"嗯,你有这种认识和感受很好,那么你就结合这个有亲身体会的案例,详细分析一下客户投诉的原因吧。"

周康:"好的,我觉得……"

2．任务分析

为完成本任务,需要掌握和学习以下内容:

（1）客户投诉的原因是什么?

（2）怎样正确看待客户投诉?

（3）客户投诉电话处理的宗旨和原则。

（4）客户投诉电话的处理技巧。

2.4.2　支撑知识

客户投诉是客户对产品、服务等产生不满而引起的抱怨。与客户满意相反,当客户购买商品后对商品本身和企业的服务都抱有良好的愿望和期盼,一旦这些愿望与要求得不到满足时就会失去心理平衡,由此产生抱怨和想"讨个说法"的行为就是客户投诉,所以投诉实质上就是客户对于现实和自身期望值之间差距的一种外在表露。

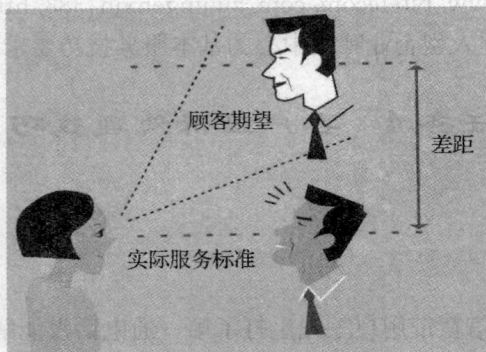

客户投诉的产生需要一个过程,找上门只是最终投诉的结果。当企业的产品和服务存在某种缺陷,客户初期往往只会产生潜在化的抱怨,随着时间的推移逐步转化为显在化的抱怨,并最终转化为投诉。比如客户购买了一部手机老掉线,一开始没有想到去投诉,但随着手机问题的麻烦越来越多,就变成显在化的抱怨,显在化的抱怨变成了潜在的投诉,最终看到的是投诉,所以投诉是客户不满的升级,对呼叫中心坐席员来说,面对客户的投诉采取充耳不闻、敷衍了事的态度,必然导致严重的客户纠纷,最终影响企业的诚信度和美誉度。

一、客户投诉的原因

投诉是每一个企业都会遇到的问题，它是客户对企业管理和服务不满的表达方式，暴露了企业的弱点。一般来说，引发客户不满并最终导致投诉产生的原因有如下几种。

（一）提供的商品不良

1. 品质不良

如服装遇到汗水变色，旅游鞋穿不到半月就开胶等问题。

2. 产品标示不清楚

食品未明显标注生产日期，产品标示的规格和实际规格有出入，产品使用说明不够详细等等。

（二）所提供的服务不佳

1. 呼叫中心坐席员服务方式欠佳

客户长时间在电话音乐中等候，或是有人接听却由于电话系统的混乱，使客户电话被转来转去。

缺乏语言技巧，不会打招呼或者机械式问候，说话没有礼貌、口气生硬等。

不管客户需求和偏好，一味对产品加以说明，从而引起客户的不满和抱怨。

产品相关知识不足，无法满足客户的询问。

不愿回答客户提出的繁琐、冗长的询问。

上门送货时间过长或送错了地方，耽误了客户的时间。

不遵守约定，客户履约提货，可是由于公司原因，产品未能准备好。

2. 呼叫中心坐席员态度欠佳

只顾处理自己的事情，接了客户电话后和同座聊天，不注意听客户的电话，使客户觉得受了冷落，从而抛弃购买产品的念头。

不顾客户反应，一味鼓动其购买，让客户觉得对方急于营销，在心理上形成一定的压力。

客户不买时，就一改刚才的热情，草草结束。

说话瞧不起客户，言语中流露出蔑视的口气。尤其是当客户说话有外地口音、对产品一无所知、犹豫不决或试图压低价格时，坐席员就用"您再考虑一下，我还要接其他电话。"而结束通话。

表现出对客户的不信任，客户提出一些使用产品的要求，被生硬拒绝。

3. 呼叫中心坐席员自身的不良行为

呼叫中心坐席员对自身工作流露出厌倦、不满情绪。

呼叫中心坐席员在接听电话时对客户进行评价、议论。

呼叫中心坐席员自身素质差、言语粗俗，经常在电话中夹带方言，使客户对企业丧失信心。

呼叫中心坐席员之间互相推诿、互相不满、互相拆台,使企业的声誉受到极大的影响。

呼叫中心坐席员对于企业的经营方式和策略的不认同。

呼叫中心坐席员由于自身素质修养及个性的原因对企业提出过高的要求无法得到满足。

此外,还有其他类型的投诉,包括:

财务类——出账错误,无法在承诺的时间内退款。

业务类——不实或不正确的广告,广告商品为限量发售或数量不足,销售人员的错误指导。

二、正确看待客户投诉电话

> 你只能从那些欣赏你、支持你、对你温柔的人身上学到东西吗?那些反对你、与你相争执、吵嚷的人从不曾给你任何启发吗?
>
> ——美国诗人 沃尔特·惠特曼

客户的情绪反映了他们内心要表达的声音,这声音并不总是动听的,在商业活动中,几乎各行各业的工作人员都难免听到客户的抱怨,面对客户的抱怨,这实在不是让人开心的事。许多人在接听投诉电话的时候心里就已经敲起了退堂鼓;也有人积极应战,用怒不可遏来吓退"找麻烦"的客户;还有人去见提出投诉的客户时,一路上想着:"今天真倒霉!"然而,他们当中有许多人没有看到客户的抱怨既可以是燃烧的火山,也可以是翻涌的油田,那里有着无限的机会!从客户的抱怨里,我们可以学到很多东西。

客户对企业的投诉,对企业来说也是非常珍贵的。据有关统计数据表明,在对企业产品或服务不满的客户中,有 25％的客户遇到了严重的问题而不去投诉,他们选择悄无声息地离开企业。实际上,客户的投诉是对企业的信任,是在让企业了解自身产品或服务的不足,因此更多时候我们说客户的投诉就是给企业的礼物,能够有效的处理客户投诉电话,对于企业具有重大的意义。

(一)阻止客户流失

现代市场竞争的实质就是争夺客户资源,但由于种种原因,企业提供的产品或服务会不可避免地低于客户期望,造成客户不满意,客户投诉是不可避免的。向企业投诉的客户一方面要寻求公平的解决方案,另一方面说明他们并没有对企业绝望,希望再给企业一次机会。相关研究发现,(见图 2-2),如果投诉得到解决,54％的投诉客户还会再次与公司做生意。如果投诉得到快速解决,这一比重上升到 82％。因此客户投诉为企业提供了恢复客户满意的最直接的补救机会,鼓励不满意的客户投诉并妥善处理,能够阻止客户流失。

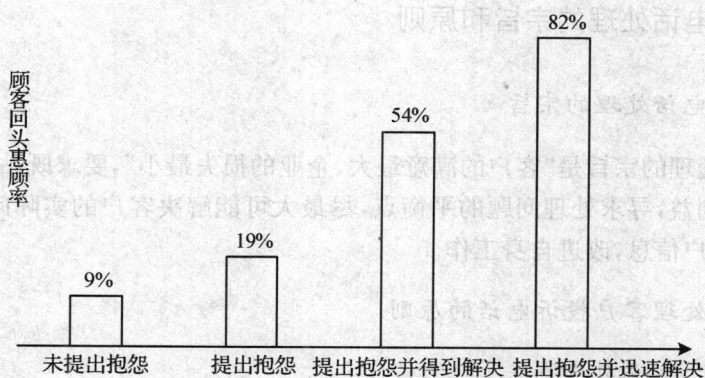

图 2-3 麦肯锡公司关于客户回头率调查统计数字表

（二）减少负面影响

不满意的客户不但会终止购买企业的产品或服务、转向企业的竞争对手，而且还会向他人诉说自己的不满，给企业带来非常不利的口碑传播。据研究发现，一个不满意的客户会把他们的经历告诉其他至少 9 人，其中 13% 的不满客户会告诉另外的 20 多个人，这些人在产生同样需求时，几乎都不会光顾那些被批评的企业。但投诉可以帮客户找到直接的宣泄渠道、抒发不满，从而减少客户向他人诉说的概率，如果投诉得到迅速、圆满的解决，客户的满意度就会大幅度提高，甚至具有比以前更高的忠诚度。

（三）免费提供市场信息

投诉是联系企业和客户的一条纽带，它能为企业提供许多有益的信息。研究表明，企业大量新产品的构思来源于客户需求，客户投诉一方面有利于纠正企业营销过程中的问题与失误，另一方面还可能反映企业产品和服务所不能满足的客户需求，仔细研究这些需求，可以帮助企业开拓新市场。从这个意义上讲，客户投诉实际上是常常被企业忽视的一个有价值且免费的市场研究信息来源。

（四）预警危机

一些研究表明，客户在每四次购买中会有一次不满意，而只有 5% 以下的不满意的客户会投诉。所以如果将对企业不满的客户比喻为一座冰山的话，投诉的客户仅是冰山一角，不满的客户这座冰山的体积和形状隐藏在表面上看起来平静的海面之下，只有当企业这艘大船撞上冰山后才会显露出来，但如果在碰撞之后才想到补救，往往为时已晚。所以企业要珍惜客户的投诉，正是这些线索为企业发现自身问题提供了可能，企业及时进行改善，才能避免更大的危机。

三、投诉电话处理的宗旨和原则

（一）投诉电话处理的宗旨

投诉电话处理的宗旨是"客户的满意最大、企业的损失最小"，要求既站在客户的角度又兼顾企业的利益，寻求处理问题的平衡点，尽最大可能解决客户的实际问题，提升客户满意度，收集客户信息，改进自身工作。

（二）正确处理客户投诉电话的原则

1. 先处理情感，后处理事件

意思是先关注客户的心情，再关注事实，这是处理客户投诉的首要原则，然而企业很多坐席员都忽略了，往往只是关注投诉事件本身，而不顾客户的感受。事实上客户更多的问题是情感上的，而不是事实，如果坐席员过度关注事实，与客户探讨什么是事实的话，只能使客户的情感受到进一步的刺激，事情会变得越来越难处理。

2. 耐心地听客户的抱怨

只有认真听取客户的抱怨，才能发现其实质原因。一般的投诉客户多数是发泄性的、情绪都不稳定，一旦发生争论，只会火上浇油、适得其反。真正处理客户投诉的原则是：开始时必须耐心倾听客户的抱怨，避免与其发生争辩，先听他讲。

3. 想方设法地平息客户的抱怨

由于客户的投诉多数属于发泄性质，只要得到企业方的同情和理解、消除了怨气，心理平衡后事情就容易解决。因此作为一名客服人员，在面对客户投诉时一定要设法搞清楚客户的怨气从何而来，以便对症下药，有效地平息客户的抱怨，才能及时解决问题。

4. 要站在客户的立场上来将心比心

漠视客户的痛苦是处理客户投诉的大忌。客服人员应该站在客户的立场上去思考问题、将心比心，诚心诚意地去表示理解和同情，承认过失。所以，无论已经被证实还是没有被证实的，客户投诉的处理都不是先分清责任，而是先表示道歉，这才是最重要的。

5. 迅速采取行动

体谅客户的痛苦而不采取行动是一个空礼盒。例如："对不起，是我们的过失。"不如"我能理解给你带来的麻烦与不便，您看我们能为您做些什么呢？"客户投诉的处理必须采取行动，不能单纯地同情、理解，要迅速地给出解决方案。

四、客户投诉电话的处理技巧

（一）投诉电话处理中的沟通技巧

1. 投诉电话处理中的沟通态度

（1）冷静、积极、敢于面对，避免个人情绪受困扰。

（2）只讲客户希望知道的,而不是你想讲的。多用换位思考表示你对客户的同情,但坚持企业的原则。如果有必要的话,要清楚解释原则。

（3）运用熟练的业务知识,集中研究解决问题的有效办法,提现职业化形象。

（4）避免提供过多不必要的资料,会有增大客户期望与实施差距的风险。

（5）要充满信心、不畏刁蛮客户的法律威胁或无理要求,但也要重视他们所提的要求,积极进行原则性及人性化的解说,必要时迅速与上级取得联系。

（6）耐心聆听、重复要点、作出回应并记录。

2. 令客户心情晴朗的"CLEAR"方法

C——控制你的情绪（Control）

L——聆听客户诉说（Listen）

E——建立与客户共鸣的局面（Establish）

A——对客户遇到的情形表示歉意（Apologize）

R——提出应急和预见性的方案（Resolve）

（1）控制你的情绪（Control）

当客户发怒时,坐席员要处理的第一个因素是控制自己的反应情绪。坚持一项原则,那就是:可以不同意客户的投诉内容,但不可以不同意客户的投诉方式。客户投诉是因为他们的需求没有被满足,所以应该要充分理解客户的投诉和他们可能表现出的失望、愤怒、沮丧、痛苦或其他过激情绪等,不要与他们的情绪共舞或是责怪任何人。

有效技巧

深呼吸,平复情绪。要注意呼气时千万不要大声叹气,避免给客户不耐烦的感觉。

思考问题的严重程度。

登高几步。如果有可能的话给自己争取点时间,如"我需要查一下,10分钟内给你回电话。""我需要两三分钟时间同我的主管商量一下来解决这个问题,您是愿意稍等一会呢,还是希望我一会给您打过去?"当然你要确保在约定的时间内兑现承诺。

（2）倾听客户诉说（Listen）

坐席员的情绪平复下来后,需要客户也镇定下来才能解决好问题。先别急于解决问题,应先安抚客户的情绪,然后再来解决客户的问题。

为了管理好客户的情绪,坐席员要善于倾听,把握客户的情绪是什么,客户为什么投诉。倾听客户诉说的不仅是事实,还有隐藏在事实之后的情绪,要遵循的原则应该是为了理解而倾听,并非是为了回答而倾听。

有效技巧

全方位倾听。要充分调动左右脑、直觉和感觉来听,用心体会、揣摩,听懂弦外之音。

不要打断。要让客户把心里想说的话都说出来,这是最起码的态度,中途打断客户的陈述可能遭到客户最大的反感。

向客户传递被重视。

明确对方的话。对于投诉的内容觉得不是很清楚,要请对方进一步说明,但措辞要委婉。

（3）建立与客户共鸣的局面（Establish）

对客户的遭遇深表理解,这是化解怨气的有力武器。当客户投诉时,他最希望自己的意见受到对方的尊重,自己能被别人理解。与客户共鸣的原则就是换位真诚地理解客户,而非同情。只有站在客户的角度想客户之所想、急客户之所急,才能与客户形成共鸣。要站在客户的立场想问题,学会换位思考:"如果我是客户,碰到这种情况,我会怎么样呢?"

有效技巧

复述内容。用自己的话复述客户难过的原因,描述并稍微夸大客户的感受。

对感受做出回应。把你从客户那里感受到的情绪说出来。

模拟客户的境地,换位思考。

（4）对客户遇到的情形表示歉意（Apologize）

聆听客户的投诉,理解了他们投诉的原因和感受,那么就有必要对客户的情形表示歉意,从而使双方的情绪可以控制。

有效技巧

为情形道歉。要为情形道歉,而不是去责备谁。即使在问题的归属上还不是很明确,需要进一步认定责任承担者时,也要首先向客户表示歉意,但是要注意,不要让客户误以为企业已经完全承认是自己的错误,坐席员只是为情形道歉,例如可以用这样的语言:"让您不方便,对不起。""给您添了麻烦,非常抱歉。"这样的道歉既有助于平息客户的态度,又没有承担可导致客户误解的具体责任。

肯定式道歉。当客户出了差错时,坐席员不能去责备。要记住,当客户做错时他们也是正确的,他们也许不对,但他们仍是客户。坐席员无法保证客户在使用产品的过程中百分之百满意,但必须保证当客户带着不满找上门时,在态度上总是能够百分之百的满意。

（5）提出应急和预见性的方案（Resolve）

在积极地听、共鸣和向客户道歉之后,双方的情绪得到了控制,现在是时候把重点从互动转到解决问题上去了。平息客户的不满与投诉,问题不在于谁对谁错,而在于争端各方如何沟通处理,解决客户的问题。

对于客户投诉要迅速做出应对,针对问题提出应急方案,同时提出杜绝类似事件发生或对类似事件进行处理的预见性方案,而不仅仅是修复手头的问题就万事大吉了。

有效技巧

迅速处理,向客户承诺

深刻检讨,改善提高

反馈投诉的价值

客户:"我那批货怎么现在还没送到?你们说帮我联系快递,但我没有接到电话。"

客服:"哦,不好意思,麻烦您告诉我您的手机号,我查询一下具体情况。"

客户："电话是 13752＊＊＊30。"

客服："抱歉久等了,请问您是徐小姐吗？"

客户："对。"

客服："麻烦徐小姐稍等,我查看一下之前的记录。"

客户："嗯。"

客服："徐小姐我看到您之前来电查询一笔 8 号的订单是吗？"

客户："是啊,我 11 号的订单都收到了,但 8 号的怎么还不到啊？"

客服："是的,对于这个包裹没有收到影响了您的使用我向您表示歉意,我也看到已经有座席代表为您联系了,但目前还没有回复,让您一直等待确实是我们的不对。"

客户："是啊！不管怎么样也要让我知道一下呀！"

客服："是的,是的,您看这样好吗？徐小姐,为了避免您一直等这个包裹,我这边会特别为您留意的,也会做好跟进工作,一旦收到快递的回复就会通知您,让您知道这个包裹的情况。"

客户："那这个包裹到底是怎么回事呢？是不是丢啦？我 11 号的都收到了。"

客服："在这点上我们和快递公司没有做到位,也感谢您来电反馈这样的问题,给您添麻烦了,您放心,我会做好跟进工作的。"

客户："那你要快点儿,里面还有一些朋友的东西,她们也很着急。"

客服："是的,我非常能够理解徐小姐的心情,而且我看了一下这笔订单也不是一笔小数目,有 600 多元呢。"

客户："对对对。"

客服："一方面金额比较大,而且看得出商品也是急用的,这样的情况发生,我是非常能够理解徐小姐的心情的。"

客户："就是啊,你们快点吧！"

客服："好的,这次确实是快递公司在送货方面延误了,您放心,电话结束后我们马上和快递公司的负责人联系一下,会和您联系 137 的手机的,您请您放心好吗？"

客户："好的。"

这是一通普通的快递延误送货的投诉,坐席员在处理方面非常诚恳,能够让客户感到处理问题的诚意,也有站在客户的角度考虑问题,比如"我看了一下这笔订单也不是一笔小数目,有 600 多元呢。"整体的舒缓情绪及提升满意度方面都处理得不错。

3. 处理投诉过程中的大忌

(1) 投诉处理人员缺少专业知识;

(2) 在服务过程中怠慢客户;

(3) 缺乏耐心,急于打发客户;

(4) 允诺客户自己做不到的事

(5) 急于为自己开脱;

(6) 可以一次解决的反而造成客户升级投诉。

（二）坐席员的心态准备及情绪控制

1. 投诉处理过程中坐席员的心态准备

心态是一个人处理事情、问题的一种比较稳定的方式与方法，或对外界的独特看法。心态有两种：一是积极心态，看事物好的方面、看自己得到的、看别人的优点、看事情的发展；二是消极心态，看事物坏的方面、看自己失去的、看别人的缺点、看事情目前的状态。积极心态使人成功，消极心态致人失败。

有这样一个故事——

一位十几岁的少年去拜访一位智者。

少年问："我如何能变成一个自己愉快，也能够带给别人愉快的人呢？"

智者笑着望着他说："孩子，在你这个年龄有这样的愿望已经是很难得了。很多比你年长的人，从他们问的问题本身就可以看出不管给他们多少解释，都不可能让他们明白真正重要的道理，就只好让他们那样好了。"

少年满怀虔诚地听着，脸上没有流露出丝毫得意之色。

智者接着说："我送你四句话。第一句话是，把自己当成别人。你能说说这句话的含义吗？"

少年回答："是不是说，在我感到痛苦忧伤的时候，就把自己当成别人，这样痛苦就自然减轻了；当我欣喜若狂时，把自己当成别人，那狂喜也就变得平和一些？"

智者微微点头，接着说："第二句话，把别人当成自己。"

少年沉思了一会儿，说："这样就可以真正同情别人的不幸，理解别人的需求，并且在别人需要的时候给予恰当的帮助。"

智者两眼发光，继续说道："第三句话，把别人当成别人。"

少年说："这句话的意思是不是说，要充分尊重每个人的独立性，在任何情形下都不可侵犯他人的核心领地？"

智者哈哈大笑："很好，很好，孺子可教！第四句话是，把自己当成自己。这句话理解起来太难了，留着你以后慢慢品味吧。"

少年说："这句话的含义，我一时体会不出。但这四句话之间有许多自相矛盾之处，我用什么才能把它们统一起来呢？"

智者："很简单，用一生的时间和精力。"

少年沉默了很久，然后叩首告别。后来少年变成了壮年，又变成了老人。再后来在他离开这个世界很久以后，人们都还时时提到他的名字。人们都说他是一位智者，因为他是一个愉快的人，而且也给每个见到过他的人带来了愉快。

故事中老智者的话发人深省。积极的人像太阳，走到哪里哪里亮；消极的人像月亮，初一十五不一样。在投诉处理中，坐席员面对着各类客户、各种困难，如果过度关注困难，人就会因此而消沉，但如果更加关注着困难的排除，就会感觉到自己的心中充满阳光、充满力量。同时积极的心态不仅使自己充满奋斗的阳光，也会给身边的人带来阳光。所以坐席员必须拥有积极的心态准备，不要把处理投诉工作当做一种负担，而是能够勇敢地接受工作中的各种挑战，甚至可以把工作的内容当做自己的兴趣爱好来做，这样就能够激发

人的更大的潜能,带给个人和企业更好的回报。这种心态准备包括:

(1) 理解客户

了解客户的问题

站在客户的角度

表示同样感想

理解客户冲动

(2) 承担责任

代表企业接受

代表企业处理

分清工作责任

主动处理抱怨

(3) 处理准备

冷静、忍耐

耐心、细心

控制不良情绪

保持精神愉悦

视为工作挑战

2. 投诉处理过程中坐席员的情绪控制

坐席员一天可能会接到上百个投诉电话,可能接待第一个客户就被臭骂了一顿,心情变得很不好、情绪很低落,但后边 99 个客户依然在等待服务,这时就需要控制情绪、调整自己的情绪,不能把第一个客户带来的不愉快转移给下一个客户,因为对于客户,你永远是他的第一个,你需要对每一个客户都保持同样的热情度。因此,优秀坐席员的情绪掌控和调节能力非常重要。

在处理客户投诉的时候难免遇到情绪低落或者情绪难以把控的时候,这时就要求坐席员做好情绪的自我调控,在这里给大家提供几种把控情绪的自我对话:

我是问题的解决者,我要控制住局面。

客户的抱怨不是针对我,而是针对公司的产品和服务。

保持冷静,做深呼吸。

客户不满意,不是对我不满意,我不能受他影响。

我需要冷静地听客户诉说,虽然他的措辞很激烈。

我需要知道事情的经过和真相,所以我不能激动。

我要用良好的情绪影响他,使他放松,缓和他紧张情绪。

2.4.3 任务同步训练

一、任务描述

根据客户投诉处理技巧,同学们分组,分别扮演客户和坐席员,以客户对所购买商品质量不满为主题,进行模拟服务。

二、同步训练任务书

任务名称	客户投诉处理技巧	任务用时	40分钟
同步训练描述	以小组为单位模拟训练,讨论、分析并完成客户投诉处理。		

序号	客户投诉	内容
1	客户投诉的原因	
2	客户投诉处理的宗旨	
3	客户投诉处理的原则	
4	客户投诉处理技巧运用	

三、教师点评

　　客户投诉是每一个企业都会遇到的问题,它是客户对企业管理和服务不满的表达方式,也是企业有价值的信息来源,它为企业创造了许多机会。因此,如何利用处理客户投诉的时机而赢得客户的信任,把客户的不满转化顾客满意,锁定他们对企业和产品的忠诚,获得竞争优势,已成为企业营销实践的重要内容之一。

　　在客户投诉处理中,参与者在现场的态度是最重要的,这将直接影响事件处理的结果。有礼、冷静、尊重顾客、感同身受四个方面是处理顾客投诉时应有的态度。

四、综合评价

任务名称	客户投诉处理技巧		
任务完成方式	□小组协作完成 □个人独立完成		
评价:			
任务成绩(满分100分):			
自我评价 (20%)		小组评价 (20%)	教师评价 (60%)
存在的主要问题:			

2.4.4　自主学习任务

1. 处理客户投诉需要注意的禁忌范例，归纳如下，见表 2‑2：

表 2‑2　处理客户投诉的禁忌及正确处理方法

禁忌	正确方法
立刻与客户摆道理	先听，后讲
急于得出结论	先解释，不要直接得出结论
一味的道歉	道歉不是办法，解决问题是关键
言行不一，缺乏诚意	说到做到
这是常有的事	不要让客户认为这是普遍性的
"你要知道，一分价钱，一分货物"	"无论什么客户，我们都提供同样优质的服务。"
"绝对不可能"	不要用如此武断的口气
"这个我们不清楚，你问别人吧"	"为了您能够得到等准确的答复，我帮您联系×××来处理好吗？"
"这个不是我们负责的，你问别的部门吧"	
"公司的规定就是这样的"	"为了保证您的权益，所以公司制定了这样的规则。"

2. 处理投诉的要诀：先处理感情，再处理事情；
3. 避免 8 种错误处理顾客抱怨的方式：

- 只有道歉没有进一步行动
- 把错误归咎到顾客身上
- 做出承诺却没有实现
- 完全没反应
- 粗鲁无礼
- 逃避个人责任
- 非语言排斥
- 质问顾客

项目三 电话营销服务

能力目标

1. 掌握电话营销的目标设定及跟踪；
2. 掌握电话营销脚本制作；
3. 掌握电话营销实战能力；
4. 培养专业电话营销员的职业素养。

知识目标

1. 电话营销的原则、误区；
2. 目标设定的原则；
3. 电话营销的优劣势对比
4. 电话营销的 4P 理论；
5. 电话营销员的 3C 原则；
6. 成功电话营销的要素

> 呼出电话服务是企业通过呼叫中心的坐席员直接对客户进行主动呼叫，为客户介绍各种业务，或提供各种服务的主动服务方式。通过主动呼叫，企业还可以进行客户需求、客户满意度等专项调查。
>
> 本项目包含了三个学习任务，具体为：
>
> 任务 1：呼出电话业务类型；
>
> 任务 2：呼出电话业务操作流程；
>
> 任务 3：电话营销的作业技巧；

任务 1 呼出电话业务类型

3.1.1 任务引导

1. 任务情境

上海汇通呼叫中心保险电话销售部门坐席员徐燕，早晨上班第一个电话打给了一位家庭主妇，她用一种热忱而又亲切的态度认真地介绍保险产品给这位准客户，她们沟通了三四分钟,这时坐席员徐燕的另一线电话响了。她不慌不忙、非常有礼貌地请准客户在电话那端稍等一下,原因是她有另一个电话进来,并表示会马上回来。但是,没想到这一接竟然是四分二十八秒,等她回头再继续第一通电话时,令人惊奇的是那位家庭主妇仍然在线上专注地等着她……

2. 任务分析

相信大家在日常生活中也接到过类似的销售电话,除了保险可以进行电话销售,还有什么行业什么业务可以进行电话销售呢? 电话销售是呼叫中心的呼出电话业务类型之一。与传统的营销相比,电话营销是否更加方便、更加效率呢? 接下来的学习内容将为大家解答:

(1) 呼出电话业务的类型有哪几种?

(2) 电话营销的基本特征、优点和不足有哪些?

3.1.2　支撑知识

一、呼出电话业务类型和特征

呼出电话业务不同于呼入电话业务,它本身具有不同的业务类型,每周业务类型也有其各自的特点。

(一)电话营销

电话营销是指呼叫中心业务代表通过主动呼叫,向目标客户进行产品和服务的推介及促销的活动。在电话营销中,坐席员需要采用有效的营销及沟通技巧向客户推介产品和服务,争取成功销售;销售完成后,还要提交综合销售报告以供公司考核市场活动结果。相比其他推销方式,电话营销的主要优势是成本低,且客户覆盖面广。电话营销的应用行业主要有:培训项目推销、保险增险、银行业务销售、数据中心出租、域名销售、易耗品的老顾客销售、酒店VIP卡销售、互联网应用服务推销等。

在国外,很多呼叫中心的呼出电话服务都是在做电话营销。目前,国内的电话营销业务也得到了迅速发展。电话营销作为提升企业价值的一种有效手段和一种低成本、高效率的行销模式正在被越来越多的企业应用。

(二)电话调查

电话调查是指基于呼叫中心的客户数据库,按照一定的条件筛选出合适的呼叫对象,在选定的时段内采用合适的方式对消费者需求、产品使用情况等进行定向调查。如客户满意度调查,呼叫中心业务代表主动联系目标客户进行商品、服务的满意度回访,访问完成后提供综合信息报告供公司进行分析。电话调查的应用主要包括:调研公司开展的媒体收视率调查、报刊编辑部开展的读者调查、商业企业服务推广中的市场需求调查、经销商及代理商的服务回访等。

（三）客户关系维护

客户是企业的生命之源，维持老客户、开拓新客户是企业发展的根本。客户关系维护包括客户回访、产品升级优惠推介、客户资料确认等业务。应用行业主要包括：固定及移动电话服务商、网络公司、银行、保险公司、数据库销售公司、物流配送公司、政府机构、公用事业单位等。

客户资料确认是呼叫中心承担的一项基本工作任务。企业在开展目标营销之前，呼叫中心业务代表往往需要主动联系目标客户确认或更新客户资料，并将确认或更新后的客户综合信息资料提交给公司有关部门，为目标营销活动的开展提供准确依据。

（四）其他电话呼出业务

呼出电话业务除电话营销、电话调查、客户关系维护三大类主要业务外，还包括预约服务、催缴服务等业务。应用行业主要包括：保险公司、银行投资理财服务中心、数据库中心、水电气公用事业单位等。如保险公司的呼叫中心坐席员联系目标客户预约产品推介会面时间；通信公司的呼叫中心坐席员联系客户催缴电话费或修改密码等。

二、电话营销概述

电话营销这个概念首次出现于 20 世纪 80 年代的美国。

电话营销是指通过电话、传真等通信技术和计算机技术，实现在多种情况下与客户的接触，与客户建立关系的过程中，了解和发掘客户的需求，并满足其需求。电话营销与电话销售是两个不同的概念，它不是随机地打出大量电话，靠碰运气去推销出几样产品。电话营销是企业有计划、有组织、有目的地向现有或潜在目标用户进行推广的、一对一互动的一种营销模式。相比于其他营销方式，电话营销具有更强的目的性和针对性。

随着消费者主导的市场形成，以及电话、传真等通信手段的普及，很多企业开始尝试这种新型的市场营销模式。在市场竞争日益激烈的今天，由于城市规模扩大、交通阻塞等原因，登门拜访式的营销效率越来越低，而成本却不断上升。作为直复营销的一种方式，电话营销能使企业在一定的时间内，快速地将信息传递给分布广泛的目标客户，及时抢占目标市场。电话营销作为一种能够帮助企业获取更多客户和利润的营销模式，越来越多地为企业所采用。

（一）电话营销的基本特征

1. 电话营销主要靠声音传递信息

在电话沟通过程中，准客户无法看到电话营销员的肢体语言、面部表情，只能根据他/她听到的声音及声音所传递的信息来判断自己是否喜欢这个销售人员，是否可以信赖这个人，并决定是否继续这个通话过程。同样的，电话营销人员只能靠"听觉"去"看到"准客户的所有反应，并判断沟通方向是否正确。

2. 电话营销人员必须在短时间内引起准客户的兴趣

在电话营销过程中，如果业务代表没有办法让准客户在 20～30 秒内感到有兴趣，准客户可能随时终止通话,因为他们不喜欢浪费时间去听一些和自己无关的事情,除非这通电话让他们产生某种好处。

3. 电话营销是一个双向沟通的过程

电话营销是一个双向沟通的过程。在此过程中,电话营销员不仅要传递有关企业和产品的信息,而且还要关注客户的反应,并回答客户提出的问题。在电话沟通过程中,最好是电话营销员说 1/3 的时间,而让准客户说 2/3 的时间,如此做可以维持良好的双向沟通模式。一般情况下,初次沟通中总是电话营销员说的多一些,但随着与客户沟通的深入,客户参与的程度就会越来越高,所以第一次沟通中,电话营销员说的多一些也可以,但是若电话营销员说的话超过 3/4,一般可以断定这次沟通是无效的,或者效果会很差,除非是客户一直问问题,他用 1/4 时间提问,电话营销员用 3/4 时间回答,而客户又不断地作出“嗯”、“对”、“很好”、“是呀”等反应。

4. 电话营销是感性的销售

电话营销是感性销售的过程,电话营销人员必须在“感性面”多下工夫,因为在于客户通过中,不论时间长短,必须首先打动客户的心,然后再让客户了解理性客观的资料,激发客户购买欲望并促成交易行为。

(二)电话营销的优缺点

1. 电话营销的优点

电话营销较少受时间、地点的限制,能够让信息互动交流、及时沟通,有利于企业在激烈市场竞争中,达成预定的目标。同时,电话营销也是一种很重要的营销成本控制措施,它正在成为一种增加利润和建立稳固客户关系的有效策略。首先,它能够获得有关客户的准确资料,可以向精确定位的目标客户实施更有效的营销活动;其次,一支训练有素的电话营销队伍不仅可以有效解决客户的问题,同时可以快速地与不满的客户取得联系并赢回客户,这将增加客户的保持率。

电话营销的优点具体表现为:

(1)互动性。电话营销虽然不是面对面的信息沟通,但仍是一种可以实现“一对一”互动交流的营销方式。在电话营销过程中,业务代表仍然能够及时了解客户的需求和建议,并提供针对性的服务。

(2)个性化。客户将关注的焦点全部放在产品上的时代已经过去,现在消费者要求个性化服务的趋势逐渐显现,他们更加关注附加的服务。电话营销直接接近客户,能够搜集客户的偏好信息,以便企业采取不同的营销策略和措施。

(3)即时性。电话营销过程中,对方是当时做出反应,电话营销员可根据客户当时的反应情况,决定是否改变说辞,甚至调整电话营销的技巧,以获得客户的认可并达到更好的促销效果。同时,能够及时得到目标客户的信息,为企业营销决策提供参考。

(4)融通性。电话营销人员向客户介绍产品和服务的过程中,往往可测试出对方所希望的价格或特殊需求。因此,在可调节的范围内,能够根据不同客户的要求和期望灵活地调解双方利益关系,提高成交效率。

(5)经济性。相对于同样可做一对一交流沟通的访问(挨户登门)推销,电话营销可以快速地与客户通话联系,其成本低、效率高、操作性更强。系统和规范地组织和管理营销人员,能够提高经济性。据某权威调查机构统计,每一位受过专业训练的电话营销人员其工作能力:每一小时可与5~7名商业界人士通话,每一小时可与8~15名一般消费者通话。

(6)普遍性。电话营销的沟通工具是电话,现在固定电话装机率或移动电话持有率都很高,并且仍在不断地增加,这为电话营销提供了一个巨大的客户群体和沟通的平台。因此,电话营销人员可以大量地、随时随地与老客户或潜在客户进行电话沟通。

2. 电话营销的缺点

(1)多种沟通技巧得不到充分利用。面对面沟通中会涉及许多肢体语言,每一个细微的动作都会反映出对方此刻的心理状况,谈判高手能够通过察言观色来判断对方的谈判策略并修改本方的谈判策略,从而建立谈判优势。电话沟通虽能了解到对方的语气,但仅凭这一点很难准确地分析出对方的真实意图,更何况谈判高手极可能会通过语音语调来迷惑你,从而加大分析对方"底牌"的难度。

(2)电话营销人员很容易被拒绝。在销售中,企业最怕自己的产品或服务被客户毫无余地地拒绝,而恰恰在电话营销中客户很容易直接地拒绝对方。电话营销不同于面对面的沟通,面对面的沟通即使双方沟通破裂也会多少顾忌对方的情绪,给对方留面子;而电话营销双方是通过电话来进行沟通,一旦客户由于对产品或服务没有兴趣,不想继续沟通时会直截了当地挂断电话,而不必考虑对方的面子问题。

(3)电话沟通双方精力容易分散。买卖双方在面谈时通常会在谈判间或封闭的会议室里进行,不容易受到其他人员或事务的影响,双方均能专心致志地谈判。电话营销则恰恰相反,无论是电话的哪一端都很容易受到外界的影响,双方的精力不容易集中,很可能会忽略一些重要的信息。

(4)电话营销利用程度有限。电话营销在电话普及率高的区域应用非常广泛,但对于发展缓慢的偏远地区电话营销会受到限制,一些经济不发达的地区电话普及率低,很难开展电话营销。电话营销人员的工作时间和客户的工作时间具有同步性,在正常的工作和休息时间联系客户,可能会产生负面效应。由于客户既看不到实物,也读不到说明文字,会增加客户的不信任感。因此,电话营销不利于复杂产品或解决方案的推销。

三、中国电话营销发展历程中的重要事件

1998年,美国戴尔计算机公司(后更名为"戴尔公司")在厦门设立客户服务中心,开展电话直销业务。

2001年,作为中国市场最早的外包服务商——维音数码开始为美国AT&T进行离岸外包电话营销服务,这是中国第一家越洋开展离岸外包电话营销服务的公司。

2001年,中国惠普有限公司在上海金桥设立"中国惠普客户互动中心",首创分销渠道的"协同销售模式",同年创立"渠道销售中心",在中国首创利用呼叫中心进行分销渠道管理的商业模式。

2003年,张烜搏先生的专著《一线万金——电话销售培训指南》出版,这是中国电话营销史上第一本关于电话营销技巧的图书。

2003年,美国友邦保险公司 AIA 在中国首推媒体营销策略,成为业界第一个利用电话进行保险直销的公司。

2003年,中国联通在广东、浙江秘密试水打造电话营销为主的直复营销,第二年利用直复营销体系在全国十几个省推广"世界风"取得一定成功,这是占据中国呼叫中心半壁江山的中国电信运营商首次大规模的电话营销应用。

2007年,中国保监会向各保险机构下发了《关于规范财产保险公司电话营销专用产品开发和管理的通知》,这也是第一份有关电话营销的国家级规范性文件。

3.1.3　同步训练任务

一、任务描述

案例分析题:看完下面的案例,请同学们完成下面的同步训练任务书。

某日,在某房产集团做秘书的小吴,接到了某化妆品公司的问卷调查电话。调查过程中,调查员接通电话后问了几个调查问题,就开始繁冗拖沓地介绍某种产品,小吴听了一头雾水,没弄清楚到底这个调查员要干什么。当调查已经过了20多分钟时,小吴已经很不耐烦,调查人员这时才报出公司的名称,又问了几个调查问题。但是在她的记忆中,距离买产品的时间已经有一年之久,小吴原来还以为该公司是销售推出新款染发剂的。

二、同步训练任务书

任务名称	呼出电话业务类型	任务用时	30分钟
同步训练描述	案例分析并回答下面的问题。		
序号	项目	内容	
1	上面案例中,调查员的错误有哪些?		
2	电话调查过程中应注意哪些问题?		

三、教师点评

调查者按照统一问卷,通过电话向被访者提问,笔录答案。电话调查速度快,范围广,费用低;回答率高;误差小;在电话中回答问题一般较坦率,适用于不习惯面谈的人,但电话调查受电话设备的限制时间短,答案简单,难以深入。

案例中的调查员在调查开始前没有介绍自己的身份和电话沟通的目的;在调查过程中没有明确调查的目标,偏离了调查的中心;调查时没有按照问卷的题目及顺序进行调查。

电话调查过程中应注意的问题:电话调查员开始调查前首先应该自我介绍,要告诉对方你来自哪个机构,其次调查的目的是什么,访谈需要多长时间;在电话调查过程中要求电话调查人员的声音甜美、柔和、具有亲和力、音量适中、语速适合等;电话调查人员应该清晰、完整地按照问卷题目的原话读出,让被访问者理解提问内容。

四、综合评价

任务名称	呼出电话业务类型		
任务完成方式	□小组协作完成 □个人独立完成		
评价:			
任务成绩(满分100分):			
自我评价 (20%)		小组评价 (20%)	教师评价 (60%)
存在的主要问题:			

3.1.4 自主学习任务

呼入型电话营销

客户呼叫中心运营管理中的主动式电话营销对人员素质要求最高,它不仅要求坐席员精通业务,要求坐席员对未知的结果有很好的应变能力,还要求他们有很好的销售技巧。电话营销方式大体分两种,即呼出型营销和呼入型营销。其中呼入型电话营销在任何一种类型的客户呼叫中心都会涉及。有些客户呼叫中心,有购买意图的呼入来电量占整个客户呼叫中心来电量的90%。这就需要坐席员既要具备一定的销售技巧也要具备良好的服务意识。与呼出型电话营销相比,呼入型电话营销显然要容易一些,最起码客户是带着需求来的,不需要花费很多的时间和精力去挖掘销售机会。在实际工作中,可以发现即使比呼出型电话营销容易,要想提高坐席员处理来电的成功率仍旧不是很轻松的事情。

资料来源:客户世界网,呼入式电话营销浅谈,http://www.ccmw.net/article/4710。

请同学们思考:

1. 请举出至少两个呼入型电话营销类型的例子。

2. 为什么说呼入电话营销比呼出电话营销更容易?

任务 2　呼出电话业务操作流程

3.2.1　任务引导训练

1. 任务背景

冬冬在上海汇通呼叫中心国内商务旅行业务部上班,商务旅行的业务主要是帮助××旅游公司推广一张商务旅行卡,这张卡可以帮助那些经常出差在外的商务人士以比较低的折扣预订酒店和飞机票。但冬冬的业绩一直不理想,每月都完成不了公司下达的目标任务,后来主管给他了一个新的话术,他的业绩目前已经做到全公司第一了。下面我们看一个具体话术内容。

冬冬:您好,请问是刘先生吗?

客户:是的,请问你有什么事呢?

冬冬:刘先生您好,我是冬冬,××旅行公司的,有个事情想麻烦您一下!

客户:请说。

冬冬:能请教您几个问题吗?

客户:可以。

冬冬:请问您平时经常有出差的机会吗?

客户:大概一个月一两次吧。

冬冬:那频率还是挺高的嘛,那请问您出差时一般喜欢住几星级酒店呢?

客户:3、4 星级的吧。

冬冬:挺不错的嘛,那么再请问一下,您是为私事出差多,还是为公事出差多呢?

客户:基本上是为自己的事出差。

冬冬:这样说,我应该叫您刘老板啦。刘老板,我想请问在您出差时,您住的酒店一般是事先预定好的,还是临时安排呢?

客户:都有,有时候是事先预定,有时候是临时安排。

冬冬:如果是事先预定的话,酒店可以给到您多少折扣呢?

客户:有时候可以打到八折,有时候没有折扣,这要看情况。

冬冬:有没有享受过 2 到 7 折的优惠折扣呢?

客户:还真的没有享受过这么低的折扣呢。

冬冬:另外再问一下如果是临时安排的话,有没有遇到过酒店客满的情况呢?

客户:有时候会遇到。

冬冬:遇到这种情况您一般会怎么处理呢?

客户:另外再找一家啰。

冬冬:哦,是这样刘老板,您是否使用过商务旅行卡呢?

客户:有见过,但没有使用。

冬冬:为什么不尝试用一下呢?

客户:这种卡太多了。

冬冬：的确是这样，做这种商务卡业务的公司仅仅在广州就有好几十家，刘老板，您不觉得这正好说明使用商务卡的人士很多吗。我们公司是一家已经在美国上市的公司，在全世界有好几千家签约酒店，仅大陆就有 1000 多家签约酒店，现在正好是我们的优惠赠送期，如果您现在办理这张卡，就可以轻轻松松解决您刚才所谈到的问题。

客户：那如何办理呢？

冬冬：这个很简单，只要您……

2. 任务分析

为完成本任务，请思考：

(1) 主管给冬冬的话术脚本为什么能帮助冬冬提升业绩？

(2) 你可以撰写一份电话营销的脚本吗，电话营销脚本撰写的技巧及注意事项是什么呢？

3.2.2 支撑知识

一、呼出电话业务操作流程

如下图 3-1 所示，呼出电话业务操作流程分为三个阶段，即准备阶段、实施阶段和总结阶段。准备阶段是实施阶段的基础，为实施阶段的顺利进行做好充分准备。

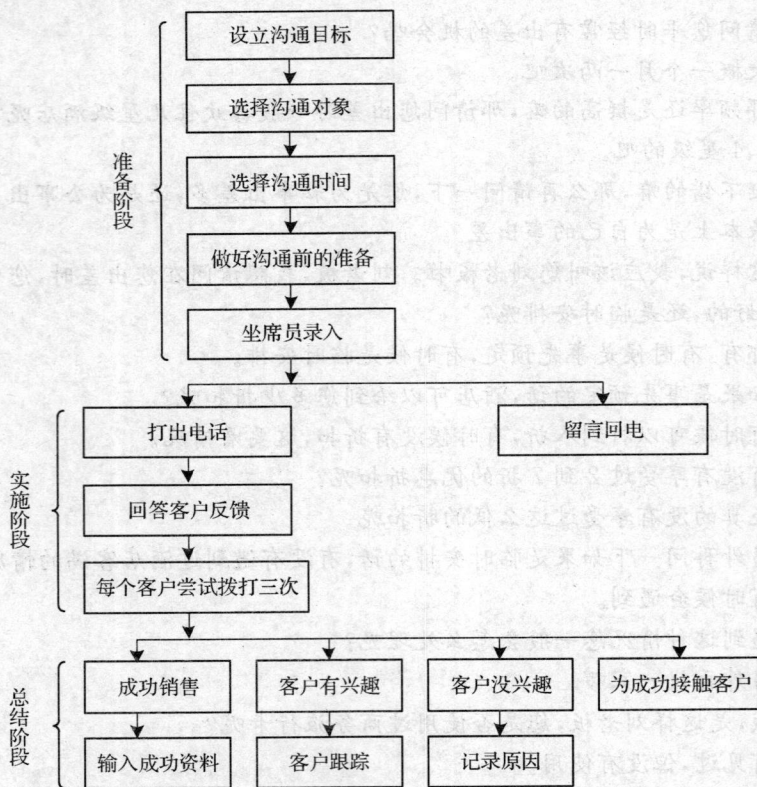

图 3-1　呼出电话业务操作流程图

（一）准备阶段

在准备阶段，坐席员要做好四个方面的工作：设立工作目标、选择沟通对象、选择沟通时间、做好沟通前的准备。

1. 设立工作目标

呼出电话业务管理的核心问题是根据业务需要设立明确的沟通目标，以免失去方向，浪费宝贵的时间。以设立的沟通目标为导向开展业务活动，能够有效提高呼出电话业务的效率。如中国移动人工服务台推出新业务时，坐席员联系客户的目的是介绍新业务，让客户了解新业务或者让客户能够有兴趣办理新业务。在呼出电话之前首先明确目标，这样坐席员才能够根据不同的目的采用不同的方式和用户沟通，能够快速、高效地完成任务。

2. 选择沟通对象

坐席员根据已经设定的沟通目标，采用适合的方法选择需要沟通的目标客户，缩小每个独立呼出电话业务的范围，以便坐席员可以在既定的范围内收集相关业务的信息，节约成本。如保险公司推销汽车保险业务，该业务首先应该将目标对象定位在已经购车的家庭，然后向购车的家庭成员推荐汽车保险。如果在大范围内去推销，只会浪费时间，也会降低成功的概率。

3. 选择沟通时间

坐席员应该根据不同的沟通对象安排合适的沟通时间，尽量挑选客户可能的空闲时间。在不打扰客户正常的生活、工作的情况下，不让时间成为沟通的障碍。如在晚上休息的时间给客户打电话，会引起客户的反感，产生排斥的心理，不利于呼出电话业务的进行。

4. 做好沟通前的准备

呼叫中心坐席员在沟通之前应该制定具体的沟通计划。沟通计划中要安排好 沟通过程中问题的顺序和注意事项，以及预测可能遇到的情况和异议的处理方法。对于特别的业务，还应该了解目标客户的真正需求，明确产品、服务和客户需求的契合点。如中国移动公司在介绍新业务时应该首先介绍该业务有什么功能，能够提供给客户什么样的便利等，以引起客户的兴趣，然后再告知如何办理该业务。在呼出电话之前，坐席员要准备老客户的基本资料，知晓以前沟通状况和客户的反应，同时，准备好纸、笔及必要的资料备查。为提高坐席员的反应能力，可以针对制定的计划进行模拟操作，预见客户的种种反应，准备必要的应对措施，以达到良好的沟通效果。

（二）实施阶段

准备阶段工作完成以后进入实施阶段，实施阶段包括两项主要内容：坐席员打出电话、回答客户反馈。

坐席员根据选定的目标客户，按照制定的沟通计划，逐一打出电话和客户进行沟通。在拨通电话后，坐席员要根据客户的不同特点选择有效的开场白接近客户。在沟通过程中要注意不要占用客户太多的时间，一般通话应该持续 3～5 分钟，而且应该专注介绍产品，同时尽可能准确把握客户的需求，以便你给出很好的理由让客户愿意花宝贵的时间和你交谈。

(三)总结阶段

电话沟通结束后要整理有效的客户资源,定期跟进,跟客户保持联系,等待业务机会;记录失败沟通的原因,总结经验,避免下次业务中出现同样的问题,坐席员在第一次失败后一定要坚持不懈,要谨记大多数的销售都是在多次电话沟通之后才成功的。

二、电话营销脚本制作

脚本,或者叫话术,是呼叫中心的专业术语。脚本是坐席员的武器,直接决定着客户的感受。尤其是对于外呼型呼叫中心,脚本在很大程度上决定着成败。脚本是呼叫中心专业性的体现,也是规范化的基本保证。

脚本,是相对固定的。所谓的的相对固定,一是指脚本需要随着效果额检验不断调整,二是话术只是基础,需要随着客户不同情况随时调整。

(一)电话营销脚本撰写技巧

电话营销脚本的设计影响到业务的满意度水平,也是业务发展的重要组成部分。好的电话营销脚本直接促成了销售几会的产生,那么怎样去设计好的电话营销脚本呢?

1. 好的电话营销脚本来源于一线坐席员最直接的客户感受。做完新产品的业务培训,让参训的一线人员,从客户的角度针对培训提出常见问题,同时启发大家,这个业务一般都会由什么样的人来问?他们都会问什么?怎样回答会更好?客户针对产品有异议,如何组织语言?怎样解释产品?然后要求在规定的时间内在班组内汇总讨论,讨论完毕后统一汇总到专家组讨论,最后在管理人员会议上进行讨论,这样效果会很好。因为坐席员在思考问题的过程中,其实就是在从客户的角度来想问题和从本人的角度去回答。脚本的不断丰富和完善为新人培训提供了良好的教材,他们一进入呼叫中心就会通过脚本去了解业务和客户的感受,会在与客户电话沟通时发现客户提出的问题,已经胸有成竹而从容回答。

2. 好的脚本必须充分考虑到客户的感受和接受能力。例如:金融企业,客户来自不同的阶层,文化程度、年龄、性别、地域等诸多要素都应是在设计电话营销脚本时要考虑的因素。向层次较高的客户进行产品信息的介绍时,要简洁明了地告诉他。

坐席员:请提供一下您的身份证号码和保单号,我来帮您查一下。

客户:好的。

如果客户是一位老人,我们的电话脚本则会是这样的——

坐席员:您的身份证和保单在您身边吗?

客户:身份证在,保单在柜子里,需要这些东西吗?

坐席员:是的,因为只有通过您的身份证和保单号才能进行红利的查询,这样是为了更好地保护您的权益。

客户:哦,那我去取保单,你等一会行吧?很快的。

坐席员:没问题,您别着急,我会等您。

好的电话脚本一定是从客户的角度设计的，一定是要得到灵活的使用和持续的改进以便使坐席员正确地用来匹配客户，而客户也会从坐席员的言语中来感受公司的服务，因此，呼叫中心的脚本设计一定要以客户为中心、人性化并且使客户产生愉悦。

3. 让电话营销脚本真正成为坐席员的语言，脚本实际上是服务标准的具体体现。当坐席员最初使用电话脚本的时候是非常生硬的，因为这并不是她平时讲话的表达方式，听起来会非常不舒服，并且明显感觉到她在不情愿地按照脚本回答。比如客户在查询业务时，由于系统慢，客户等待了一段时间后才得到查询结果，这时候我们坐席员通常会说："非常感谢您的等待，我们系统显示您的……"

坐席员在最初说"非常感谢您的等待"这句话时，能够感觉到她的不情愿和不自然，但是经过一段时间的训练，这些话术成了坐席员的语言，听起来是那么亲切自然，给你人一种温暖的感觉，关键是坐席员的意识变了，针对坐席员的心态和服务意识，进行大量的培训，使得坐席员对服务有了更加清楚和深刻的认识，态度决定一切，服务中的态度更加重要。

4. 对电话营销脚本在使用过程中进行持续不断的评估和改进。脚本设计完成之后在实际使用过程中总会有一些不实用的地方，因此在进行电话脚本的使用时，要及时听取一线坐席员的意见和建议，同时管理人员在监听过程中不仅要监控业务，而且要注意电话脚本在使用过程中暴露出的不足，将信息及时反馈给相关人员，并对其进行改正。

有很多公司的电话脚本几年几乎没有任何改变，这其中的原因很多。比如开头语和结束语通常采用非常固定的脚本。比如："您好，我是××号，很高兴为您服务。"开头语让客户感觉很亲切。而恰当的结束语，不仅能给客户加深印象也可以提高客户满意度。当通话快要结束时所使用的脚本通常有："请问您还有其他的问题吗?"，"我是××号，欢迎再次致电，再见!"等。

结束语加上一个开放式的提问，让客户觉得被尊重，避免客户因问题没问完还要再次致电呼叫中心，同时也给了自己一个合理的喘息机会，调整好自己的心态，积极准备回答客户的提问。

尽管这样，脚本本身也有一定的局限性，某种程度上并不能满足所有客户的需要。格式化的脚本会让人感觉生硬，千篇一律，没有个性;如果脚本设计不好，呆板的脚本会使客户感觉你是在应付或是在敷衍他/她，而不是真正在帮助他/她解决问题;因此并不是所有设计好的脚本都能够适应所有客户。不同的客户需要不同的沟通方式，固定的脚本不能满足客户个性化沟通，因此电话营销脚本必须处于不断被评估和改进的过程中。

（二）脚本写作的几点注意事项

根据流程来框架脚本只是为脚本搭建了一个基本的骨架，要使它生动起来，就必须加入实实在在的血和肉。在丰富脚本时我们需要注意下列事项。

1. 要从客户的角度出发

凡事从客户的角度出发，这是对呼叫中心从业人员最基本的要求。因此，在脚本设计过程中，我们也不应该忘记这点。只有从客户的角度出发，我们才能够设计出真正让客户认同的话术。

2. 多用正面表达

无论谁都喜欢得到肯定。因此，在脚本话术中应该尽可能避免使用否定的语言，如"不"、"没有"等。要让客户感觉到自己是被肯定的、被认同的。

3. 用 FAB 的技巧引导客户

FAB(Feature Advantage Benefit)即"特点、优势、利益"。

F：Feature，产品特性包括品名、功能、性能、用途等。

A：Advantage，相比同类产品有什么优势，优势在哪里，有多少等。

B：Benefit，销售的产品最终能给用户以及企业带来什么效益，效益是多少等。

在介绍产品的过程中，与其死板地说一些产品的特点和专业名词，还不如从产品能给客户带来什么好处出发，用形象的比喻来帮助客户想象产品会给他带来的利益。

4. 使用更具说服力的词语

当今社会，人们对数字非常敏感，因此，在电话营销话术中，巧妙地添加一些数字或者数字有关的词，能够让客户印象深刻且让你的推荐更具说服力，如"本产品在同类排名中连续 3 年赢得第一"。

5. 使用"先讲明原因"的技巧

在沟通中，我们都喜欢问为什么。当用户接到一个电话时，他的第一反应是他是谁，为什么要打电话给我？因此，在一开始的时候主动表明身份并告诉他/她我是为何而来，就能有效地打消对方的顾虑。这样做，也能避免时间上的浪费，提高电话沟通的效率。

6. 口语化

不应该将使用手册或网站上的文字简单移植，而是必须根据口语听说、日常交流的习惯重新编写相关内容，同时，要满足普遍性的口语习惯，所以常常需要不同人在一起反复斟酌。

7. 对话式、互动式

脚本不是发言稿，不能不顾客户反应而一气呵成，必须留给对方反应的时间与机会，并针对不同反应决定下一步内容。

（三）常用语、销售用语、疑难情境的脚本撰写

电话销售过程中，经常会用提问的方式，来了解顾客的需求和引导销售，一般情况下，经常问的问题有以下几种：

您能否谈谈您的整个想法？

您能谈谈您对该产品的具体要求吗？为什么这些对您很重要？

什么样的产品最符合您的要求？

请问这些产品都给谁用？

为什么现在有购买的想法？

什么时候给您送去会最符合您的要求？

在电话营销过程中，我们经常会遇到一些顾客拒绝或表示不愿交谈的情况，这时候，脚本的运用就尤其重要。

客户："把资料寄来就行。"

脚本:"我很乐意这样做,X 先生/小姐,但是这些构想只有在符合您个人需求时才有用,有一些细节性的问题我必须亲自和您讨论,是否让我先给您介绍一下?"

客户:"我没钱。"

脚本:"X 先生/小姐,您的判断一定是对的,不过,我要提供给您的构想有可能是您从来没有听过的,现在最好先了解以备不时之需,我先给您介绍一下吧?"

客户:"你说的产品我知道了,就算想买现在也没钱。"

脚本:"是的,X 先生/小姐,我相信只有您最了解公司的财务状况,是吧? 而我们这套系统就是帮助您更好的节约成本、提高绩效的,您一定不会反对吧?"

客户:"我对你们的服务没兴趣!"

脚本:"X 先生/小姐,我也觉得您能不会对您从来未见过的东西产生兴趣,这也是我也要给您介绍的原因。我希望我所提供的资讯足够让您作出明智的决定,现在能让我给您介绍一下么?"

客户:"我很忙,没有时间。"

脚本:"X 先生/小姐,事实证明,您能把这个企业发展成这样的规模,就证明您是一位讲效率的人。我想:您一定不会反对一个可以帮助贵公司更好的节约成本、节约时间、提供效率的系统被您所认知,是吧?"

客户:"你这是在浪费我的时间。"

脚本:"X 先生/小姐,如果您看到这个产品会给您的工作带来一些帮助,您肯定就不会这么想了,很多顾客在使用了我们的产品后,在寄回的'顾客意见回执'中,对我们的产品都给予了很高的评价,认为我们的产品真正地帮助他们有效地节省了费用,提高了效率。"(如客户用没有时间拒绝你,你要用这样的观念——最忙的人不一定是成功的人,成功的人必然追求效率。)

客户:"我要考虑一下。"

脚本:"X 先生/小姐,很明显的,您不会花时间考虑这个产品,除非你对我们的产品真的感兴趣,对吗? 可不可以让我了解一下,你要考虑一下的到底是什么呢? 是产品品质,还是售后服务,还是我刚才漏讲了什么?"

当顾客喜欢某个产品,但习惯拖延做出购买决定时。

脚本:"X 先生/小姐,相信您听过,美国国务卿鲍威尔说过,拖延一项决定比不做决定,让美国损失更大,现在我们讨论的不就是一项决定吗? 假如您说'是',那会如何,假如您说'不是',没有任何事情会改变,明天将会跟今天一样。假如您今天说'是',您即将得到 1、……2、……3、……的好处。显然说'是'比什么都不说更有好处,您觉得吗?"

当顾客谈到最近的市场不景气,可能导致他们不会做出购买决策时。

脚本:"X 先生/小姐,多年前我学到一个人生哲理,成功者购买时,别人都在抛售,当别人都在买进时他们却卖出。最近很多人都在谈市场不景气,而在我们公司,我们决定不让不景气来困扰我们,您知道为什么吗? 因为现在拥有财富的人,大多都是在不景气的时候建立了他们事业的基础。他们看到的是长期的机会,而不是短期的挑战。所以他们因做出购买决策而成功了,当然他们也必须要做出这样的决定。X 先生/小姐,您现在也有机会做出相同的决定,您愿意吗?"

3.2.3 同步训练任务

一、任务描述

下面是一家装饰公司的样板房征集活动内容,请同学们分组讨论并完成同步训练任务书。

君炫装饰公司现在正在征集样板房,推出 100 平方米 3.88 万全包精装,含吊顶、背景墙、全套家具、地板、卫浴、橱柜、套装门等,比其他装饰公司要省 40% 以上。活动时间 9 月 1 日到 10 月 31 日。

二、同步训练任务书

任务名称	电话营销的作业技巧	任务用时	30 分钟
同步训练描述	以小组为单位模拟训练、讨论、分析并完成销售目标。		
序号	项目	内容	
1	呼出电话业务操作流程		
2	电话销售脚本		

三、教师点评

在明确了电话营销脚本撰写的注意事项之后,开始正式设计脚本。除了设定脚本框架外,脚本设计的第一件事就是对营销任务书进行分析。要知道,虽然电话营销流程是可以通用的,但是每个营销活动却各不相同,只有仔细分析了营销任务书,我们才能设计出真正适合的营销脚本。

对营销任务的分析,关键就在于确定营销的目的:这次营销活动我们所要销售的产品是什么?该产品所对应的用户群是哪些人?这些目标用户有什么共同点,这个产品在哪些方面最能吸引这些用户?我们所能开展营销活动的周期为多长?

装修电话销售脚本范文如下:

您好!请问是××先生(女士),我是君炫装饰公司的,我姓×,目前我们公司正在对××小区,征集样板房活动,推出 100 平方米 3.88 万全包精装,含吊顶、背景墙、全套家具、地板、卫浴、橱柜、套装门等,比其他装饰公司要省 40% 以上。那么想电话向您咨询一下,您家的新房近期也要考虑装修和设计的是吗?

客户回答分五类:

1. 已经装修好的

装修电话销售话术营销之一：×××先生(小姐)打扰您了，不好意思。

2. 在装修了

装修电话销售话术营销之二：您的新房现在在设计当中还是在施工当中。

设计当中：×××先生(小姐)，您看这样可不可以："我们也愿意帮您做一个方案，也好让您做个比较。装修和买东西一样，总要货比三家，比设计，比施工，比价格，比材料，比服务，你觉得我们的设计好，价格满意，再做个选择，毕竟装修不是件小事情啊！那好吧，您看您是周一到周五有空，还是双休日有空，您来我们公司或者我们到您新房现场测量一下。"

3. 正在考虑当中

装修电话销售话术营销之三：您设计这一块有没有做啊？我们这次活动还比较丰富，比较精彩，想把相关内容呢先传真一份给您看看，一方面呢，您对公司有个了解，另一方面呢，也对这次活动有个了解。

4. 没考虑好

装修电话销售话术营销之四：×××先生(小姐)我问一下，有些人家把房子出租或者转让，您家确定自己住是吧！

5. 如顾客问号码是怎么知道的

装修电话销售话术营销之五：我们是从信息中心拿过来的，我们非常愿意为您提供家装上的服务，没有别的恶意。如果说您这个房子也要装修的话，那么也好进行多家比较啊。

聊天之中可以谈到设计师：我们的设计师非常地优秀，非常地负责，不仅图纸画得好，而且还是一名施工监理，也就是让自己的设计和施工完美的结合。

四、综合评价

任务名称	呼出电话业务操作流程	
任务完成方式	□小组协作完成 □个人独立完成	
评价：		
任务成绩(满分100分)：		
自我评价 (20%)	小组评价 (20%)	教师评价 (60%)
存在的主要问题：		

3.2.4　自主学习任务

咨询公司电话销售前期预备案例

咨询公司销售代表小李(简称 A):您好,请问是张静,张总吗?

客户张总(简称 B):是的,你是哪位?

A:张总,您好,我是＊＊咨询公司的坐席代表李＊＊,我们公司目前正在研究客服领域的服务营销项目,知道您是负责客服的老总,所以和您通电话,由于我想把我们公司在服务领域方面的研究和您分享。而且我们老师写了一本《一点就通——电话销售业绩倍增指南》一书,我想寄给您看看,希望能够对您在服务和营销方面有所帮助。

B:嗯,好的,谢谢你。不过我们公司有在合作为定点的咨询公司跟你们合作会有难度的,也许你们公司的资料非常好,但我不想浪费你的时间。

A:谢谢您,张总,您的建议非常好。但我相信您通过我们公司的慢慢了解,您一定会和我们公司有合作的,由于您需要的是最好的服务品质。

B:好的,我先看书吧。对了,我想问你是怎么知道我的电话的。

A:张总,由于我们公司已经有多次向您这么大型企业的服务经验,有很多业内同行的,而且您也是非常优秀的经理人,所以让我有这个机会熟悉您。

B:你谦虚了!希望看了以后多交流,谢谢你的书。

A:您的通讯地址呢?能否告知一下,我今天下午 5 点前寄出,应该不出意外二天内可以到您手上。

B:好的,我的地址是……

试问,如此的电话销售前期沟通工作,我们有多少销售坐席人员能够做到呢? 也许这并不是最好的电话沟通案例,但给客户的感觉一定是非常棒的。电话销售坐席员的前期预备一定要充分,比如当客户提问:我们已经有合作渠道,你是怎么知道我电话的,这些问题的时候,前期没有充分准备,很可能让销售止步。

资料来源:网易博客。

http://blog.163.com/xiaolanbuguniao@126/blog/static/16627215420131089828188/

请思考:参考案例,作为咨询公司电话销售坐席员如何做好电话销售前期沟通工作?

任务 3　电话营销的作业技巧

3.3.1　任务引导训练

1. 任务情境

分别看看下面上海汇通呼叫中心三位销售顾问与客户的对话及取得的销售成果。

顾问丙

顾问丙:张经理,您好! 请问贵公司有招聘的需要吗?

客户张经理:有的。我们在招一个电工。

顾问丙:那要不要考虑来参加我们本周六的综合招聘会? 200 元,效果很好,很超值。

张经理:不好意思,这个职务不急,暂时不需要,谢谢。

顾问丙:哦!没关系,那您有需要时再给我电话好吗?

张经理:好的。再见!

(请思考这样做销售的有什么问题,并请看下面的对话。)

顾问乙

顾问乙:张经理,您好!请问贵公司有招聘的需要吗?

张经理:有的。我们在招一个电工。

顾问乙:请问您这个职位缺了多久了?

张经理:有一段时间了?

顾问乙:大概多久呢?

张经理:哦!有半个多月了吧。

顾问乙:啊!这么久了?那您不着急吗?

张经理:不急,老板也没提这个事。

顾问乙:张经理,老板没提这个事可能是因为他事情太多没注意到这个问题。但是您想到没有?万一在电工没到位这段时间,工厂的电器或电路发生问题该怎么办呢?

张经理:(沉默)

顾问乙:张经理,我知道您的工作一向做得很棒,老板非常认可。很多事情不怕一万,就怕万一。如果万一工厂发现了什么事情,而老板却发现电工还没有到位那肯定会对您有影响。您为这家公司也付出了很多,如果因为一件小事情而受到影响,肯定划不来。建议您尽快把这个电工招到位。

张经理:你说的好像也有一点道理。

顾问乙:本周六我给您安排一场招聘会,您看怎么样呢?

张经理:好啊!那就安排一场吧。

顾问乙:好的,那麻烦您让人尽快把资料发给我,我好在报纸上帮您做点宣传,确保电工招聘到位。

张经理:好的。谢谢你了。再见。

(请思考顾问乙比顾问甲做得好的地方在哪里?)

顾问甲

顾问甲:张经理,您好!请问贵公司有招聘的需要吗?

张经理:有的。我们在招一个电工。

顾问甲:请问您这个职位缺了多久了?

张经理:有一段时间了?

顾问甲:大概多久呢?

张经理:哦!有半个多月了吧。

顾问甲:啊!这么久了?那您不着急吗?

张经理:不急,老板也没提这个事。

顾问甲:张经理,老板没提这个事可能是因为他事情太多没注意到这个问题。但是您想到没有?万一在电工没到位这段时间,工厂的电器或电路发生问题该怎么办呢?

张经理：（沉默）

顾问甲：张经理，我知道您的工作一向做得很棒，老板非常认可。很多事情不怕一万，就怕万一。如果万一工厂发现了什么事情，而老板却发现电工还没有到位那肯定会对您有影响。您为这家公司也付出了很多，如果因为一件小事情而受到影响，肯定划不来。建议您尽快把这个电工招到位。

张经理：你说的好像也有一点道理。

顾问甲：张经理，能不能再请教您一下？（有价值的销售人员沉得住气）

张经理：你说。

顾问甲：请问您要招的这个电工是一般的水电工呢还是要懂一点设备维修维护的？

张经理：嘿，你还挺专业。我们工厂机器比较多，电工一般都要懂一些日常维护维修。前面那个电工就是因为对设备一窍不通，所以老板把他解雇了。

顾问甲：谢谢！那这个人你可得认真找找。你们给的待遇怎么样呢？

张经理：1600 元/月。

顾问甲：张经理，坦白讲这个待遇低了一点，现在一般的水电工大概是 1200—1600 元/月，如果要懂设备维修的话，一般在 2000 元/月以上。

张经理：是吗？难怪我们上次只招了一个半桶水的人。

顾问甲：是的，张经理，建议您跟老板提一下，把待遇提到 2000 元，一个好的电工可以为工厂节省很多钱，相信您老板会明白这个道理的。另外，好电工可能不是那么好招。我准备给您设计一个简单的招聘方案，您觉得好吗？

张经理：你都这么专业了，我不听你的听谁的，你说吧。

顾问甲：我的建议是您安排两场招聘会 350 元，我们还送你一格报纸。这个方案的好处是能够集中时间把职位招聘到位。您看怎么样呢？

张经理：一个电工要订两场，不要吧？

顾问甲：张经理，其实您是订两场，订两场可以送一格报纸，考虑您招的不是一般的电工，现场不一定能够找到，所以有必要增加报纸渠道。我们的报纸会在江门主要工业区派发，这对您的招聘效果是一个有力的保证。这个套餐比您一场一场的订要优惠超值的多。您说呢？

张经理：有道理，好吧。那就这样定了吧。跟你聊了一下，我还真想把这个电工招到。周六见。

顾问甲：谢谢！张经理，感谢您的信任，我会帮您安排好的，尽量帮您把电工招到位。再见！

2. 任务分析

看过上面人才服务机构的三个销售顾问与客户的对话及取得的销售成果之后，同学们肯定希望自己和顾问甲一样优秀，那么顾问甲比顾问乙哪些地方做得好？我们必须掌握一定的知识和能力才可以成为一名优秀的销售坐席员，这些知识内容包括：

（1）电话营销目标设定的方法。

（2）成功电话营销的要素。

（3）电话营销员的 3C 原则。

（4）电话营销的 4P 理论。

（5）电话销售的基本流程是什么，电话销售坐席员（顾问）应具备哪些技巧？

3.3.2 支撑知识

一、电话营销过程

电话营销是一个从引起客户兴趣到达成合约的过程，在每个阶段电话营销人员应该选择适当的营销技巧，以便达到预期的效果。

第一阶段是引发兴趣。客户选择购买未接触的产品之前，没有兴趣的情况下是很少做出决定的，因此，引发兴趣是转变潜在客户的关键。这个阶段需要的技能是对话题的掌握和运用。

第二阶段是获得信任。电话营销过程中，沟通双方只通过声音了解对方，容易产生不信任感，因此，电话营销的过程中营销人员能否获得客户的信任至关重要。因为只有在信任的基础上开始电话营销，才有可能达到电话营销的最后目的——签约。但是，能够在最短时间内获得一个陌生人的信任是需要高超的技能，以及比较成熟的性格的。

第三阶段是达成合约。只有在有效地获得潜在客户对自己的问题清醒认知前提下的电话营销才是利润的营销，也才是企业真正要追求的目标的。这个阶段需要的技能是异议防范、有效谈判、预见潜在问题的能力等。

二、成功电话营销的要素

企业实施电话营销成功与否与一些关键因素有关，这些关键因素主要包括如下几个方面：

（一）准确定义目标客户

准确定义适合企业产品或服务的目标客户是电话营销成功的基础，准确定义目标客户主要表现在两个层面：一是企业，企业需要分析和找到目标客户相对集中的那部分市场并通过各种营销活动去影响这个市场里的所有客户，只有在这个市场中寻找客户，才会有的放矢，才能完成企业目标；二是电话营销员，电话营销员每天都会与相当数量的客户进行接触，但这些客户是否是你的目标客户，电话营销员需要判断和定义，比如你销售的是一台价值 100 万的汽车，而对方是一个年收入仅有 3 万元的刚刚毕业的客户，显然是不合适的。因此无论是呼入电话（In Bound Call）销售还是呼出电话（Out Bound Call）销售，准确定义目标客户都会提高销售的成功率。

（二）准确的营销数据库

定义了目标客户后，你需要一个准确的客户数据库。电话营销员可以每天从这个数据库中调出自己的客户资源，然后去不断跟进电话，随时把握客户的需求变化，客户管理也容易了许多。客户资料越准确，电话营销的效率越高，成效也越明显。准确的数据库可以保证电话营销员每天与客户有充分的电话沟通时间,减少了无效电话,使电话销售更具计划性,提高了销售的成功率。

(三)良好的系统支持

系统支持包括电话系统、客户关系管理(CRM)系统、销售管理系统等等,良好的系统支持对于提高企业电话销售的成功率作用明显,主要有几个方面:一是可以使业务流程系统化、规范化;二是可以方便电话营销员管理自己的客户,提高电话销售的效率;三是便于管理层管理和分析客户,制定合适的电话营销策略;四是可以增强部门之间的协作和沟通能力。

(四)各种媒介的支持

企业实施电话销售需要包括各类广告、信件直邮等各种媒介的市场活动配合和支持,媒介支持做得好,能够吸引有明确需求的客户,让客户了解企业的经营范围、内容、理念和风格,从而产生与企业进行沟通和合作的冲动,甚至主动向呼叫中心打入电话。一般说来,主动呼入的客户电话具有明确的需求和消费意愿,电话营销员可以针对他们提供准确、个性化的服务,销售成功率也就比较高。企业通过这些媒介对客户进行宣传,影响客户对企业和产品的认识,引起他们的兴趣。那么,当电话营销员与客户沟通交流时就相对轻松多了,很容易把潜性需求变为显性需求,将会极大地提高销售的成功率。

(五)明确的多方参与的电话销售流程

电话销售需要各个部门的配合和支持,在复杂产品的销售中,电话营销员、外部销售代表、售前工程师等不同部门的人员需要相互协调、分工合作。如果销售流程不明确,会给客户留下不好的印象,影响企业的形象。例如在跟进客户沟通时,电话营销员如果与外部销售代表沟通不顺畅,可能会出现同时给客户打电话、探讨相同的一件事,引起客户对企业管理上的质疑。因此一个明确的电话销售流程是非常重要的,可以规范部门和人员的行为,明确他们的职责,真正提高电话销售的工作效率。

(六)高效专业的电话销售团队

电话销售主要是由电话营销员来完成的,是电话营销员与客户接触,进行企业宣传、业务推广、产品销售、建立客户关系等工作内容,因此,一支高效专业的电话销售团队是企业电话销售能否成功的一个很重要的因素。如何建立高效、专业的电话销售团队呢?主要有以下几点:

1. 人员的选拔和培训,做好企业招聘工作和长期稳定的培训计划;
2. 实施有效的激励制度,保证人员的工作积极性和企业归属感;
3. 完善的组织体系,做到有序组织、合理分工、统筹管理。

三、电话营销员的 3C 原则

（一）坦率（Candor）

诚实是做人的基本原则之一，电话营销员也一样，因为在我们给客户推荐产品的时候，客户还没看见产品实物，要达成我们与客户之间相互信任的关系，诚实坦率就显得额外重要，如果不知道的事，不要假装知道，知之为知之，不知为不知；这样才能得到顾客对我们的信任，促成交易的达成。

（二）关心（Concern）

由心而发关心客户，专注客户的需要，让客户感觉我们的体贴，我们的专业性。我们需要通过谈话了解客户的情况，分析顾客的需求，通过各种技巧或方式让客户开口。关心客户，根据客户的疑问或需求突出产品的优势，而不是着重你自己或你的产品。

（三）竞争能力（Competence）

了解自己的产品及服务如何满足客户的需求，知道我们的产品能如何为客户解决问题。用我们对产品的专业性，来满足客户的需求，促使客户产生购买欲，最终达成交易，营造更好的竞争能力。

四、电话营销的 4P 理论

在电话营销领域里，我们提出另一种 4P 理论。即：Product（产品）、Price（价格）、Process（流程）、People（人才），应用好这 4P 将是我们做好电话营销的基础。

（一）Product（产品）

在电话营销前，企业首先要了解营销的产品，了解产品最好的方法是建立一个分析产品的 FAB 模型。任何一次成功的、高效的电话营销都要遵循 FAB 模式。

（二）Price（价格）

如果分析了产品的特性、优势以及它产生的效益以后，你就要了解你的产品 在价格方面比同类产品有哪些优势？优势有多少？我们将根据 FAB 模式分析的结果制定切合实际的营销策略。

（三）Process（流程）

流程是电话营销的关键环节，它决定着电话营销的成败。电话营销必须确立两个流程。其一，电话营销中心的运营流程，这个流程可以称之为战略流程；其二，电话营销的具体执行流程，这个流程可以称之为战术流程。
战略流程：

1. 建立客户资料库。

2. 对潜在客户进行有效的细分和定位。

譬如把客户分成 5 等级,如 A、B、C、D、E。A 代表一周内能成交的客户;B 代表一个月内能成交的客户;C 代表有意向的潜在客户;D 代表有可能成为潜在的目标客户;E 代表普通的目标客户。

3. 拟订行销计划。

计划包括:行销目标、行销方式(P－M－P 模式 phone－mail－phone)、行销时间、人员、直邮广告(Direct Mail Advertising 简称 DM)的设计、制作等。

4. 投递直邮广告。

5. 电话沟通。

6. 系统配送。

7. 跟踪回访。

(四) People (人才)

人才是电话营销最核心的因素,而基层的坐席员是电话营销体系中最核心的 部分,他的好坏直接决定着电话营销的生存和发展,优秀的坐席员必须具备以下 5 项素质:

1. 积极热情,性格开朗,有责任感。

2. 有较强的分析能力及处理问题的能力。

3. 有承受压力的能力。

4. 有实现自我价值的强烈意识。

5. 有较强的人际关系及沟通能力。

五、电话营销的目标设定

一位专业的电话营销坐席员在打电话给客户之前一定要先定下希望达成的目标,如果没有定下目标,将会很容易偏离主题,失去方向,浪费许多宝贵时间。

(一) 目标设定的原则

1. 明确性

目标首先要明确且可以衡量,例如:30 份订单、4000 个外呼电话等。而不应该是"保持前五名"。因为如果目标不明确,无法追踪进度,或是目标难以衡量,就失去设定目标的意义。

2. 可实现性

设定目标时固然要展现强烈的成功心,但如果只是迷失在漂亮的数字里,而又无法实现,那终究只是梦想而已。因此所设定的目标,必须是通过适当的努力之后可以实现的。

3. 合理性

目标不但要明确、可达成,还要是合理的。什么是合理的呢? 简单说,它是依据记录、大多数人的经验值运算产生的。

4. 公开性

设定目标之后，最好是"昭告天下"，或者至少要让你的主管知道。因为人的本性是最容易原谅自己的，唯有通过他人有形或无形的压力，你才会认真、积极地面对你的目标。如果你的目标只有自己知道，则每当业绩落后或是根本没达成时，你一定会告诉自己："没关系，下次一定做到！"就这样一次又一次地原谅自己，"目标设定"只是摆设而已。

5. 可比较性

如果上个月的"增长"是指超过上个月的目标；如果上个月达成目标，则这个月的"增长"是超越上个月的目标；如果上个月没有达成目标，则这个月的"增长"是指超越上个月的实际达成数字，或是依然要超越上个月的目标，我们认为都是合情合理，都是可比较的。

不过，更积极地说，"不断的追求增长"本来就是挑战人类极限的方法，也就是因为有人不断追求增长，才会有所谓的"最高纪录"，而对具有成功特质的行销员来说，不断地打破最高纪录正是他们的乐趣所在。

同时，作为电话营销坐席员除了要对自己的销售任务设定相应的目标，对每一通电话所说的内容也要设定谈话内容的目标。一位专业的电话营销坐席员在打电话给客户之前，一定要预先订下希望达成的目标，如果没有事先订下目标，将会使销售人员很容易偏离主题，失去方向，浪费许多宝贵的时间。

（二）目标设定的方法

通常电话销售的目标可分为主要目标及次要目标。

主要目标通常是最希望在这通电话达成的事情，而次要目标是如果当你没有办法在这通电话达成主要目标时，你最希望达成的目标。

许多电话营销坐席员在打电话时，常常没有定下次要目标，因此在没有办法完成主要目标时，就草草结束通话，不但浪费了时间也在心理上造成负面的影响，觉得自己老是吃闭门羹。

1. 常见的主要目标有下列几种

● 根据你销售商品的特性，确认客户是否为真正的潜在客户。
● 定下约访时间（为面访业务员订约）。
● 销售出某种预定数量或金额的商品或服务。
● 确认出准客户何时作最后决定。
● 让准客户同意接受商品或服务提案。

2. 常见的次要目标有下列几种

● 取得准客户的相关资料。
● 销售某种并非预定的商品或服务。
● 定下未来再和准客户联系的时间。
● 引起准客户的兴趣，并让准客户同意先看适合的商品或服务文宣资料。
● 得到其他感兴趣者的介绍。

写出电话销售的主要目标和次要目标后才可以使电话销售工作更有效率。一般来说，假设一位电话营销坐席员每天拨打100个电话，其中85％的客户会拒绝，定下次要电话销售目标并达成之后,可以使电话营销坐席员即使在未达成主要目标时仍然觉得自己不是失败,而是朝主要目标又迈进了一步。另外如果完成次要目标,表示电话营销坐席员收集了更多的相关资料,实质上能协助电话营销坐席员更了解客户的需求及相关资料更有助于未来主要目标的达成。

六、电话销售的基本流程与技巧

电话销售的具体执行流程以及在执行流程中所运用的营销技巧是电话销售的关键环节,它决定着电话销售的成败。

(一)寻找目标客户

电话销售成功的关键是找到适合企业产品或服务的潜在的有效目标客户。优秀的电话营销坐席员在与客户沟通进行产品销售之前最主要的任务是确定对方是否是你的目标客户,快速寻找到目标客户未必会产生良好的销售业绩,但可以帮助你节省大量的时间和精力,确保你的销售方向不会出现偏差。

1. 判断目标客户的标准

一般来说,潜在有效的目标客户符合两个方面的标准。

(1)有潜在或者明显的需求

如果客户购买企业的产品或者服务,必然是企业的产品或服务可以满足客户潜在或者明显的需求。需求的产生必须满足两个条件:一是客户对企业的产品或服务有购买欲望;二是客户在经济实力上具有购买能力。

什么样的客户可能会产生需求呢?我们需要根据企业的具体产品或服务对目标客户群进行分类和定位,适合企业产品或服务的客户必须满足一定的条件。比如互联网搜索服务推广的产品针对的是那些拥有网站的单位用户;销售汽车,需要考虑到目标客户的收入、职业、个性等条件;销售服装类的产品,需要从年龄、性别、职业、生活方式等方面确定目标市场。

(2)具有购买产品或服务的决定权

不管我们的客户是否是产品的最终使用者,他们必须具有购买的决定权或者对购买决策具有很大的影响力,才是我们电话销售的目标客户。通常具有影响购买决策权的客户主要有四类:一是直接使用者,是产品的最终受益者,是非常关键的具有决定权的人;二是决定者,通常是公司的高层或负责人,有最终批准购买的权利;三是评估人,他们对购买的产品或服务进行分析评估,有权利否决,具有合理的破坏权;四是相关群体,包括家人的、朋友和一些社会组织等,也具有一定的合理破坏权。

2. 寻找目标客户的方法

企业找到那些潜在有效的目标客户非常重要,是进行电话销售的前提和基础。企业寻找目标客户的方法主要有如下几种。

(1)交易会法

国外国内每年都有不少交易会,如广交会、高交会、中小企业博览会等等,交易会不仅实现交易,更重要的是寻找客户、联络感情、沟通了解。

（2）资料整理法

现有的客户、与企业联系过的单位、企业举办活动（如公共关系、市场调查等）的参与者等等，这些信息资料都应该得到良好的整理和保存，当这些资料积累到一定程度，就会形成庞大的客户资源。

（3）咨询法

一些行业组织、技术服务组织、咨询单位等，他们手中往往集中了大量的客户资料和资源以及相关行业和市场信息，通过咨询的方式寻找客户不仅是一个有效的途径，有时还能够获得这些相关组织的服务、帮助和支持，比如在客户联系、介绍、方案进入市场建议等方面。

（4）委托助手法

这种方法在国外用的比较多，一般是企业营销人员在自己的业务地区或者客户群中通过有偿的方式委托特定人为自己收集信息，了解有关客户和市场、地区的情报资料等等；国内的企业也有，就是营销人员委托企业中间商的相关人员定期或者不定期提供一些关于产品、销售的信息。

（5）资料查阅法

营销人员经常利用的资料有：有关政府部门提供的资料、有关行业和协会的资料、国家和地区的统计资料、企业黄页、工商企业目录和产品目录、电视、报纸、杂志、互联网等大众媒体、客户发布的消息、产品介绍、企业内刊等等。

（6）介绍法

企业通过委托国内外各种商会（如中国纺织品进出口商会等）、银行及有业务关系的企业介绍寻找客户；营销人员通过社会关系的直接介绍或者提供的信息进行客户寻找，也可以通过企业的合作伙伴、客户等进行介绍。

（7）广告宣传法

① 向目标客户群发送广告。

② 吸引客户上门展开业务活动或者接受反馈展开活动，例如通过媒体发送某个产品的广告，介绍其功能、购买方式、地点、代理和经销办法等，然后在目标区域展开活动，寻找客户资料。

3. 电话销售的前提准备工作

当电话营销找到了目标客户，并可以绕过前台或总机这样的障碍，在与目标客户正式沟通之前，还需做好细致的准备工作。

（1）设定目标

专业的电话营销人员在打电话给客户之前一定要预先订下希望达成的目标，如果没有事先订下目标，将会使销售人员很容易偏离主题，失去方向，浪费许多宝贵的时间。

（2）具体准备事项

为了完成既定的目标，电话营销坐席员必须在拨通电话之前做好一些具体的准备事项。

① 研究准客户的基本资料，了解客户可能的购买动机；

② 整理出一份详尽的产品资料，应付客户可能提出的任何关于产品的问题；

③ 调整好自身状态,包括真诚的笑容、热情的声音、随手可拿的记事本等。

(二)成功有效的开场白

在电话销售中,当电话营销员打通客户电话的那一刻就会面临被客户拒绝的可能性,因此一个成功有效的开场白对于电话销售非常重要。

1. 开场白的概念

在电话销售中,开场白就是指在电话接通后的 20~30 秒时间内,电话营销员为引起目标客户的兴趣所说出来的话。电话销售开场白通常包括几个要素:

(1)问候语。比如"你好,××经理,您现在接电话方便吗?"这句话是非常经典的开场白问候语,它有几个好处,首先它体现了电话营销坐席员的礼貌,表达了对客户的尊重;其次它表明电话营销坐席员知道对方的姓名和职务等,让客户认为对方可能认识自己;最后可以确认客户在时间上的可行性。因此,这句问候语是很多电话营销坐席员经常运用的。

(2)相关人和事物的阐明。搭建沟通桥梁,拉近与客户的距离。

(3)自我介绍。主要是告知客户自己的姓名和公司名称。

(4)打电话的目的。电话营销坐席员应该站在客户角度上介绍打电话的目的主要是为了帮助客户解决问题,提供有质量的产品或服务。

(5)转向探索客户的需求。

2. 成功有效的开场白方式

开场白的主要目标时吸引客户的注意力,激发客户的兴趣,让客户心甘情愿地与电话营销坐席员继续沟通交流。吸引客户注意力的开场白方法主要有如下几种。

(1)陈述价值法

电话营销坐席员在开场白中用最精炼、最直白的语言让客户明白电话营销坐席员是为他提供帮助和解决问题的,这通电话可以为他带来什么样的价值。由于同一产品或服务对不同人的价值体现是不同的。因此在运用价值陈述方法时,电话营销坐席员不仅要对其所销售产品或服务的普遍价值有研究,还要研究对这个客户而言产品的价值在哪里。

(2)激发兴趣法

好奇心是引起客户注意力和兴趣的关键所在。这种开场白主要是指电话营销坐席员通过刺激性的问题与同行业竞争对手类比,以优惠赠送等方式引起客户的注意力和兴趣,从而进一步与客户沟通交流。

(3)真诚赞美法

美国心理学家威廉·詹姆斯说:"人类本性上最深的企图之一是期望被赞美、钦佩和尊重。"渴望被赞美是每一个人内心的一种基本愿望,而赞美对方是获得对方好感的有效方法。电话营销坐席员为了可以继续与客户进行交流沟通,要审时度势,掌握正确赞美客户的技巧。这些技巧主要包括:

① 真诚地赞美。赞美应该是实事求是、有根有据的,是真诚的、发自内心的。

② 借用第三者的口吻来赞美。电话营销坐席员可以借用客户认识的人的名义来赞美客户,避免有恭维奉承的嫌疑。

③ 赞美要大方、得体、适度。在赞美时要根据不同的对象采取不同的赞美方式和语气去适应对方，比如对年轻人和德高望重者使用的语气就需要有所区别。

（4）客户服务法

无论面对的是老客户或者新客户，电话营销坐席员都可以以客户服务的名义询问客户对本企业产品或类似产品的使用感受，有哪些意见或者建议。这种方法可以打消客户的疑虑，使接下来的沟通变得顺理成章。

电话销售的开场白还有很多种方式，比如给客户发送一些信息、邮件或者赠送小礼品等，然后以此做切入，或提到客户所认识的人或事等方式。总之，电话营销坐席员一定要在电话接通的时候找到适合你产品的开场白，以最快的速度吸引客户对产品的注意力和激发客户的兴趣。

（三）建立信任的客户关系

通过电话与客户建立起信任关系是做电话销售的基础。作为电话营销坐席员，与客户的任何一次接触，无论是通过电话、邮件、传真还是其他方式，都一定要致力于与客户建立长期信任的关系。

1. 赢得客户信任的要素

由于大部分客户是通过与电话营销坐席员的直接接触来形成对公司的第一印象的，即使在这之前他可能看到过企业的广告、听朋友说起过企业的产品或服务，但这只是间接印象，因此客户对于电话营销坐席员的信任关系要比对公司层面的信任关系重要。

客户对电话营销坐席员的信任主要有如下几个要素：

（1）说话方式

讲话方式指的是电话营销坐席员的声音表现是否专业。电话销售是通过声音来传递信息的，在客户对电话营销员的专业能力了解不多的情况下会通过其说话方式——包括语音、语速、语调及语言文字等因素来判断该电话营销坐席员是否专业。

（2）说话内容

讲话内容指的是电话营销坐席员的专业能力，包括产品知识、行业知识以及对竞争对手等的深入了解。电话营销坐席员可以运用自己的专业能力让客户从心里产生钦佩之情，从而建立信任关系。

（3）诚信的态度

诚实而守信的电话营销坐席员往往容易取得客户的信任。一名优秀的电话营销坐席员应该具备两点品质：一是做人诚实，能够从客户的角度出发，开诚布公，真正地为客户提供帮助，解决客户的问题；二是诚实守信，慎重承诺，做到言出必行，赢得客户的尊重。在电话沟通中，客户是可以通过电话营销坐席员的声音来判断对方是否具有诚信的态度的。

（4）致力于长期关系的建立

电话营销坐席员当然希望在最短的时间内与客户建立起信任关系，但对大部分客户而言，必须经过了解、喜欢、信任这个过程才能建立起信任关系。从实践中我们发现，那些致力于建立长期关系的电话销售坐席员更能赢得客户的信任。

2. 与客户建立信任关系的方法

（1）提高声音的魅力

在电话销售中，客户首先听到的就是电话营销坐席员的声音，具有魅力的声音是吸引客户的首要条件。电话营销坐席员的声音是否富有感染力，能否让客户接受，除了天生的条件之外，还可以通过一些方法来改善和提高。

在电话销售中，电话营销坐席员提高声音魅力的方法主要有如下几种：

① 吐字清晰。学好普通话，避免鼻音和方言。

② 保持微笑。客户是可以在电话中感受到电话营销坐席员的微笑的，保持微笑的状态，把快乐的情绪传递给你的客户。

③ 抑扬顿挫。富于变化的语气、语调可以反映出电话营销坐席员的热情和自信，可以保持与客户良好的语言互动状态。

④ 配合客户的语速。电话营销坐席员应根据客户的语速调整自身的语速。

⑤ 语言的顺畅连贯。首先要说话流利，避免结结巴巴；其次语言要具备一定的逻辑顺序。

（2）尊重客户

① 学会聆听。积极认真地聆听客户说话是理解、尊重客户的重要方式，电话营销坐席员必须要掌握好聆听的方法。一是不打断客户的话；二是认可对方，对客户的话表示回应；三是确认理解客户所说的内容；四是电话营销坐席员应听出客户的真实意图；五是认真做记录，同时告诉客户你在做记录。

如果我们只关心自己的切身利益而没有用心倾听客户的声音，再好的销售技巧也掩盖不了我们对客户的心不在焉，那么结果就是，客户将离我们越来越远。

② 适度赞美。适度的赞美可以让客户对电话营销坐席员产生好感，更易于接受对方。赞美的途径主要有赞美客户的声音、赞美客户所在的企业、赞美客户的专业能力等。

③ 同理心的运用。表达同理心就是要求电话营销坐席员认同客户的观点，站在客户的立场上想问题，目的是让客户感受到电话营销坐席员理解并尊重他。主要方法有：一是表示同意客户的想法，即使客户的想法偏颇，也千万不要直接反驳客户；二是表示客户的想法不是独有的，其他客户也有类似的想法；三是表示理解客户所关心的需求如果未被满足带来的后果；四是表示理解和体会客户目前的感受。电话营销坐席员在使用同理心技巧时，除了要站在对方的角度去了解其所表达的信息、认同其观点外，还要理解对方的感情成分和理解对方隐含的表达内容。

电话营销坐席员表达同理心时有两点值得注意：一是说话的内容应和说话的语气以及面部表情相一致；二是不要太急于表达，以免让客户感觉你做作，是在故意讨好他。同理心的运用不是空泛的，是实实在在的。没有不需要关心的客户，若电话营销坐席员对客户发自内心的关怀和体贴，更容易与客户产生心灵上的共鸣。

④ 注重电话礼仪。常言道"礼多人不怪"，电话营销坐席员必须注重电话礼仪，因为这体现了对客户的尊重。按照通话过程来分类，电话销售中的电话礼仪课分为：接通电话时的礼仪、通话中的礼仪、结束通话的礼仪。

（3）注重情感交流

① 如果客户愿意的话，电话营销坐席员可以与客户聊些销售之外的事情，以此寻找

与客户的共同点。

② 电话营销坐席员需要真正关心客户，关心客户的职业发展、生活，甚至家人。

③ 电话营销坐席员需要配合客户兴趣爱好，谈客户感兴趣的话题，投其所好。

④ 对客户给予的帮助报以真诚地感谢和回馈。

⑤ 对于个人工作原因出现的失误，要勇于承担责任，及时改正，并取得客户的谅解。

（四）发掘客户的需求

在大多数电话销售中，目标客户的需求都是潜在性的，如何让客户的潜在性需求变为显性需求，需要电话营销坐席员引导客户，转换客户的思想，改变客户的内在想法，发掘客户的需求。

1. 传统的 FAB 销售模式

在大多数的销售过程中，销售人员还是运用传统的 FAB 利益销售法。

FAB 法是一种行之有效的产品推介法，是指在销售过程中，总将产品本身的特点、产品所具有的优势、产品能够给客户带来的利益有机结合起来，按照一定的逻辑顺序加以阐述的销售模式。

2. 发掘客户需求的方法

在电话销售中如何了解客户的真实想法、如何引导客户、如何发掘客户的需求、如何让客户的潜在性需求变为显性需求，最有效的方式是提问。

（1）有效提问的 5W2H 原则

① What（什么）——是什么？目的是什么？做什么事情？了解客户正在期望做的事情和目标。

② Why（为什么）——为什么要这么做？什么理由？什么原因？为什么是这样的结果？了解客户想法的原因和动机。

③ Who（谁）——谁来完成？谁来负责？谁参与？了解与某件事情有关联的人。

④ When（何时）——什么时候？什么时间完成？什么时机最适宜？了解某件事情的具体时间。

⑤ Where（何地）——在什么地方？从哪里开始？了解具体地点和场所。

⑥ How（如何）——怎么做？方法怎样？了解客户具体的实施方案。

⑦ How Much（多少）——多久？多少钱？什么程度？了解费用、时间、产出的具体计划或定义。

（2）有效提问的方式与步骤

提问通常有两种方式。一种是开放式提问，就是为引导对方能自由启口而设定的提问。如果电话营销坐席员想多了解一些客户的需求，就要多提一些开放式的问题。能体现开放式问题的疑问词有："什么"、"哪里"、"告诉"、"怎样"、"为什么"和"谈谈"等。另一种是封闭式的提问，是指为引导谈话的主题，由电话营销坐席员选定的特定问题，希望客户的回答只限定于一定范围。封闭式问题的疑问词有："能不能"、"对吗"、"是不是"、"会不会"以及"多久"等。

为了深度发掘客户的需求，电话营销坐席员需要在电话接通前设定一些问题。在电

话销售中,电话营销坐席员的有效提问主要有如下几个步骤:

① 获取客户基本信息的提问。客户的需求来自于其所处的工作和生活环境,所以电话营销坐席员首先应获得客户的一些基本信息,更多地了解客户与自己的产品应用有关的环境条件,以便于更好地理解客户的需求。

② 引发问题的提问。客户需求的产生是由于自身有需要解决的问题或者是现实与期望之间的差距,电话营销坐席员需要知道客户现在对其产品应用方面的态度,尤其是不满意的地方。

③ 激发客户需求的提问。当电话营销员找到了客户对现状的不满之处后,通过提出激发需求的提问引起客户的高度重视,让客户感到解决这类问题的紧迫性。

④ 引导客户解决问题的提问。当客户已经意识到现在所面临问题的严重性后,通过引导客户解决问题的询问让客户看到解决这些问题后给他带来的积极影响。在电话销售中,专业的电话营销坐席员应该引导客户一步步往前走,帮助客户做决策,而不能被动地等待客户来做决策。

⑤ 与客户决策相关信息的提问。探询与客户决策相关的信息,了解客户的决策流程、决策人、影响决策的人员等。另外应有足够的敏感度来获得竞争对手的信息,而获得竞争对手信息的最佳时机就是当客户主动提到竞争对手时。

⑥ 对客户具体需求的提问。当客户有了明确的需求以后,电话营销坐席员应尽可能多地了解客户更加具体的需求。同时也应探询这种需求产生的原因,以利于自己更有针对性地介绍产品。

案例

街上有三家水果店。

一天,有位老太太来到第一家店里,问"有李子卖吗?"店主见有生意,马上迎上前说:"老太太,买李子啊? 您看我这李子又大又甜,刚进回来,新鲜得很呢!"没想到老太太一听,竟扭头走了。店主纳闷着,哎,奇怪啊,我哪里不对得罪老太太了?

老太太接着来到第二家水果居,同样问:"有李子卖吗?"第二位店主马上迎上前说:"老太太,您要买李子啊?""啊。"老太太应道。"我这里李子有酸的,也有甜的,那您是想买酸的还是想买甜的?""我想买一斤酸李子。"于是老太太买了一斤酸李子就回去了。

第二天,老太太来到第三家水果店,同样问:"有李子卖吗?"第三位店主马上迎上前同样问道:"老太太,您要买李子啊?"(探寻基本需求)"啊。"老太太应道。"我这里李子有酸的,也有甜的,那您是想买酸的还是想买甜的?""我想买一斤酸李子。"与前一天在第二家店里发生的一模一样,但第三位店主边给老太太秤酸李子边聊道:"在我这买李子的人一般都喜欢甜的,可您为什么要买酸的呢?"(通过纵深提问挖掘需求)"哦,最近我儿媳妇怀上孩子啦,特别喜欢吃酸李子。""哎呀! 那要特别恭喜您老人家快要抱孙子了! 有您这样会照顾人的婆婆可真是您儿媳妇天大的福气啊!""哪里哪里,怀孕期间当然最要紧的是吃好、胃口好、营养好啊!""是啊,怀孕期间的营养是非常关键的,不仅要多补充些高蛋白的食物,听说多吃些维生素丰富的水果,生下的宝宝会更聪明些!"(激发出客户需求)"是啊! 那哪种水果含的维生素更丰富些呢?""很多书上说猕猴桃含维生素最丰富!"(引导客户解决问题)"那你这有猕猴桃卖吗?""当然有,您看我这进口的猕猴桃个大、汁多、含维生素多,您要不先买一斤回去给您儿媳妇尝尝!"这样,老太太不仅买了一斤李子,还买了一斤进口的猕猴桃。当老太太要离开的时候,店主说:"我天天在这里摆摊,每天进的水果都是最新鲜的,下次来就到我这里来买,还能给你优惠。"从此以后,这个老太太每天都在他这里买水果。

在这个故事中,我们可以看到:第一个店主急于推销自己的产品,根本没有探寻顾客的需求,自认为自己的产品多而全,结果什么也没有卖出去。

第二个店主有两个地方比第一个店主聪明,一是他第一个问题问得比第一个店主高明,是促成式提问;二是当他探寻出客户的基本需求后,并没有马上推荐商品,而是进一步纵深挖掘客户需求。当明确了客户的需求后,他推荐了对口的商品,很自然地取得了成功。

第三个店主是一个销售专家。他的销售过程非常专业,他首先探寻出客户深层次需求,然后再激发客户解决需求的欲望,最后推荐合适的商品满足客户需求。他的销售过程主要分为六步,第一步:探寻客户基本需求;第二步:通过纵深提问挖掘需求背后的原因;第三步:激发客户需求;第四步:引导客户解决问题;第五步:抛出有针对性的解决方案;第六步:成交之后与客户建立客情关系。

同样做生意,有的人越做越旺,有的人做着做着就关门了,这其中的原因值得我们深思。人文关怀的感性销售在生意场上越来越重要,销售员多问客户一个 问题,就可以多了解客户的需求,进而更好地服务客户。

(五)提交适合的解决方案

当客户产生了具体的需求、有了明确的购买欲望时,电话营销坐席员应该抓住时机,提交合适的解决方案进行交易。

1. 成交的时机

营销坐席员是以声音和语言文字作为沟通的媒介的,当客户产生了购买欲望时,会在声音和语言文字上表现出明显的行为特征,这就是成交的时机。通常表现在如下几个方面:

(1)客户开始询问产品及购买的具体细节,包括产品的使用方法、产品的价格、产品的折扣优惠及如何取送货等方面。

(2)客户开始询问售后服务的详细情况。

(3)客户开始不断肯定和同意你所讲的话。

(4)客户开始询问产品给他们带来的利益。

2. 成交的方法

在电话销售中常用的成交方法主要有如下几种:

（1）直接成交法

当客户有了明确的购买欲望，对成交没有任何异议时，电话营销坐席员可以直接要求客户下订单、签协议。

（2）选择成交法

电话营销坐席员提出两种不同的解决方案供客户选择，不管客户选择何种方案，都是选择达成交易。

（3）假设成交法

假设成交是指当我们打电话给客户时假设客户一定会使用，这是一种能迅速促成交易的方法。如果电话营销坐席员所销售的产品本身价值很低，客户决策速度很快时，这种方法无疑是电话销售方式中最有效的一种。

（4）体验成交法

对于一些具有差异优势的产品，利用客户降低风险的心理，可以采用先试用的方法加深客户对产品的了解，从而促成最后的成交。

（5）优惠成交法

又称让步成交法，是指电话营销坐席员通过提供优惠的条件促使客户立即购买的一种方法。

（6）对比成交法

对比成交法是指列举不同时间、不同地点、不同前提条件的成交方式或产品，再将其与现在成交方式或产品进行对比，突出现在购买的优势，促成客户达成交易的方法。

（7）限时限量成交法

限时限量成交法是指用时间限制和数量限制给予客户优惠，让客户觉得物有所值，最终促成交易的方法。

（8）故事成交法

故事成交法是指通过讲一个和客户目前状况紧密相关的故事，在客户听完故事后引导其去思考、权衡，从而最终达成交易的方法。

（9）小点成交法

又称为避重就轻成交法，是电话营销坐席员利用成交的小点来间接地促成交易的方法。这种方法利用了客户的成交心理活动规律，避免直接提示客户比较敏感的、重大的成交问题，而是向客户提出比较小的、次要的成交问题，逐渐由小到大，先小点成交，再大点成交，最后促成客户做出购买决策。

（10）大点成交法

又称为异议成交法，是指电话营销坐席员利用处理客户异议的机会直接要求客户成交的方法。因为凡是客户提出的异议，大多是购买的主要障碍，如果异议处理完毕立即请求成交，往往会达到趁热打铁的效果。

在电话销售中，除了以上常用的方法，还有很多种成交方法，比如针对客户从众心理的从众成交法、利用简便的购买程序吸引客户的简单成交法等等。一旦客户产生了一定的购买欲望，电话营销坐席员一定要抓住成交的时机，运用合理的成交方式完成最后的交易。

3.3.3　同步训练任务

一、任务描述

教师给定一个电话营销的主题,同学们选择自己熟悉的电话营销技巧与客户交谈,并完成如下的同步训练任务书。

二、同步训练任务书

任务名称	电话营销的作业技巧	任务用时	30 分钟
同步训练描述	同学们自由组合,两个人一组,一位同学作为电话营销坐席员,一位同学为客户,教师给定一个电话营销的主题,每位同学运用电话营销技巧与客户交谈,最后教师和同学们评出最受客户欢迎的电话营销坐席员。		
序号	项目	内容	
1	电话营销员的 3C 原则		
2	电话营销的 4P 理论		
3	电话营销技巧		

三、教师点评

是否得到订单?站在电话销售坐席员的角度以第一人称来进行模拟训练,从而更好地了解电话销售的流程,并掌握电话销售的技巧。

四、综合评价

任务名称	电话营销的作业技巧
任务完成方式	□小组协作完成 □个人独立完成
评价:	

续表

任务成绩(满分100分):				
自我评价 (20%)		小组评价 (20%)	教师评价 (60%)	
存在的主要问题:				

3.3.4 自主学习任务

电话销售人员走入的误区

误区一:没有销售技巧和销售话术就做不好销售

一开始做电话销售,觉得技巧很重要,就拼命学技巧,学人家的手势和语气。但一段时间后越学越累,越学越没信心。

以前有些经理要求我们背话术,照着他们给的说辞去背,可我总感觉像是给我的嘴巴上了个铁子,说出来的话都不像是我自己的了,学到最后,我都不敢开口讲话了,只有两个字可以表达"难受"。

我认识一位销售,他讲话结巴,说个笑话需要别人配合着笑,可就是这样一个没有销售天赋的人,他的销售业绩却从来没有下过前三名。因为他太勤奋了,他一天可以跑三个城市,当别人都回家的时候,他却刚刚踏上返程的汽车,一段时间下来,他积累的客户资料是最多的。

另外,表面上看起来老实巴交,不怎么会讲话的销售,一样可以做得很好。因为有不少老板喜欢这样的人,觉得和他们做生意放心。另外这样的人大部分都是实干型的,做事认真,韧性强,具有这样的品质的人也比较适合做销售。毕竟80%的成交都是来自多次以上的拜访,而不是来自技巧。

误区二:只有找到高层,才能做成生意

我们做销售都提倡找决策人,找关键人,但并不一定所有的关键人都是老板。特别是一些大企业,他们的部门经理就有一定的决定权,而且大公司老总业务都非常繁忙,一般很难见面,小公司也不尽然,现在中国的家族式企业多,老板的爱人及亲戚朋友都有可能决定单子的结果。

所以,有时候业务进展不顺利,可以考虑从关键人周边对其有影响的人入手,间接达到目的。同时要密切关注关键人身边的这些次关键人,有条件的话争取他们的支持,即便不支持,也要让他们保持中立,不然后患无穷。

曾经有一笔单,是一位销售新人做的。新人就职于一家刚成立的小公司,一天去一家销售额几十亿的公司做拜访,一开始找的是这家公司的一位文员,新人还不太懂关键人的重要性,就给她很卖力的做演示,并通过这位文员了解了一些该公司的组织结构及背景等。后来这个文员调回总部了,便把他推荐给了另一位业务经理,这位业务经理其实也只是一个普通的销售代表,当时新人还不太懂销售的这些常识,还是很卖力地去和这位业务经理沟通,推荐他们的产品。业务经理对这款产品比较认同,所以就把他推荐给了一位副总后来又通过副总向总部汇报,总部通过后,便把这笔单子给了新人。

可能有人会觉得这样做周期太长,但实际的情况是即便你直接找到了该公司决策层,他们也会把事情推到分管部门,而且一旦决策层拒绝了你,你的机会就变得非常渺茫,其实对于这笔单子,新人去拜访的次数并不多,只不过这件事的发展需要一个过程,所有这个过程是正常的,我们想想,我们每个月都多几笔这样有希望成交的单子,效率不但不会降低,反而能有更好的结果。

误区三:客户的每个问题都有固定的好答案

有不少天才的销售经理,把自己的经验编成小册子,发给下属,还千叮万嘱地说这是他们费了好大劲儿才编好的,一定要全部背下来,最起码要掌握80%。不少销售人员就把它当成了圣经,认为这是最佳答案。

其实不然,因为一是每个客户的脾气文化背景不一样,每次拜访的时间及周边环境也不同,事情是在不断变化的,只有在特定的场合,一些话术才有效。比如有些客户喜欢抬杠,你越说产品好他越说你产品不好。这时你突然帮着他说,你说的对,这个产品就是很烂,没市场,我都没信心了。这时他反而会安慰你,说你的产品其实也不错,价格公道,至于有缺陷是在所难免的,人还无完人呢,产品怎么可能十全十美?

有的人喜欢你以开玩笑或朋友的身份跟他聊生意,有的人则喜欢专业一点的说辞。如果你只背一种话术,不会灵活运用,到时会很被动的。

所以每个问题的答案你都可以了解一下,这些东西就像是你的武器,上阵的时候哪种好用哪种。

误区四:多赞美客户就能多签单

在喝酒的时候和客户一起拍桌子骂娘有可能成交,而这一招在所有的教科书中都没有。你甚至可以围上围裙帮客户做一顿丰盛的晚餐成交一笔订单,还有可能和客户为一件事拍案而起,日后再打电话联系时,他竟然会说如果你方便,今天过来签一下合同吧。

所有不可能的事情都有可能发生,人是有感情的动物,不是机器人,所以你如果觉得只有赞美才能赢得订单,那你错了。有些人在某种时刻就喜欢听你说一些听起来比较真实,委婉反映他们缺点的话,他们觉得这样的你才是真正的朋友,比较可交。

适当地说一些对方客观的缺点,助其改进,也能赢得客户的尊重。互相尊重是做生意的前提,一个人连尊重都不愿给你,你还跟他扯什么皮? 要么你走人,要么你想办法改变他的态度。

有位同事和某老板约好了,坐了三个小时车去谈生意,老板却很意外地不愿见他,插着门,门是木制的,他就一脚踹开了,老板很生气,站起来吼,说你怎么这样? 他也很生气地瞪着客户,说你明明在这里,却硬说不在,我坐了三个小时车来跟你谈生意,帮你挣钱,你就这种态度对待自己的客户吗? 客户突然觉得这小伙子竟然和自己一个脾气,爽啊,难得! 立刻变得友好起来。两个人开始坐下促膝长谈,谈了一上午,最后合同和支票也写好了。

资料来源:中国电话销售网,http://www.zgdhxs.com/index.php? c＝info&a＝index&id＝1312&cid＝64

项目四 呼叫服务思维

能力目标

1. 具备呼叫服务基本的礼仪素养
2. 掌握语言礼仪的基本要求
3. 具备与客户有效沟通的基本能力
4. 能够有技巧的进行客户服务
5. 能够不断提升客户服务的技能

知识目标

1. 掌握呼叫服务过程中各环节的礼仪要求
2. 掌握客户管理的基本内容和目标
3. 了解与客户沟通中可能遇到的问题
4. 掌握客户服务的服务技巧
5. 掌握客户服务礼仪的原则
6. 知道什么是有效沟通的四纬分析法

本项目包含了 5 个学习任务,具体为:

任务 1:客户服务礼仪基础

任务 2:客户管理的目标

任务 3:客户服务案例分析

任务 4:客户服务技巧

任务 5:客户服务礼仪原则及技能提升

任务 1 客户服务礼仪基础

4.1.1 任务引导

1. 任务情景

王晓琳是一位即将毕业的大学生,顺利通过面试进入上海汇通呼叫中心中国电信分公司做一名客服坐席员,在经过两天的环境和业务熟悉后,接下来分公司人力资源部门安排了为期两天的客服礼仪培训,小王自认为自己的礼仪素养非常好,不用再进行客服礼仪的培训,可是当人事专员问完她以下几个问题后,小王羞愧不已:

你知道客服坐席员的礼仪要求有哪些内容吗?

你知道电话服务中都有哪些礼仪标准吗?

你知道客户服务礼仪有哪些作用吗?

......

2. 任务分析

要完成本任务,需要具备以下知识:

(1) 明确什么是客户服务礼仪?

(2) 明确电话服务过程中的礼仪要求。

(3) 知道电话服务中需要注意哪些礼仪问题。

4.1.2　支撑知识

一、客户服务礼仪的概念

服务礼仪是指在服务过程中对服务对象表示尊重的行为规范和要求,是职业人尊重客户、维护自尊态度的外在表现。服务礼仪是一般社会礼仪在服务行业的具体体现,是一种职业规范和职业素养,具有特殊的行业性、职业性的特征。

客户服务礼仪就是在坐席员服务客户的过程中对客户所表示尊重的行为规范和要求,出于对客户的尊重与友好,它要求在服务中坐席员要注意仪态、语言、操作的礼貌规范,坐席人员要发自内心地热忱地向客户提供主动、周到的服务,从而表现出服务人员良好的服务意识与素养。

二、电话服务过程中的礼仪要求

(一) 掌握接听和呼出电话的铃声次数的礼仪

接听呼入电话时铃响一般不超出 3 声,应在铃响 2 到 3 声时拿起话筒接听,这是为了及时抓住客户的注意力。如果响 3 声以上,就会让客户误解没有人接听电话,或是让客户感觉自己遭到了冷遇,但是也不是铃声一响就立即接听,这样反而会让客户感到惊慌,或者是让客户感觉坐席员不够稳重。

呼出电话一般要给予对方适当的反映时间,一般办公电话可等待铃响 5 声左右,家庭电话等待铃响 10 声左右挂断,以免造成对客户的打扰。

(二) 确认通话双方身份的礼仪

呼叫中心坐席员无论接听电话还是呼出电话,首先应该向客户问好:"您好,×××呼叫中心为您服务。"在问候对方后紧接着要表明自己的身份,坐席员要说明自己所在的部门名称以及个人的工号,这是对通话对象知情权的尊重,让客户清楚地知道自己是在和谁通话。

坐席员在表明身份后,同时也要确认客户的身份,以保证通话的针对性和有效性,避免打错电话。

- 主动询问客户的称呼:"先生/女士,请问您的贵姓?";
- 礼貌称呼客户,并正确应答客户提出的问题:"××先生/女士,关于……";
- 如果未能准确领会客户的意图,要主动与其确认:"××先生/女士,您好,您的意思是……"。

（三）控制通话时长的礼仪

一般通话时间以不超过 3 分钟为限,如果坐席员要长时间通话的话需预先告知客户,如果通话的时间过长,而且问题已经解决,而通话内容是问题的重复或者不在服务范围之内,坐席员可以通过重复通话要点,并且说明这些问题已经解决来暗示通话的结束,也可以通过询问客户是否需要其他服务来暗示通话结束。

呼入电话时长控制的关键在于坐席员熟悉呼叫中心服务的业务内容、流程和规则,能够及时、规范、有效地回应客户的服务要求。

呼出电话时长控制的关键在于坐席员要编辑好呼出电话的内容,使用恰当的话语脚本,使之清晰、简明、易懂。

（四）电话交流的礼仪

在通话过程中呼叫中心坐席员要做到以下几点:

- 真诚对待客户,对客户提出的问题给予高度关注;
- 准确了解客户的需求;
- 围绕客户提出的问题展开谈话,抓住谈话的重点;
- 简洁、自信地回答客户的问题,主动向客户提供帮助服务;
- 对于客户的情绪、情感给予积极、友好的回应,让整个谈话过程能够在和谐的氛围下进展下去。

（五）电话等待的礼仪

- 在需要客户等待电话回复时,坐席员需要做到:告知客户需要客户等待的原因;
- 用询问语句征得客户的同意;
- 给客户一个明确的等待时限,如:"××先生/女士,就您所提出的问题,我需要查询相关资料,请您耐心稍等 1 分钟好吗?";
- 要时刻记住对方在等待中,及时、迅速的处理好问题;
- 不时告知客户处理的进程或是有必要的时候可以谈论一些相关的话题。

（六）电话转接的礼仪

一般遇到下列情形时,客户电话需要转接:

- 客户寻找指定的坐席员来接听;

- 问题升级；
- 客户的问题需要相关部门直接回复等。

在转接客户电话时，呼叫中心坐席员需要做到：

- 确认客户的称呼和来电目的；
- 向客户解释为什么需要转接电话；
- 询问客户是否介意电话被转接，例如："××先生/女士，您所提出的这个问题我会转接至××部门为您处理，您看可以吗"；
- 转接电话在挂断之前要先确认被转接的电话处是否有人接听；
- 被转接人接听电话时要告知客户自己的身份、姓名、工号等信息，并且要表示感谢，感谢客户的耐心等待，及时回答或解决客户提出的问题。

（七）电话记录的礼仪

呼叫中心坐席员需要做好每通电话的相关记录，记录的主要内容包括：

- 通话时间：通话的年月日以及通话的起止时间；
- 客户的姓名以及所在地区；
- 客户的联络方式：电话号码、QQ号码和通讯地址等等；
- 通话事由以及处理结果；
- 通话服务坐席员的姓名及当班的班次情况等。

在记录前要向客户征询和确认客户的信息：

- 以询问的语气求得客户的同意："××先生/女士，方便留下您的联系方式以便以后为您更好地服务吗"；
- 在客户同意后，接着询问："请问您的……"，进一步询问客户的姓名、联系方式等信息；
- 向客户复述信息内容，以确保信息的准确性；
- 规范记录电话信息，并且定期对记录进行归档。

（八）预约电话的礼仪

如果客户提出的问题不能及时解决或者对于呼出电话的客户暂时不能做出决定时，呼叫中心坐席员需要再次联系客户，进一步确认，进而就会产生预约电话。

如果是预约延期回复的电话，要向客户致歉，说明延期的原因，并约定再次通话的准确时间。要记录需要回复的信息，并在客户挂断电话前重复一下所记录的信息，尤其是数字信息。

有预约电话一定要按时接打，如果预约的是呼入的电话，要按时等候客户呼叫，及时接听电话。如果是呼出性的预约电话，要按时呼叫客户，以免对方空等或者失望。当客户接听电话时，首先要向客户致歉。

特殊情况下，如果不能按时接打预约电话应事先通知客户取消或者更改预约，不能事先取消或改约的，在事后要尽早向对方解释并致歉。

4.1.3 任务同步训练

一、任务描述

找一位同学与你一组,分别扮演呼叫中心坐席员和打电话咨询的客户,客户就家用电信宽带接入问题咨询客服人员,按照坐席人员电话服务的礼仪标准,完成整个场景的模拟训练任务,同时完成如下任务训练书。

二、同步训练任务书

任务名称	电话服务礼仪训练	任务用时	15分钟
同步训练描述	两人一组,一人扮演坐席员,一人扮演打电话咨询的客户,通过角色扮演的方式完成对电话服务礼仪的基本感受和认识,在按照礼仪服务标准完成任务的同时也需要坐席员认真填写自己呼叫服务使用的礼仪用语。		
坐席人员电话礼仪语言记录			
接起电话时的用语			
询问客户信息时的用语			
询问客户需求时的用语			
如果需要转接,转接时的用语			
挂断电话时的用语			

三、教师点评

客户服务礼仪是身为呼叫中心坐席人员最基本的职业素养,呼叫服务是一种比较特殊的对客服务业务,由于沟通方式只能是电话沟通,所以它对语言礼仪的规范程度十分重视,同学们一定要掌握语言礼仪的基本要领,因为在呼叫服务每一个环节上都体现出对客户的礼仪尊重。

四、综合评价

任务名称	电话服务礼仪训练
任务完成方式	☐小组协作完成 ☐个人独立完成
评价:	

续表

任务成绩(满分100分)：				
自我评价 （20%）		小组评价 （20%）		教师评价 （60%）	
存在的主要问题：				

4.1.4 自主学习任务

上网搜集一些呼叫服务的礼貌用语，将这些用语加以整理、汇总，然后多读、多练，注意这些礼貌用语的语气、语速、语调以及说话时的态度，训练自己熟练使用这些礼貌用语。

任务2　客户管理的目标

4.2.1 任务引导

1. 任务情景

王晓琳经过为期一周的培训后顺利上岗实习，人力资源部门经理决定先让她到客服组进行锻炼。客服组的主管交给小王一份客户信息，让小王对这些客户进行电话回访，询问一下他们之前反映的问题有没有解决？对我们的服务是否满意？需不需要安排其他服务？有没有想要了解一下电信新推出的优惠套餐活动？小王欣然接受了任务。

打到第5通电话的时候，小王遇到了一位态度极不好的客户刘先生，可能是之前的服务没有做好，刘先生在知道了小王的身份后，对着电话就是一顿臭骂，小王没忍住，也与客户顶撞了起来，最后客户只留下一句："你们的服务真是糟透了，我没什么可说的了，等着我的投诉吧！"就直接挂了电话，小王听到电话里一阵断线的声音，感觉特委屈，眼泪不停地往下掉。

2. 任务分析

客服组主管交给小王的任务，其实是想让小王体验一下如何做好客户的管理工作，如何与客户进行有效的沟通，如何通过回访掌握服务质量的情况和客户新的需求情况……没想到小王没有认真分析、学习就上手去干，不仅没干好，而且还弄了一肚子的委屈。

同学们和小王在进行客户回访之前，其实应该了解一下以下几点知识内容：

（1）我们为什么要进行客户管理？

（2）客户管理的目标是什么？

（3）沟通在客户关系中的重要性？

（4）有效沟通的内容是什么？

4.2.2 支撑知识

一、为什么要进行客户管理?

随着经济全球化和市场经济的不断深化,企业的经营方式也发生了巨大的变化,逐渐由"以产品为驱动"向"以服务为驱动"转变。同时,随着不同企业的同类产品间的价格、质量的差距逐渐缩小,市场环境和核心竞争也从"以产品为中心"发展到"以客户为中心"。这些改变说明了客户关系在决定企业经营成败方面显得愈来愈重要,企业开始从注重成本控制发展为注重提高客户的满意度。"以客户为中心"的经营理念已逐渐成为企业的经营准则和生存之道。

客户管理,也称为客户关系管理,是指企业利用相应的信息技术以及互联网技术来协调企业与顾客在销售、营销和服务上的交互,从而提升其管理方式,向客户提供创新式的个性化服务的过程。客户管理的核心是客户价值的管理,通过"一对一"营销原则,满足不同价值客户的个性化需求,提高客户的忠诚度和保有率,实现客户价值持续贡献,从而全面提升企业盈利能力。

作为客户服务的平台,由于呼叫中心在客户服务过程中具有针对性强、交流方便、单独服务的特点,所以呼叫中心的客户管理成为企业客户管理中心工作,具有十分重要的地位。

二、客户管理的目标

呼叫中心的客户管理目标可以归纳为:建立客户联络、发展客户关系、营造客户体验、赢得客户忠诚以及经营客户价值这五个方面。

(一)建立客户联络

通过呼叫中心的呼出业务,企业可以随时与自己的客户取得联系,包括确认用户信息、进行服务回访、完成问卷调查、进行电话营销等等,通过电话交流、沟通,企业可以掌握第一手的客户需求资料,掌握市场需求变化的情况,制定出更符合客户需求的生产计划,从而将已有的客户群体转化为新的购买群体。

(二)发展客户关系

通过不定期的与客户进行沟通、联络,不仅是对客户的重视和关怀,而且能够增进企业与客户之间的感情,一旦客户喜欢或者信赖某一企业,那么这种客户关系将是持续性的,之后只要客户需要某方面的产品,自然第一个想到的就是自己喜欢的品牌,同时由于口碑传播的效果,老的客户会带来新的客户,从而可以发展新的客户关系,培养企业新的客户群体。

(三)营造客户体验

无论是哪个行业、哪种企业的客户,都希望自己受到企业的重视,被企业"宠着"、"惯着"，为客户营造一种客户至上，沟通第一的客户服务体验，是企业追求卓越服务，用服务打动客户的关键。当这种优质的客户体验形成一种品牌化的服务，附加于企业产品之上，形成一种客户体验价值，从而提高企业的品牌价值。

（四）赢得客户忠诚

现在许多企业都追求："以质量塑品牌，以服务求发展。"的发展理念，足以见得服务对企业生存发展的重要性。只有当企业向客户提供超值的服务，提供满足客户需求的服务，提供方便和舒心的服务，客户才能对企业、对品牌产生一种信赖，甚至是依赖感，愿意始终购买此品牌下的产品，形成一种客户对企业的忠诚度。作为企业，应该以满足客户的需求和期望为己任，有效地消除和预防客户的抱怨和投诉，不断提高客户满意度，从而在企业与客户之间建立起一种相互信任、相互依赖的"质量价值链"。

（五）经营客户价值

企业所提供的包括呼叫服务在内的各类服务，都是对客户价值的一种经营，无论是销售前的咨询服务，销售后的客服服务、回访服务、维修服务，还是深度个性化营销服务等等，这一系列的服务都是为了挖掘客户的潜在价值，为企业赢得利润，塑造口碑。

三、沟通在客户关系中的重要性

沟通是人与人之间，人与群体之间思想与感情的传递和反馈的过程，以求思想达成一致和情感的通畅。我们可以将沟通理解为一种信息的双向甚至是多向的交流，将信息传递给对方，并期望得到对方做出反应的结果。沟通的形式和复杂程度取决于传递信息的性质、目的和传递者之间的关系。

作为呼叫中心的坐席员，我们与客户之间的桥梁就是沟通，懂得倾听客户的话语，懂得理解客户的需求，懂得让客户明白我们的意思，懂得如何说好话，会说话，懂得通过沟通拉近与客户之间的距离等等，这一切都是我们从事呼叫服务应该重视的，更体现了沟通在客户关系中的重要性：

1. 通过沟通才能让客户深入了解企业、品牌；
2. 通过沟通我们才能理解什么是客户想要的需求；
3. 通过沟通我们才能与客户建立更为持久的客户关系；
4. 通过沟通我们才能为客户制定个性化的服务；
5. 通过沟通我们才能准确地针对客户需求进行深度营销。

四、有效沟通

所谓有效的沟通，是通过听、说、读、写等载体，通过演讲、会见、对话、讨论、信件等方式将思维准确、恰当地表达出来，以促使对方接受。这是有效沟通的一般定义，对于呼叫服务而言，坐席员与客户更加需要有效沟通，因为沟通方式的限制，沟通时间的限制，呼叫中心更加追求沟通的效率，只有坐席人员与客户之间达成有效的沟通，服务才能顺利地进行下去,客户的需求被准确地满足,坐席员的意图才能明确的表达。

要达成有效沟通必须具备两个必要条件:首先,客户或呼叫服务坐席员清晰地表达出了信息的内涵,以便对方能够确切理解;其次,客户或呼叫服务坐席员重视对方的反应并根据其反应及时修正信息的传递,免除不必要的误解。这两个必要条件缺一不可。

有效沟通能否成立关键在于信息的有效性,信息的有效程度决定了沟通的有效程度。信息的有效程度又主要取决于以下两个方面:

一是信息的透明程度。沟通并不意味着简单的信息传递,而要确保信息接收者能理解信息的内涵。如果以一种模棱两可的、含糊不清的语言传递一种不清晰的,难以使人理解的信息,对于信息接收者而言是没有任何意义。另一方面,信息接收者也有权获得与自身利益相关的信息内涵,否则有可能导致信息接收者对信息发送者的行为动机产生怀疑。

二是信息的反馈程度。有效沟通是一种动态的双向行为,而双向的沟通对信息发送者来说应得到充分的反馈。只有沟通的主、客体双方都充分表达了对某一问题的看法,才真正具备有效沟通的意义。

对于呼叫服务而言,沟通的过程是坐席员向客户提供优质服务的中心环节。为了有效地与客户沟通,坐席员必须将沟通看成是一种双向的过程。在与客户进行交谈时,坐席员不应该只是让客户听自己说,而是更应该关注他们所说的内容,仔细倾听客户的想法和需求,了解他们真正需要解决的问题和需要服务的内容,才能做到与客户的有效沟通,提高呼叫服务的效率和质量。

有效沟通的三个原则:

1. 有效果沟通

强调沟通的目标明确性。通过交流,沟通双方就某个问题可以达到共同认识的目的。

2. 有效率沟通

强调沟通的时间概念性。沟通的时间要简短,频率要增加,在尽量短的时间内完成沟通的目标。

3. 有笑声沟通

强调人性化作用。只有心情愉快的沟通才能实现双赢的思想。

4.2.3 任务同步训练

一、任务描述

寻找一位同学扮演投诉客户刘先生,你扮演接到投诉电话的坐席人员,刘先生就刚刚与王晓琳发生的口角向你投诉,抱怨客户服务做得很差,上门服务没做好不说,回访坐席员的态度还那么差,你作为接到投诉电话的坐席员,请安抚刘先生的情绪,表明公司会处理此事,提升服务质量,同时记录下整个客户沟通过程,完成下表。

二、同步训练任务书

任务名称	电话投诉沟通训练	任务用时	15分钟
任务内容			
同步训练描述	两人一组，一人扮演坐席员，一人扮演打电话投诉的客户，通过角色扮演的方式体验整个客户沟通的过程，在安抚完客户，顺利完成通话的同时也需要坐席员完成下面这个总结表的填写工作。		
总结表			
什么样的投诉事件？			
造成沟通失败的原因有哪些？			
如何安抚客户？			
使用了哪些沟通或劝解技巧？			
投诉的处理结果如何？			

三、教师点评

　　客户投诉电话的处理是呼叫中心日常工作的一个重要组成部分，由于客户在负面事件的影响下，往往带有埋怨、抱怨、怒气、生气、不耐烦、急躁等明显的不利于有效沟通的情绪，所以想要处理好投诉电话，坐席人员必须具备良好的沟通能力，在能够在安抚好客户不良情绪的基础上，进行有效沟通，了解客户诉求，妥善处理好投诉问题，足以体现沟通能力在呼叫服务中的重要性。

四、综合评价

任务名称	电话投诉沟通训练		
任务完成方式	□小组协作完成 □个人独立完成		
评价：			
任务成绩(满分100分)：			
自我评价 （20%）	小组评价 （20%）	教师评价 （60%）	
存在的主要问题：			

4.2.4 自主学习任务

1. 以小组为单位,小组讨论一下:如果在呼叫服务过程中有一位客户因某件事情激怒了你,你该如何处理?

2. 查阅沟通的相关资料,了解一下什么是"沟通的 5W1H"理论,在理解和认识的基础上谈谈自己的感想。

任务 3 客户服务案例分析

4.3.1 任务引导

1. 任务情景

由于王晓琳与客户发生了争执,客服组主管将王晓琳叫到了自己的办公室,询问过事件的经过后,对王晓琳说道:"身为客服人员,无论怎么样也不能对客户不尊重,甚至和客户起争执,鉴于你是刚刚上岗实习,经验不足,我就不追究你的责任了,记住下次给客户打电话要注意沟通的态度和技巧,技巧很重要,我给你一个呼叫服务的案例,你拿回去好好看看,看看他们失败在什么地方,成功在什么地方,体会一下沟通技巧,相信你会有所进步的。"王晓琳听到这里,心里十分感动,说道:"谢谢主管的指导,我会认真学习的,以后努力做好。"王晓琳点点头,拿着主管递给她的案例资料走出了办公室。

2. 任务分析

王晓琳要学习好呼叫客服案例,需要明确以下几点:

(1) 案例的经过是什么?

(2) 案例有哪些成功之处,失败之处? 原因是什么?

(3) 如果是失败的案例,想想在沟通上有什么障碍?

(4) 通过案例总结出有效沟通的技巧有哪些?

4.3.2 支撑知识

一、客户服务案例分析

(一) 电话投诉案例

【案例背景】

因为宽带故障,导致上午股市大跌时客户没能及时抛售,资金损失严重,客户为此拨打宽带 24 小时客户服务呼叫中心电话投诉网络服务公司。

【案例过程】

客户 A 来电进入投诉服务,分配至 1006 号坐席。

坐席 1006:先生中午好,请问有什么可以帮您的?

客户 A:你们的网络上午断线,导致我无法上网,股市大跌,结果害我损失了 5 万元,

（咆哮一分钟）……我现在打电话要求你们赔偿，你现在给我一个解决办法。

坐席1006：先生，您好，股市大跌，导致了您的损失，我很理解您的心情，可以先告诉我您的网络装机地址吗？

客户A：龙德紫金小区3号楼517室。

坐席1006：好的，我查到了，您是张先生对吗？

客户A：是的，就是这个号码。

坐席1006：您的投诉我已经记录了，但是问题没有调查，我们没办法给您任何解释，稍后我们再给您回复，您看好吗？

客户A：行吧，我等你们的答复。

过了一小时，客户A再次拨通呼叫中心客服电话，坐席1006在忙，坐席1008接的电话：

坐席1008：张先生，下午好，请问有什么可以帮您？

客户A：我中午打过电话，你们客服代表说马上回复我的，过了一小时了，还没回复我。

坐席1008：张先生，不好意思，我们要做一个内部处理流程的。您的问题我们已经详细记录了，我先帮您看看好吗？

客户A：好

坐席1008：张先生，抱歉久等了。是这样的，您所在的小区今天上午要做网络维护升级，在昨天我们公司短信群发了所有客户，会在今天早上9点到12点进行网络硬件升级，在这个时间段客户的网络是无法正常使用的。我看了一下，您在当时登记的手机是139×××××××××吗？我们昨天给这个手机发了短信通知，请问有接收到吗？

客户A：之前那个手机号码是我爱人的。

坐席1008：可能这个短信您的爱人没有留意到，那么在网络断线的时间内，您可以选择别的股票操作方式啊，比如电话操作或手机网上操作，这样可以保证您的业务不受影响的。

客户A：我怎么没想到呢？不过现在股票已经赔了，你说怎么赔偿吧。

坐席1008：张先生，其实我非常理解您的心情，谁也不愿意损失钱，更别说5万了，现在网络已经修复了。我建议您可以尽快操作将损失降低到最低，很多事情都有解决办法的。

客户A：那挽回不了我真要找你们赔偿的。

坐席1008：张先生，我会将当前您的手机号码做更新，以便于日后通知。我现在会发一条短信给您，内容如下：如果我们已经告知了客户网络维护更新，期间的损失我们将不会承担的，因为现在信息技术发达，大家都可以选择多种沟通方式的：电话、手机上网等等。

客户A：这个麻烦，我自己来想办法吧，谢谢你！

坐席1008：好的，请问还有什么可以帮到您的吗？

客户A：没有了。

坐席1008：感谢您的来电，再见！

【案例分析】

这是一个处理得比较圆满的客户投诉案例,两个坐席员,处理同一个投诉客户的方法却不一样,坐席 1006 肯定没有认真看公司公告,同时对法律条款的了解程度远远不够,所以只能将客户的投诉信息记录备案,但从客户满意的角度来讲,客户对坐席 1006 的回答还是满意的。但相对之于坐席 1008 的回答,在没有影响到公司形象和利益的情况下,圆满解决了,让客户达到满意,她成功的要诀在于对业务和法律知识的掌握,这种技巧应该是建立在不断学习的基础上的。

除了学习之外,分析客户心理也是很重要的服务技能,有很多客户每通电话的期望值是不一样的:有些想要开通新业务,有些只是想追求心理平衡,有些则是想要通过投诉来获取利益等等,要正确分析和评估每通电话的客户真实想法,这要求客户坐席员在电话开场的 30 秒到一分钟内,快速判断并做出回应。

此案例还体现出了有效沟通的重要性,坐席 1008 在不知情的情况下,能够通过沟通快速了解电话的来意,客户的需求,同时能够做出妥善的处理,都是与有效沟通分不开的,这种有效沟通大大提高了沟通的效率,准确领会了客户的意图,快速解决了问题,是呼叫中心服务中应该提倡的。

（二）客服销售案例

【案例背景】

数月以前,一家国内知名的 IT 企业通过他们的客户服务中心向他们的老用户进行笔记本电脑的推销活动,客户 B 接到了推销电话,因为他是这个品牌忠实的客户,自然而然的客户服务中心认为他也是潜在的客户。

【案例过程】

坐席员:"先生,您好,这里是 HR 公司个人终端服务中心,我们在做一个调研活动,我们可以占用您少量的时间问两个问题吗?"（点评一）

客户 B:"你讲。"

坐席员:"您经常使用电脑吗?"

客户 B:"是的,工作无法离开电脑。"

坐席员:"您用的是台式机还是笔记本电脑。"

客户 B:"在办公室用是台式机,在家就用笔记本电脑。"

坐席员:"我们最近笔记本电脑有一个特别优惠的促销阶段,您是否有兴趣了解一下?"（点评二）

客户 B:"你就是在促销笔记本电脑吧? 不是搞调研吧?"

坐席员:"其实,也是,但是……"（点评三）

客户 B:"你不用说了,我现在对笔记本电脑没有购买兴趣,因为我有了,而且现在用得很好。"

坐席员:"不是,我的意思是,这次机会很难得,所以,我……"

客户 B:"你做电话销售多长时间了?"

坐席员:"不到两个月。"

客户 B:"在开始上岗前,HR 公司给你们做过电话销售的培训吗?"

坐席员:"做了两次。"

客户 B:"是外请的电话销售的专业公司人员给你们培训的,还是你们的销售经理给培训的?"

坐席员:"是销售经理。"

客户 B:"培训了两次,一次多长时间?"

坐席员:"一次大约就是两个小时吧,就是说了说,也不是特别正规的培训。"

客户 B:"你现在做这个笔记本电脑的电话销售,成绩如何?"

坐席员:"其实,我们遇到了许多的销售中的问题,的确,销售成绩不是很理想。"(点评四)

这番对话没有终止在这里,后来才知道客户 B 是做销售出身的,他与坐席员的谈话持续了大约 10 分钟,他向坐席员讲解了电话销售中应该注意的问题和推销技巧。

【案例分析】

类似的推销电话,相信许多人都有过类似的经历,很明显这是一次非常不成功的电话推销服务,坐席人员不但没有达到自己推销产品的目的,而且被一位专业销售人士教育了一番,身为客户服务人员应该觉得羞愧。

点评一:坐席员在电话接通一开始就暴露出了销售的目的,显然这次推销活动没有经过周密的策划,坐席人员也没有经过良好的培训,坐席人员没有通过沟通巧妙地与客户建立起良好的沟通,客户已经存在流失的危险;

点评二:潜在客户 B 已经陈述了自己有了笔记本电脑,而坐席人员没有有效地响应客户的回答,只顾按自己预先设计好的思路来推进,这会取得什么效果呢? 其实,在客户的回答以后,恰恰应该是发问的最好的时机,既可以有效地呼应开始设计的调研的借口,也可以逐渐挖掘出客户在使用笔记本电脑时的主要困惑,从而来寻找客户潜在的需求。

点评三:坐席员严重缺乏随机应变的能力,在这个关键转折点上,恰好就是坐席员对潜在客户赞扬的好时机,从而来获取客户充分的信任,结果,这个坐席人员的回答暴露了一切弱点,并导致潜在的客户完全失去了耐心。

点评四:坐席人员的话直接暴露出了公司电话销售做得很不好,甚至还存在问题,坐席人员自己都觉得问题多多,客户又怎么会买这样一个人推荐的产品呢?

下面展示一个比较成功的电话营销案例,这个案例与上面的案例形成了鲜明的对比,同学们可以从中体会一下客户服务中沟通的重要性:

坐席员:"您好,请问,李峰先生在吗?"

客户 C:"我就是,您是哪位?"

坐席员:"我是××公司打印机客户服务部的章程,就是公司章程的章程,我这里有您的资料记录,你们公司去年购买过××公司的打印机,对吗?"

客户 C:"哦,是,对呀!"

坐席员:"保修期已经过去了 7 个月,不知道现在打印机使用的情况如何?"

客户 C:"好像你们来维修过一次,后来就没有问题了。"

坐席员:"好的。我给您打电话的目的是,这个型号的机器已经不再生产了,以后的配件也比较昂贵,提醒您在使用时要尽量按照操作规程,您在使用时阅读过使用手册吗?"

客户 C:"没有呀,没有这么复杂吧? 还要阅读使用手册?"

坐席员:"其实,还是有必要的,实在不阅读也是可以的,但寿命就会降低。"

客户 C:"我们也没有指望用一辈子,不过,最近业务还是比较多,如果坏了怎么办呢?"

坐席员:"没有关系,我们还是会上门维修的,虽然收取一定的费用,但比购买一台全新的还是便宜的。"

客户 C:"对了,现在再买一台全新的打印机什么价格?"

坐席员:"要看您想要什么型号的,您现在使用的是××公司 3330,后续的升级的产品是 4100,不过完全要看一个月大约打印多少正常的 A4 纸张。"

客户 C:"最近的量开始大起来了,有的时候超过 10000 张了。"

坐席员:"要是这样,我还真要建议您考虑 4100 了,4100 的建议使用量是 15000 张一个月的 A4 正常纸张,而 3330 的建议月纸张是 10000 张,如果超过了会严重影响打印机的寿命。"

客户 C:"你能否给我留一个电话号码,年底我可能考虑再买一台,也许就是后续产品。"

坐席员:"我的电话号码是 888×××× 转 999。我查看一下,对了,你是老客户,年底还有一些特殊的照顾,不知道你何时可以确定要购买,也许我可以将一些好的政策给你保留一下。"

客户 C:"都有什么照顾?"

坐席员:"4100 型号的,渠道销售价格是 12150,如果作为 3330 的使用者购买的话,可以按照 8 折来优惠或者赠送一些您需要的外设,主要看您的具体需要。这样吧,您考虑一下,然后再联系我。"

客户 C:"等一下,这样我要计算一下,我在另外一个地方的办公室也需要添加一台打印机,方便营销部的人使用,这样吧,基本上就确定了,是你送货还是我们来取?"

坐席员:"都可以,如果您不方便,还是我们过来吧,以前也过去过,容易找的。看送到哪里,什么时间合适?"

后面的对话就是落实交货的具体地点和时间等事宜了,这个坐席人员大概用了 30 分钟的时间就完成了一个××公司 4100 打印机的销售,坐席员的表现十分出色,相比他的销售业绩应该也很不错吧。

二、沟通失败的主要原因

每一个成功的呼叫服务案例都离不开坐席人员与客户之间的有效沟通,只有在有效沟通的基础上,客户意图才能明确传达和理解,坐席员才能更好地领会和服务,没有这个有效沟通的过程,呼叫服务往往会以失败的结果收场,最终只换来客户的满腹牢骚和满口抱怨,更别提以优质的服务赢得客户口碑了。

我们在争取有效沟通的同时,更应该弄清楚是什么原因导致了坐席员和客户之间沟通的失败? 这些因素是怎么影响沟通效果的?

沟通具有双向性的特点,沟通效果的好坏是由信息传递方(客户/坐席员)、沟通方式和信息接收方(坐席员/客户)三方面效果决定的,哪个方面的沟通没做好,都会影响到沟通的结果。

(一) 信息传递方因素

- 用词错误,词不达意;
- 沟通信息繁冗拖沓,没有内容重点;
- 态度急躁或不好,影响正常的沟通;
- 选择在不恰当的时机进行沟通,沟通严重受阻;
- 对信息接收方的提问反应不灵敏,有时会出现答非所问的现象;
- 交流双方对沟通的问题有不同的理解,出现理解上的出入或者误会;
- 沟通环境过于嘈杂,影响语音交流。

(二) 沟通方式因素

- 信息经第三方传递而产生了误会;
- 沟通中途因为受到情绪的影响,原有沟通氛围打破,转而采用激烈的沟通方式;
- 沟通时机不对或者沟通环境不好时,选择其他的沟通方式或沟通时间。

(三) 信息接收方因素

- 只注重对方的信息表达,而没有注意理解;
- 对内容选择性的倾听;
- 没有完全理解对方的话,导致询问不当;
- 对对方有了先入为主的印象或者带有某方面的偏见,因而在沟通中带有某种感情色彩;
- 信息接收者本身情绪不佳,不愿认真倾听;
- 在沟通的过程中,由于沟通受阻进而产生不良情绪,影响进一步的沟通;
- 没有准确理解对方的需求,沟通产生偏差;
- 没有及时反馈信息,沟通无法推进;
- 对方的沟通环境过于嘈杂,导致听不清对方所说的内容;

三、有效沟通的技巧

成功的沟通有两个关键的因素:给予有用的信息和收集有用的信息,这两个因素就像我们的左右手一样,缺一不可。

(一) 收集需要的信息——提问

学会从对方的角度去思考问题,是成功沟通的第一步。对于呼叫服务人员来讲,收集信息的主要方法有两种:提问和倾听。提问的艺术在于知道什么时候提什么样的问题,而倾听也不仅仅是听,还必须辅以复述、理解、引导的方式来表达我们的建议。

提问可以采用开放式提问和封闭式提问两种方式来进行:

1. 开放式提问:通常所提出的问题没有固定的答案。开放式提问是收集信息的最好方式,可以帮助服务人员准确理解客户需求,透彻了解客户的意图,甚至能够了解客户的内心感受,达到提高沟通成功率的效果。例如:"李先生,请问您认为我们的服务有哪些需要改进的地方?"

2. 封闭式提问:提问中已经给对方预设了答案的选择项。封闭式提问通常可以简单直接的获得服务人员需要的信息,避免啰嗦,但因为带有引导性往往不能了解全部的细节内容。例如:"李先生,您希望我们把上门服务的日期定在周六还是周日呢?"

3. 如何提问

● 选择有助于实现自己目标的问题,了解情况使用开放式提问,促成效果则使用封闭式提问;

● 具体问题具体发问;

● 尽量在沟通前在脑海中列出需要提问的问题;

● 提问时注意语气。

(二)收集需求信息——倾听

有效的倾听是一个获取客户需求信息的过程,服务人员通过认真聆听客户的描述,理解字面之下的信息,通过辨识语调和语态了解客户的情感和意图,从而帮助客户解决问题。

有效倾听的几个原则:

● 不要打断说话人;

● 设身处地的从对方的角度思考;

● 要努力控制不良情绪,不要发火;

● 针对听到的内容行事;

● 多使用肯定、激励的言辞,避免使用带有负面情绪色彩的言辞;

● 不要急于下结论,要在完全了解了说话者的重点后再提出自己的疑问;

● 对于不清楚的地方要适当的提问,要求说话者进行必要的解释;

● 要复述、确认说话者的信息、需求、问题等。

除了提问和倾听以外,要提高沟通的有效程度还需要与客户建立起信任的关系。

(三)有效沟通的基础——信任

人是独立的个体,人与人之间存在距离,这种距离使我们不信任不熟悉别的人,为了获取他人的信任,设身处地地为客户考虑和适度的赞美可以帮助坐席员达到事半功倍的效果。

如何与客户建立信赖感

● 设身处地地为客户利益着想;

● 最大限度地确保客户利益的实现;

● 对客户遇到的问题或情况表示同情,希望积极帮助客户处理问题;

- 在与客户的沟通中,寻找赞美点;
- 有时向客户请教也是一种赞美;
- 根据客户的性格,可以直接赞美也可以间接赞美;
- 用心去说,自然流露。

4.3.3　任务同步训练

一、任务描述

四五个同学一组,对支撑知识中两个失败的电话沟通案例进行详细的学习和认识,通过给出的分析,对案例进行沟通障碍的归因分析,将失败表现列举出来,同时完成同步训练任务书。

二、同步训练任务书

任务名称	沟通障碍归因分析	任务用时	25 分钟
任务内容			
同步训练描述	多个学生为一组,分小组进行讨论,通过对以上呼叫服务案例进行学习和认识谈谈自己的看法,并且依据沟通失败的成因分析内容,对这些案例沟通失败因素进行归类,完成相应表单的填写。		
沟通障碍归因分析			
障碍成因	电话投诉案例		客服销售案例
信息传递方因素			
沟通方式因素			
信息接收方因素			

三、教师点评

我们除了掌握有效沟通的方法和技巧,我们也要了解造成沟通障碍的成因,只有了解哪些原因容易引起沟通障碍,我们才能从根本上避免沟通中断、沟通不畅的现象再次发生,达到与客户有效沟通的目标,提高呼叫服务的服务质量。

四、综合评价

任务名称	沟通障碍归因分析
任务完成方式	□小组协作完成 □个人独立完成

评价：

任务成绩(满分100分)：					
自我评价 （20%）		小组评价 （20%）		教师评价 （60%）	

存在的主要问题：

4.3.4 自主学习任务

上网搜集一些电话沟通的方法和技巧，将这些方法、技巧整理出来，通过与其他学生模拟演练的方式，了解这些方法、技巧该如何使用，哪些环境下使用合适，形成自己的心得和体会。

任务4 客户服务技巧

4.4.1 任务引导

1. 任务情景

不知不觉，王晓琳已经在客服组待了一个多月了，大大小小也处理了上百个客户服务电话，通过学习，自己的服务能力越来越强了，小王对于干好呼叫服务工作也越来越有自信。正好，客服组在今天下午组织服务技巧的培训，小王兴致勃勃的参加了。

在培训会上，客服组长说道："我们在进行客户服务的时候，一定要注意方式、方法，服务技巧很重要，下面我给大家播放一段呼叫电话的录音，看看里面这位呼叫服务人员出了什么问题？"

录音片段：某客户致电某服务中心，因无人接听处在电脑服务当中，等得不耐烦的时候，终于等到坐席员接听了：

坐席员："您好！我是77号，竭诚为您服务，我有什么可以帮助您?"

客户答："你能不能让我少等会儿?"

坐席员:"哦,今天电话特别多,一下忙不过来,您有什么事?"

客户答:"你们为什么不配多点人?"

坐席员:"那是我们领导的事,我也想人多点呀!"

客户答:"那你们领导真蠢,总是让我们花大把时间等,难道顾客的时间就不值钱吗?"

坐席员:……

客服组长暂停了录音,说道:"你们仔细分析坐席员所说的话,相互讨论一下,看看这次的客户服务失败在哪里?以后应该注意哪些客户服务的技巧?"王晓琳听了客服组长的话,好像若有所思。

2. 任务分析

王晓琳要完成好这次的培训任务,需要明确以下几点:

(1) 录音中的对话,反映出坐席员怎样的问题?

(2) 在进行客户服务时,服务技巧是否重要?

(3) 都有哪些客户服务技巧?

(4) 是否了解客户服务技巧中的四纬分析法?

4.4.2　支撑知识

一、客户服务技巧的重要性

在激烈的市场竞争中,客户服务已经成为影响企业生死存亡的重要因素,无论企业的规模大小都已经意识到客户服务的重要性:让客户满意,把满足客户需求作为客户服务的目标和中心。

对企业而言,要做好客户服务不是一件简单的事情,客户服务是一门永远学不完的艺术,它在重视客户服务技能和客户服务意识的同时,更加强调客户服务的技巧,单单具备技能是很难把客户服务做得优秀、做得完美的,技巧的使用能让整个服务过程流畅、顺利,甚至锦上添花。

（一）对于客户而言

打造舒心自然的服务体验;

提高客户的满意程度;

快速满足客户的需求;

体现品牌的信誉与价值;

（二）对于公司而言

打造专业的服务团队;

塑造优秀的服务质量;

培养客户忠诚度;

提高品牌的信誉和价值;

提高企业的利润增长率;

有利于企业永续经营。

二、针对不同客户类型的服务技巧

为了提供更好的服务,呼叫中心坐席人员需要针对不同类型的客户采取不同的服务技巧。

(一)女性客户的服务技巧

女性作为一个特殊的消费群体,在消费行为中占据了主导地位,据统计,由女性主导或是受女性主导的购买行为大致占总购买量的80%,女性客户的消费特征一般表现为:

- 追求时尚;
- 注重实用;
- 议论多,无论买与不买都要谈谈自己的看法;
- 购物精打细算;
- 购买目标模糊;
- 渴望得到他人的认可和赞扬,对外界反应敏感。

针对女性客户以上种种的消费行为和特点,在进行客户服务的时候要注意其对应的服务技巧:

1. 摸清她们的需求和意图,服务周到耐心。介绍服务要详细全面,尽可能满足她们的需求,尽量多给她们时间进行考虑,同时也要针对她们的疑惑,做出适当的解释,以帮助她们顺利完成服务过程。

2. 由于女性有较强的自我意识和敏感性,容易被气氛左右,所以在面对女性客户出现犹豫不决的情况时,可以向其列举一些成功的案例。

3. 不要欺骗女性客户。不要让她们因受骗而发怒,否则代价是沉重的。

4. 女性客户常常对喜欢的东西很难取舍,喜欢别人对自己的赞美和甜言蜜语,潜意识里喜欢被引导和带领,喜欢别人的关心和照顾,所以客户服务坐席人员可以作为一个顾问或贴心知己的形象来对待女性客户。

5. 女性喜欢自圆其说,因此不要让女性承认自己的错误,可以帮助她们寻找一些借口,说明错误的出现并不是她们的原因。

总之,女性客户是消费的一大群体,在为其提供客户服务的时候,要依据她们所具有的特点进行有针对性的个性化的服务,采取一些服务技巧,从而帮助坐席人员开展服务。

(二)男性客户的服务技巧

相对于女性客户而言,男性客户也有其特别的消费行为特点,分析和了解一下他们的消费心理,有利于客户服务坐席员掌握他们的服务技巧。

- 果断。在购买商品的范围上,多数是耐用商品、大宗商品;男性客户独立性较强,对所购买的商品性能和商品知识了解的较为深入,一般很少受其他人购买行为的影响。
- 男性客户自尊心较强,特别是稍有社会地位的男性客户自尊心就更强了。当他发现自己的购买目标时，就想迅速选购。如果客服人员没有积极的接待，可能就会表现出不予理睬的态度，导致客户产生负面的心理。

● 怕麻烦。一般男性客户都有一种怕麻烦的购买心理，力求方便。

● 追求货真价实。只要购买产品的质量、性能与价格和预期效果一样，就会达到一定的满意度。

针对男性客户的服务技巧：

1. 多恭维，少批评，尽量支持他们的观点；

2. 尽快进入主题，少拐弯抹角，准确把握对方的需求和意图；

3. 拿出真实准确的证据，证明你说的是对的；

4. 展现丰富的经验和专业的服务知识，以征服对方。

（三）沉默客户的服务技巧

沉默型客户也可以称为"非社交"型客户，他们沉默寡言，在社交中属于倾听者，不轻易发表自己的观点，也不轻易批驳对方的观点。对待这种客户，可以采取以下的方法：

1. 诱导法。对于性格内向型的客户，可以利用不断发问的技巧，迫使对方不得不回答你的问题，只要对方开口，就可以根据他的回答来准备对策。对顽固型客户，可以不停地诱导对方，而不用管对方的态度，例如："您觉得呢？像这样的机会真的不多，您说是吧？"

2. 沉默对沉默。对待这类客户，不妨采用以沉默对沉默的方式，对方沉默，你也要沉默，这样一来，对方不得不开口说话，一旦开口，你就前进了一步，接下去就可以施展自己的才能使对方顺应你的提议。

3. 捕捉对方的真实意图。能否成功与这类客户进行交易，关键看你是否能捕捉到对方的真实意图，知己知彼，百战不殆。

4. 循循善诱，让对方打开心扉。对于不爱说话的客户要循循善诱。针对客户关心的事情去询问他的意见，热心地给予同情和理解，就可以让客户消除购买时的警戒心理，愉快地与你交谈，了解产品详情。

对待沉默型客户应该注意，不要总是滔滔不绝地说服或是自顾自地介绍产品，一定要充分照顾对方的感受，利用各种技巧使对方开口。

（四）健谈型客户的服务技巧

在客户服务过程中，经常会遇到一些很健谈的客户，一般这种客户的谈话内容可以分为两类：一是对服务人员及产品本身的驳斥与怀疑，将产品和服务批驳得一无是处；二是自我吹嘘，一有机会就会抢过话头，以过来人的样子，吹嘘自己，连带讽刺你几句，言语咄咄逼人。这类客户的一般心理表现为：为一时之乐而畅所欲言，表现欲极强，喜欢自作主张，寻求满足感，发泄内心的不满。对待这类客户，我们要做到以下几点：

1. 不怕苦、不胆怯。这类貌似难对付的客户其实并没有什么恶意，遇到这种客户，服务人员要做到不怕"苦"，任他反驳、讽刺，始终不漏"怯"色，信心十足地面对客户的讽刺，客户自然会知道理亏。

2. 适当倾听,适当恭维。对待喋喋不休型的客户要适当地赞美他、恭维他,迎合他的爱好,不妨做适当的倾听,听得越充分,赞美越到位,和客户的关系就会越近。和这种类型的客户打交道,一定要时时抓住交流的主动权,要充分引导客户按照你的方向走。方法之一,就是配合对方的愉快心情,把话题尽早地转入正题,吸引对方,抓住主动权。因为健谈的人一般也都希望别人和他一样侃侃而谈、幽默风趣。这样他会觉得你这个人很有意思,很合他的胃口,自然愿意和你交流,随着你的脚步走了。

3. 严格限制交谈的时间。对待这种类型的客户要严格限制交谈的时间,因为客户满意与否并不会随着时间的推移而改变。有的时候,费上 20 分钟的时间也不一定会有成效,这不仅打击了服务人员的积极性,也会耽误与其他客户交流的时间。因此,对待喋喋不休型的客户,要把握好交谈的时间,既要让他畅所欲言,又要严格限制谈话的时间,在服务的过程中,掌握好主动权,讲究策略、方式方法。

三、有效沟通的四纬分析法

(一)首先,要了解客户

为了落实"客户终身价值",我们应找准目标客户,想方设法地搜集完整的客户资料。我们可以充分运用调查、问询、登记等沟通手段,建立起客户的资料档案。资料档案不仅包括客户名称、地址、邮编、类别、行业特色、企业法人和联系人、联系电话,还包括使用业务种类、通信费用,还有潜在需求、竞争情况、故障发生及处理情况等。此外,还要包括客户相关信息、组织架构、人员情况、网络现状、行业发展动态及客户的性别、年龄、生日、婚育、学历、职称、爱好、兴趣、收入所得、家庭结构、宗教信仰、消费行为的状态和类型、购买动机和需求特征、性格、信用、使用情况等。"知己知彼"方能"百战不殆",了解客户是实现有效沟通并使沟通走向深入持久的基础。

(二)其次,要维系客户

维系客户就得用心听取客户的声音,掌握目标客户的需求。企业的营销部门在制定产品、价格、渠道、促销和公共关系等方面的营销策略之前,不论在生产现场或营业场所,还是在客户服务中心,也不论是定期抽样民意调查,还是客户咨询、投诉或客户座谈会,都必须认真而负责地通过各种途径,准确收集最为珍贵的客户"真实兴趣点",如客户的需求动向、意见、建议和心声等,实现营销系统与客户的互动,帮助企业获得产品销售关联性及客户需求关联性的准确信息,以全面掌握有终身价值的客户。在此基础上,整合营销规划,对症下药,有效地提出相关的营销策略,积极争取客户,努力服务客户,培养与客户牢不可破的沟通关系及长久的"战略伙伴"关系。这样,我们的营销和服务才能做到有的放矢、百发百中,才能让竞争对手无机可乘,才能真正提高客户的贡献度,让客户的使用价值达到最大化。

（三）再次，要关怀客户

关怀客户，就是通过我们对客户的有效沟通，让客户的需求很快得到满足，期望及时变为现实，以体现供者对求者的贴心关怀。我们应借助 CRM 系统，与目标客户进行全方位的沟通，实现服务零距离、产品零缺陷、售后零投诉的"三零"追求目标。比如，中国电信为确保实现"零距离"地贴近目标客户（客户），积极采取了四项措施：一是网络贴近客户，对大客户要实现光纤到户；二是服务贴近客户，中国电信正在逐步完善客户经理责任制，在原有的基础上，充实客户经理队伍，提高客户经理素质，并且规定了不同客户应该有不同周期的上门服务和不同级别的走访；三是业务贴近客户，中国电信正在逐步推出一个大客户贴心服务系统，并在一些省份开始试用，推广使用后，客户所需的所有电信业务都可以通过这个系统来与电信公司沟通，并由此得到快捷、理想的服务；四是热线贴近客户，中国电信已经建立了区别于 10000 号客户服务中心的大客户统一服务热线，大客户可以通过这一热线直接找到电信公司相关技术人员和客户管理，解决各类问题，不必再像以前那样经过多个环节，绕很大的圈子了。相信通过这四项举措，通讯企业对于目标客户（客户）的关怀将会圆满实现。

（四）最后，还要感动客户

让客户感动应是我们成功营销的至高境界，也是我们进行沟通的最高宗旨。唯有客户感动，我们才能赢得人心，才能使客户"不离不弃"、"始终追随"着我们的企业和产品。要使客户感动，我们就应将"您的满意，我的心意"和"省心、舒心、放心、称心和诚心"等"五心"服务融入关怀式的客户服务中，使客户感受到无微不至的个性化、多元化和人情化的服务。此外，我们还应该通过积极有效的沟通方式使企业与客户之间建立起一种新型的学习、互利和互动关系。利用学习关系，企业可以根据客户提出的要求以及对客户的了解，生产和提供完全符合单个客户特定需求的个性化的产品和服务。利用互动关系，企业可以搜集到市场的最新动态和客户信息，与客户合作挑选出最有价值的有用信息，改进企业的产品和服务。利用互利关系，企业可以通过不断满足客户的个性化需求，与客户建立起牢固、持久的产销价值链和供需联盟，使企业与客户彼此信任、相互忠诚并相互依存，从而实现"共赢"。

4.4.3　任务同步训练

一、任务描述

以小组为单位就前面客服组长给出的录音片段进行讨论，回答下面的问题，同时完成如下训练任务书。

1. 服务人员在服务过程中，有哪些不妥之处？
2. 服务人员如此礼貌与客气，顾客为什么还是不满意呢？
3. 如果你是录音中的坐席人员，利用四纬分析的方法说说如何更好地完成情景中客户服务的任务？

二、同步训练任务书

任务名称		录音案例分析	任务用时	20 分钟
任务内容				
同步训练描述		多个学生为一组,分为多个小组进行案例讨论,通过对有效沟通的四纬分析法的学习,依据学生所了解的客户服务技巧,对此案例客户服务失败的因素进行分析,完成相应表单的填写。		
录音案例分析				
坐席员的不妥之处				
客户不满的原因				
有效沟通的四纬分析	了解			
	维系			
	关怀			
	感动			

三、教师点评

录音案例中的服务是一次沟通失败的客户服务案例,案例中的坐席员存在推卸责任、不能耐心倾听客户抱怨的问题等等。对客户的礼貌与客气,这是服务的最基本要求,但光是礼貌和客气是远远不够的。只凭借礼貌与客气,满足不了客户的服务需求,也解决不了客户的服务问题。尤其是在客户有情绪或个性比较特别的情况下,更需要实施针对性服务措施和客户服务技巧。

四、综合评价

任务名称	录音案例分析
任务完成方式	□小组协作完成 □个人独立完成
评价:	

任务成绩（满分 100 分）：					
自我评价 （20%）		小组评价 （20%）		教师评价 （60%）	
存在的主要问题：					

4.4.4　自主学习任务

现在的企业越来越看重客户服务的质量，其客户服务技巧也层出不穷，同学们可以在课后上网搜集一些客户服务比较成功的案例，分析一下他们成功的原因以及其中采用了哪些客户服务的技巧。

任务 5　客户服务礼仪原则及技能提升

4.5.1　任务引导

1. 任务情景

昨天，王晓琳所在的客服组有一位坐席员和客户发生了口角，客户投诉她说话爱答不理，不礼貌。今天上午，部门主管临时召开部门会议，会上客服组组长一直在强调客户服务礼仪的重要性，要求每组派一名代表讲一个客户服务礼仪方面的案例，王晓琳被选中发言，小王说道："我分享一个关于汽车销售的服务案例吧，故事是这个样子的：

汽车销售员乔·吉拉德向一位客户推销汽车，交易过程十分顺利。当客户正要掏钱付款时，另一位销售人员跟吉拉德谈起昨天的篮球赛，吉拉德一边跟同伴津津有味地说笑，一边伸手去接车款，不料客户却突然掉头而走，连车也不买了。

吉拉德苦思冥想了一天，不明白客户为什么对已经挑选好的汽车突然放弃了。夜里11点，他终于忍不住给客户打了一个电话，询问客户突然改变主意的理由。客户不高兴地在电话中告诉他：'今天下午付款时，我同您谈到了我的小儿子，他刚考上密西根大学，是我们家的骄傲，可是您一点也没有听进去，只顾跟您的同伴谈篮球赛。'吉拉德明白了，这次生意失败的根本原因是自己没有把服务礼仪坚持到最后，没有认真聆听客户的话，没有尊重客户。"

大家听完这个故事，会议室里响起了热烈的掌声，客服组长："谢谢小王给大家分享了一个这么好的故事，下面大家就这个故事谈谈自己的感想吧！"

2. 任务分析

大家通过王晓琳讲述的故事，应该思考下面几个问题：

（1）客户服务礼仪的一般原则是什么？

（2）客户服务礼仪有哪些帮助或者作用？

（3）如何才能提升我们的客户服务技能？

4.5.2 支撑知识

一、客户服务礼仪的一般原则

尊重客户、接纳客户、满足客户需要、保障客户利益、体验客户感情、让客户满意是客户服务礼仪的一般原则要求。

（一）态度诚恳

客户服务工作是为客户提供帮助、解决问题、满足需求，让客户能够享受消费服务快乐的工作。客户服务人员只有真正理解自己工作对客户的重要性，热爱自己的职业，才能保持良好的服务意识，也只有具备了良好的服务意识，才能精神饱满、态度积极、语言温和，才能真正做到按服务礼仪工作。

（二）悦纳客户

客户是千差万别的，具有不同的个性和修养，服务礼仪要求对不同的客户都能表现出接纳的态度，不管客户的态度如何、谈吐如何、素质高低，服务人员都要以一视同仁的态度进行服务，谨记服务人员是为客户需求提供服务的。对客户的尊重是服务礼仪的重要原则。

（三）主随客愿

服务行业提供不同的服务内容，价位不等，风格各异，这些服务内容都是针对不同的客户设计出来的。在进行呼叫服务业务时，无论客户选择何种服务内容或者价位，服务人员都必须尊重客户的选择权，不应回报率低就敷衍和歧视客户，降低服务的标准。

（四）语言得当

运用尊称、敬语和规范化的服务语言是服务礼仪的一个重要规则，任何呼叫服务的实现都离不开语言的交流，从接待客户的欢迎语到清楚、准确地了解客户需求，从规范地介绍服务内容，到替客户解决实际中遇到的各种问题，语言的服务礼仪贯穿服务过程的始终。除了用语规范外，在服务过程中，服务员的语音、语速、语调也要表现出清晰、亲切、温和的态度，让客户感觉到尊重和关怀。

（五）热情周到

服务礼仪要求服务人员想客户之所想，急客户之所急，主动、细心、周到地为客户服务。热情周到的服务除了要对客户表示出真诚的欢迎外，还要精通业务，能够准确、快速地了解客户的核心需求，有能力为客户提建议、想主意、提供信息和技术支持。

二、客户服务礼仪的作用

客户服务礼仪在呼叫中心服务中发挥着十分重要的作用，它更好地满足了客户的需求，提高了服务质量，提高了企业效益，塑造了服务人员的职业素养。

（一）更好地满足客户的需要

客户在消费服务时不仅要解决现实的问题，实现客观的利益，还要满足尊重的需要，享受消费的快乐。在市场经济高度发达、生产技术高度成熟的今天，消费者在市场上能够轻易地购买到自己需要、满意的产品，其消费的快乐源泉越来越集中于对服务质量的感受。服务礼仪就是在为客户提供优质产品的基础上尊重客户、关怀客户、体贴客户的行为规范。遵守服务礼仪，就是更好地赢得客户，保证客户的正当权益，提高客户的满意度，保持与客户的良好关系。

（二）规范服务行为，提高服务质量

服务不是向客户提供有形的产品，更多的是向客户提供无形的心理感受。服务礼仪具体规范了服务人员的服务过程和服务艺术，并且通过他们的言谈、举止、姿态、行为表现出来，使无形的服务有形化、规范化、系统化，能够进一步提高服务质量。首先，服务礼仪要求规范的服务能够更准确地理解客户的需求，解决客户的问题，为客户提供及时的帮助，建立客户的信心。其次，服务礼仪使客户受到更好的关怀、享受到消费的乐趣，获得精神的满足，用同样的消费成本获得更高的消费享受。再次，服务礼仪为公众和管理者提供了比较、评价服务质量的客观依据和标准，指明服务改进的方向。

（三）树立良好的企业形象

服务礼仪体现了企业对客户的理解、尊重和关怀，能够树立企业的良好形象，提升企业声誉和美誉度，建立和提高客户对企业的信任感和忠诚度。公众正是通过员工的精神面貌、工作态度、操作规范程度、业务熟练程度、责任感和责任能力等外在的服务过程和效果来认识企业的宗旨、理念、文化、实力、管理水平、责任能力和发展前途等内在特征，从而形成对企业的印象。

（四）塑造服务人员的职业素养

服务人员遵守服务礼仪，以诚恳热情、自然大方的态度，规范的服务行为，熟练的业务和技术服务客户，这些都是对自己所从事的职业素养的培养。

三、提升礼仪用语的使用技能

（一）尊称语

尊称语是在称呼对方时使用的礼仪用语。

人称尊称：表明对方一般身份的尊称，如先生、女士、同志、贵公司等。

亲属尊称：晚辈对长辈，年轻者对年长者的称呼，如叔叔、阿姨、大爷、伯母及大哥、大姐、某兄等。

职业尊称：以对方的职业名称为称呼，如医生、老师、法官、律师，而在职业名称前加上姓氏，往往显得更加亲切。有时候在职业名称后加人称尊称，如可以称警察先生、护士小姐等，但是不可以再冠以姓氏，如"王护士小姐"，这样就有点不伦不类了。

职务尊称：称呼对方的职务是表示敬意的一种方式，如教授、处长、经理、主任等。

（二）致敬语

致敬语是表示尊敬、欢迎、悦纳、亲切的用语。如"请"、"您好"、"先生好"、"女士好"、"早上好"、"下午好"、"欢迎光临"等。敬语是包含美好感情、赞许态度的用语，如可以说"您早"，含有勤勉、积极的意思，但绝对不可以说"您晚"。

（三）欢迎语

欢迎语表示对对方欢迎的用语，如"欢迎致电××呼叫中心"、"欢迎试用××产品"、"欢迎光临××"等。

（四）告别语

告别语是在通话结束时使用的礼貌用语。如"再见"、"××时候再见"、"欢迎再次致电"等。

（五）致谢语

致谢语表示对对方感谢时的用语，如："谢谢"、"诚挚感谢"、"衷心感谢"、"谢谢您的理解与支持"、"拜托"、"劳驾"等。

（六）致歉语

致歉语是在失礼、服务不周到或是其他原因给对方带来不便、麻烦或困扰时使用，致歉语是对不够礼貌的补救，更是尊重对方的表现。如："对不起"、"打扰了"、"让您久等"、"给您添麻烦了"。

（七）祝福语

祝福语是在对对方表示恭喜、祝福时使用的语言，如"恭喜发财"、"恭贺新禧"、"祝您节日快乐"、"祝您生日快乐"、"祝您消费愉快"等。

礼仪用语的使用首先要真诚，是从内心真切地尊敬对方时说的话，其次要具体、适宜，要与时间、地点、人物、场合、事件相贴切。例如亲属尊称，对于有职称、有职务的客户不宜使用，而对于普通劳动者使用起来却显得亲切，能迅速拉近彼此的情感距离。再次，在电话沟通时要尽可能口语化、通俗化，不可过多使用书面语言和专业名词，以免给人生硬、做作的感觉。

四、提升声音礼仪

由语速、音调、音量、语句构成的声音态势在呼叫服务中也是一种重要的礼仪，一般称为声音礼仪。因为呼叫服务的整个过程都是通过话语和声音进行信息传递的，所以声音礼仪对于呼叫服务具有重要的作用。只有不断提升声音礼仪，呼叫服务人员的语音服务才有标准和质量，才能为信息的良好传递打下基础。

（一）合适的语速

语速就是说话的速度，呼叫中心坐席员在进行电话沟通时要使用合适的语速，清晰地表达自己的意思，以达到交流信息、联络感情的目的。语速太快，客户不容易听清楚，听不明白的同时，还会给人情绪急躁、以自我为中心、不尊重人的感觉；也不能太慢，太慢的话，不仅浪费了时间还会分散客户的注意力，让客户不耐烦，不能耐心地听下去，同时会给人漫不经心，傲慢无礼的感觉。合适的语速基本就是我们平常交谈、会议、演讲的语速，一般说来，每分钟120~150个汉字的语速是比较合适、合乎礼仪的语速。

（二）合适的音调

声调是其有区分意义作用的音高变化。汉语是一种有声调的语言，汉语的声调主要体现为字调，有规则地选用不同声调的字可以使音节抑扬顿挫、起伏跌宕，形成优美的旋律，增强语言的表现力。汉语的诗歌、韵文讲究平仄相间、上下相对，就是为了相对的搭配，使其读起来铿锵悦耳、和谐动听。呼叫中心坐席员在电话沟通中通过音调的变化可以帮助客户保持注意力，突出核心信息，达到有效传递信息的目的。音调的变化还具有区分意义，表达感情的变化作用。一般说来，在散文性的口语表达中用阳平音结束句子，使声音略微上扬，可以表达和传递比较愉悦的情绪。

（三）合适的音量

音量又称响度、音强，是指人耳对所听到的声音大小强弱的主观感受，其客观评价尺度是声音的振幅大小。呼叫中心坐席员的电话音量不可太大、太强，那样会给客户太大的压力，会让客户感觉坐席员太过强势，从而产生防备心理和厌恶心理。音量也不可以太小、太柔，那样可能会分散客户的注意力，使客户重点"欣赏"坐席员的声音魅力而忽略了信息的内容，或者让客户感觉坐席员缺乏信心和责任心，丧失对坐席员的信任。合适的音量以对方听起来清楚、舒适为宜。

五、提升言语礼仪

（一）准确传递信息

为了达到准确传达信息的目的，呼叫中心坐席员必须具备口齿清晰、发音规范、普通话流利、表达得体、声音优美的语言表达能力。一，要准确地表达清楚自己的意思，让客户明白自己的话;二,要听明白客户的意思,准确了解客户的需求和问题,抓住核心信息。呼叫中心坐席员所有表达都应该是对客户的呼应。

(二)积极情感交流

呼叫服务坐席员要把自己的语言表达与情感表达有机地结合起来,用自己的真情实意打动客户。整个服务过程中,要保持自己声音的愉悦,使声音充满热情,让客户真切地感受到坐席员愿意帮助他,真正理解他、尊重他。通过适度附和、对重点信息的重复、适当地提问,表明自己在认真倾听客户说话。

(三)表现出负责的态度

呼叫中心坐席员的语言表达要让人听起来充满自信,对相关业务熟悉,有能力为客户提供帮助。保持积极的、愿意提供帮助的态度,对于出现的问题愿意并且有能力承担责任,及时解决客户的问题和困难,对于没有能力或者无权回答的问题要及时进行问题升级。

4.5.3 任务同步训练

一、任务描述

以呼叫中心客户服务组为情景,多人一组,分组讨论和练习,为正常情况下的呼入电话服务设计一套比较规范的服务礼仪用语,并将它们记录在下表中,然后不断的大声说出来,注意话语的语言表达、语调、态度,锻炼自己的语言礼仪水平。

二、同步训练任务书

任务名称	呼入电话业务的礼仪用语	任务用时	25分钟
任务内容			
同步训练描述	多个学生为一组,分为多个小组进行讨论和练习,专门为呼入业务设计一套常规的礼仪用语,让学生体会礼仪用语使用的重要性以及如何使用,掌握礼仪用语使用时的语调、语态。		
呼入业务的礼仪用语			
电话应答时用语			
电话询问时用语			
信息确认时用语			
电话挂断时用语			

三、教师点评

客户服务礼仪是呼叫中心服务人员最应该具备的职业素养,在呼叫行业中如果没有到位的服务礼仪和服务意识,呼叫工作是很难完成的,又何来为企业树立良好的企业形象和口碑呢? 同学们一定要重视客户服务礼仪,掌握一定的礼仪话语,针对不同的客户有针对性地进行服务,才能提高自己的服务能力,出色地完成工作。

四、综合评价

任务名称	呼入电话业务的礼仪用语		
任务完成方式	□小组协作完成 □个人独立完成		
评价:			
任务成绩(满分 100 分):			
自我评价 （20%）		小组评价 （20%）		教师评价 （60%）	
存在的主要问题:			

4.5.4　自主学习任务

根据呼叫服务的业务内容,整理出呼出电话服务中整个流程所要用到的礼仪用语,并且不断练习,同样注意语调、态度、声音的柔和度等等,提升自己的服务礼仪的规范程度。

项目五 呼叫服务技巧

能力目标

1. 能够了解共情心与同理心以及共情心与同理心在工作中的应用；
2. 能够了解客户的基本心理因素；
3. 能够对客户的表现形式进行分类；
4. 能够了解应对各种不同性格客户的方法；
5. 能够对自身压力进行调节；
6. 能够应用良好心态的建立方法；
7. 能够使用心态调节的方式与方法。

知识目标

1. 共情心与同理心的基本概念、作用及应用；
2. 客户基本心理分析；
3. 客户基本性格类型分析；
4. 客户行为表现形式的类型分析；
5. 应对不同客户的基本方法；
6. 压力的认识；
7. 如何面对压力；
8. 良好心态的表现形式、作用；
9. 心态调整方法；

本项目包含了四个学习任务，具体为：

任务1：坐席员基本心理；

任务2：客户心理及自我调节；

任务3：压力管理；

任务4：良好心态的培养。

任务 1　坐席员基本心理

5.1.1　任务引导

1. 任务情景

最近,上海汇通呼叫中心销售坐席员徐燕很是苦恼,因为客户总是觉得她不够真诚,不愿意听她讲话,挂机率很高。就像今天上午一位特别好的客户在电话中就对她说:"我说这么多,相信你也理解、听明白了,但是你总是这样回答我,让我感觉你不够真诚,心里肯本不同意我的观点。"徐燕不知道到底哪里出了问题,于是找到班长帮她分析。

"回想一下,在你平常与客户沟通的时候,是不是经常在电话中这样讲'是,嗯,就是,就是……',其实这只是对客户所讲东西的回应,并不是严格意义上的同理心。与客户深层次的沟通需要运用'共情心与同理'。"听完几通电话录音,班长说道。

"同理心和赞美对方一样,是电话销售中的润滑剂。表达同理心的目的是让客户感受到我们理解他、关心他,我们与客户是站在一起的。你可以用这些方法来表达同理心,让客户认同你,做个参考吧。"班长一边说着一边递给徐燕一张纸。上面的内容如下:

---

(1) 表示同意他的想法

"X 先生/女士,我同意您关于＊＊＊的看法。"

"X 先生/女士,您这样做绝对是正确的。"

"X 先生/女士,您有这样的想法真的是太好了。"

(2) 表示他的想法不是单独的,你以前也遇到过

"X 先生/女士,尽可能地＊＊＊＊,这对任何一个企业都重要。"

"X 先生/女士,我以前的客户也认为＊＊＊＊很重要。"

(3) 表示客户所关心的需求或问题未被满足所带来的后果

"X 先生/女士,如果成本没有办法降下来,那后果可真的无法想象。"

"X 先生/女士,电脑经常死机,确实会严重影响您的工作效率。"

(4) 表示你理解和体会他目前的感受

"X 先生/女士,我可以理解您现在的感受,以前我也遇到过。"

"X 先生/女士,如果我出现这样的事情,我也会这样想。"

"表达同理心时,很重要的一点就是你讲话的内容要和你讲话的语气、面部表情相一致!虽然客户看不到,但你的面部表情还是能被客户感受到的。如果客户在电话中告诉你,他与你们曾有过不愉快的合作,你在电话中微笑而热情地,快速地说道:'我可以理解你的感受,但是现在不同了',你可曾想过电话那端的客户会有何感觉呢?客户一听就会有种做作的感觉。当你真的理解他的这个不愉快的经历时,我相信你的心情是沉痛的,而沉痛的心情所带来的是低沉的语气、慢语速,看看你的面部表情,肯定也是有些沉重的。当然,并不是鼓励你以沉重的心情与客户沟通,只是在必要时你必须这样。在电话沟通中试着改变一下你的态度和心理吧。"

徐燕听完之后,收获颇深。几天之后,发现以前经常出现的问题很少再发生了。

2. 任务分析

可以说呼叫中心客户沟通就是努力营造和谐的气氛,进行有效的沟通,让客户满意。那么在一般的呼叫中心服务过程中,作为一名坐席员,我们应该抱着什么样的态度与心理状态去面对这份工作呢?

5.1.2　支撑知识

一、共情心与同理心的基本概念

(一)共情心概念

共情(Empathy)在中文中的翻译一般指的是:"同感"、"共感"、"投情"、"感情移入"等。在心理学家罗杰斯的观点中,共情心理指的是体验别人内心世界,就好像那是自己的内心世界一样的能力。而一般在对共情心理的见解中,可以将共情的含义定义为:

1. 从客户内心的情感体系出发,设身处地地体验客户的精神世界;

2. 运用咨询技巧把自己对客户内心体验的理解准确地传达给对方;

3. 引导客户的思维,使其能够对感受做进一步思考。

共情技术也称共感技术,是指坐席员一面聆听客户的叙述,一面进入客户的内心世界体验他(她)主观的想法与情绪,然后跳出客户的内心世界,将自己对客户的了解传递给客户让其知道。

在咨询客户的过程中使用共情技术的主要功能是:

1. 有助于建立良好的关系。

2. 修正坐席员对客户的理解。

3. 协助客户自我表达、自我探索,从而了解客户内在深层的想法和感受。

(二)同理心概念

同理心(motormimicry),就是进入并了解他人的内心世界,并将这种了解传达给他人的一种技术与能力。又叫做换位思考、神入、移情,即透过自己对自己的认识,来认识他人。与英文对应词汇共情(Empathy)不同的是,Empathy包括身体感觉,并不单纯指思维,其中英文语词源于希腊语词。即在人际交往过程中,能够体会他人的情绪和想法、理解他人的立场和感受,并站在他人的角度思考和处理问题。

在一般心理学的看法中,同理心就是把自己放在已经发生的事件的主角位置,想象自己是因为什么样的原因或者心理状态而导致这个事件的发生。从而理解与接纳这种原因或心理,也就接纳了别人的这种心理,从而谅解这种心理下的行为和事件的发生。就算自己的想法或看法与别人的不相同,也不能判断对方的一定是错的。应该尝试反复地思考,并认真的从各种不同的角度去看待,针对事情而不针对人,便会发现自己原本的定夺不一定完全正确。在同理心中认为别人的想法和行为总有他的原委。

同理心是情商(EQ)的一个重要组成部分,现代情商理论认为,情商有五个方面,分别是:自我情绪认知,自我情绪控制、自我激励、同理心、人际关系处理。同理心,重要的是要站在对方的角度来理解问题,将心比心,这样你就知道对方为什么会那么想,从而更能理解对方的做法,减少误会和冲突。

同理心的主要原则:

1. 我怎么对待别人,别人就会怎么对待我。

2. 想让别人理解自己,就要首先理解他人。将心比心,才能相互理解。

3. 别人眼中的自己才是真正的自己。学会转换角色视角来看问题,并根据这个改进自己在他人心目中的形象。

4. 只能修正自己,不能修正别人。想成功地与人相处,让别人尊重自己,就必须先改变自己。

5. 真诚坦白的人,才是值得信赖的人。

6. 真情流露的人,才能得到真情回报。

同理心小故事

一个风雨交加的深夜,外面漆黑一片,只有借助闪电的光亮才能看清楚路面。街上早已经没有任何行人。一辆出租车刚送完最后一位客人,孤单地行使在返程的路上。突然,一道闪电划过,出租车司机隐约看见路边有一位穿白色连衣裙的长发女子伸手拦车。虽然司机已经想直接回家了,但想到一位孤单女子在这么晚的雨夜站在路边叫车一定也急着回家,便动了恻隐之心,决定再送这最后一位客人。

女子坐在后座上后,冷冷地说了句"八宝山"。司机不由地打了个寒战。虽然他不相信有鬼,但这么晚了去那种地方心里还是有点渗的慌。司机硬着头皮启动了车子,心里想,一个女子那么晚了去八宝山干什么呢? 不会是——? 转念又一想,这世界怎么会有鬼呢? 我还是别自己吓自己了! 想着想着,不由自主地瞥了一眼后视镜,怎么? 后面怎么没人? 他马上扭头看去,看见那位白衣女子好端端地坐在后座上正对着他笑,那笑容是那么的不自然。司机不好意思地扭过头去,刚才在后视镜里没看见人,是我眼花了吗? 可她为什么对着我那样的奇怪地笑呢? 司机纳闷地想着。不自觉地又看了一眼后视镜,还是没人! 这怎么可能? 迅速回头,那女子确实还坐在那,不过这回没有笑,而是在瞪着他。司机不敢正视她,赶快把头转过去了。听说鬼在镜子里是看不见的,难道是真的? 这个世界上真的有鬼? 他边想边往后视镜望去。还是没人,我见着鬼了! 突然,一阵雷鸣,他浑身一哆嗦,条件反射地踩了急刹车,然后慢慢地回头望去。一道闪电划过,他看得清清楚楚,那白衣女子披头散发,煞白的脸,鼻子里冒着血,正怒目而视地瞪着他! 鬼,真的是鬼! 他刚张口还没来得急说,就晕了过去!

警车上,那名女子接受警察的询问。"我今天上夜班,很累,又赶上下大雨,心情很不好。下班后我见路边正好有辆出租车,便伸手上车。我住在八宝山边上的小区,由于心情不好就只说了一句'八宝山'。司机就开车了。一会儿,我觉得鼻子痒痒,就想抠鼻子。你也知道,我一个女孩,让人看见我抠鼻子多不好,我就低下头来抠,这样谁也看不见我。可我刚低头开始抠,那个司机就转过头来看我,我赶快抬起头不好意思的冲他笑笑。他转过头后我又刚低头抠,他很讨厌地马上又转头看我,我赶快又把头抬起来,很生气地瞪着他。他可能也觉得不好意思了,赶快把头转了回去。我想,这回他不会打搅我了吧,便放心地低头抠。可是不知怎么回事，他突然踩了脚急刹车，我往前一栽，把鼻子给抠破了，还把我的头发弄乱了，我生气地抬起头看他，他张着嘴就晕了过去……"女主角迷茫的说。

你是不是觉得啼笑皆非？同理心第一前提就是放下自己的思维定势，否则，非但不是同理心，反而是在盲目地揣测别人，给别人的行为加上自我定义的标签。结果既帮不了他人，反而让自己深受其累。

（三）共情技术

共情技术可分为两种，一种为初级共情技术，另一种为高级共情技术。

1. 初级共情：从情感层面反映出客户表达出的信息和感受。

2. 高级共情：从情感层面反映出客户叙述中深层的或不曾察觉的感受与想法。

在使用共情技术中的主要表达方式是"因为……你感到……"（范例，也可以用其他用词）。主要的程序是"投入地关注与倾听——对客户的语言信息进行整理，理解——以语言的形式把自己的理解传达给来访者——留意来访者的反应"。高级共情对客户更有影响力也更有威胁，建议在与坐席员关系比较好时采用；高级共情有理解误差和时机不当的风险，因而以商量的口吻提出为宜。

共情技术的使用注意事项：

1. 在电话沟通初期，坐席员须尽量使用初级共情技术，以帮助他与客户建立良好关系。即使坐席员已先一步看到客户问题的症结，或是觉察到客户的逃避、隐瞒行为，仍然只能使用初级共情技术。

2. 在电话沟通的中、后期，沟通重点放在协助客户探讨问题的根源，通常以高级共情技术为主。但是，有时候为了配合客户的速度与状况，仍然可以配合使用初级共情技术。

3. 坐席员使用共情技术时，回应的内容必须反映客户语言与非语言行为蕴含的讯息。

（四）同理心技术

同理心的培养可以分为四个主要步骤：

1. 先收听自己的感觉。同理心的起始是先收听自己的感觉，假如无法触及自己的感受，而要想体会别人的感受，就太难了，因为这个领域对你来说是一片空白。因此，首先必须能把自己调整到可以发掘自己的感受，能体会这些感受的状态。

2. 表达出自己的感受。表达出自己的感觉重要的是选择表达感受的方式。

3. 收听他人的感觉。一旦自己的感受与表达方式不再干扰倾听别人后，你才能开始练习体会他人的感觉；可以帮助你找出别人感受的线索很多。

4. 用体谅来回答他人的感觉。最后，一听到别人的感觉就会发出某种反应，并能让对方认为你听进去了，且能体会他的感觉。

因此，收听自己以找出自己的感受、表达他们、与体会他人的感觉并与之产生共鸣，是同理心发生的四个过程。

（五）总结

坐席员在日常的工作中，一般都会通过共情心与同理心两种心理状态与客户进行交流。这样可以拉近彼此的距离感，更好地为客户提供服务，也可以在沟通的过程中避免冲突的产生与发展，从而使用户体验得到全面的提升。

二、共情心与同理心应用

（一）同理心的应用

案例：

　　上衣褪色，将顾客的脖子都弄黑了。

　　售货员一：在顾客没有说完就打断了，我们已经卖出了数千这样的衣服，你是第一个来挑剔的人。（暗示：他不诚信，刁钻）。

　　售货员二：所有的黑色衣服都会褪一点色，没有办法，这种衣服的价钱就是这样，那是颜料的原因。（暗示：贪小便宜，买便宜货）。

这时经理走了过来，他采取了三个步骤：

1. 他聆听顾客从头到尾讲这件事情的经过，不说一个字。

2. 顾客说完以后，售货员又想插话表达他们的意见，但是经理站在顾客的一边说话，说的确看到脖子被弄黑了。并且说，如果顾客不满意的东西，店里就不应出售。

3. 他承认不了解这里面的原因，并且征求顾客的意见，你认为应怎样处理呢？原来顾客是准备退货的，现在改口了，说是不是有可以补救的办法。他说："我建议你再试穿衣服一星期，如果到时不满意，请拿来换一件满意的。如果给你带来不便，我们表示抱歉。"但是，一星期以后，衣服再没有褪色，顾客也恢复了对商店的信任。

案例分析：

在上面的案例中，我们看到这个经理成功地用同理心对客户的投诉问题进行了回复。在过程中，经理首先倾听客户的诉求，并且没有在诉求过程中插话打断。然后听完诉求后应用同理心的方式对客户的诉求进行理解，使顾客得到认同感，从而缓解顾客情绪，减少矛盾冲突。最后为顾客提出合理化的建议，处理问题。

这种方式是一种非常常见的同理心应用下的客户投诉处理模式：

1. 倾听，切记不可打断或做出一些让别人觉得你没有在注意听的动作（如：走神、打哈欠等）。

2. 表示理解对方，并站在对方的角度上进行分析。

3. 提出合理化的建议。

（二）同理心应用

模拟训练：

销售部的同事小王，是一个非常优秀的销售代表，在公司的业绩也是处于领先水平的。但是最近他有点意志消沉的样子。下班以后，在办公室里，领导跟他聊天。

情景一：小王说："我用了整整一周的时间做这个客户，但是客户的销量还是不高。"

情景二：小王说："哎，我用了整整一周的时间，做这个客户，也不知道怎么搞的，客户的销售量还是不高。"

情景三：小王说："看来是麻烦了，我用整整一周的时间做这个客户，客户的销量还是不高。"

情景四：小王说："说来也奇怪，我用了一周的时间做这个客户，销售量还是不高。"

分析以上四种情景中，小王所想表达的意思是什么？

情景分析：

① 情景一中，小王用重复的"整整"显示自己抱怨的口气。

② 情景二中，小王用"哎"的语气词表达比较强烈的无奈。

③ 情景三中，小王在这里所说的话，透露出一些不解或者疑问的情绪。

④ 情景四种，小王所表达的话语中有明确的疑问与询问的口气。

处理方式：

1）当对方仅仅是向你抱怨的时候，注意不要给对方自己的建议。他其实自己知道怎么做，就只是想发泄一下而已。这个时候他需要一个很好的倾听者，你只要听着就可以了，适当的时候也可以发表一些无关痛痒的抱怨。

2）当对方无奈的时候，可能对客户的能力有怀疑。可能需要和你分析一下客户的实际情况和公司的策略，这个时候你只要安慰和一起分析就可以了。

3）这样的说法，可能对方是想换个客户了，可能他已经有后选客户了。当对方想切换客户时，可能是对直接切换的信心不足，需要你给他鼓励。这个时候你只要鼓励他，并分享你曾经切换客户的经验就可以了。

4）可能小王想从你这里得到建议，希望你和他能够探讨一下，怎么样做这个客户。当对方是真正寻求你的帮助的时候，你可以和他一起来分析这个市场的情况，给出你的建议。但是要说明，仅仅是你的建议而已。

（三）同理心通常应用方式

倾听的艺术：

1）倾听的时候应当专心，不要做其他无关的事情。

2）适时的点头表示接纳，但是不一定要同意。

3）避免心不在焉的走神或回应。

4）发问，主要针对对方的话题进行咨询。

5）重述对方的话，表达方式为："你的意思是……"。

6）在对方说话时，避免打断对方。

7）随时保持面带微笑。

我们可以看看繁体字中的"聽"，它所要表达的意思就是"耳＋目一心"。说明我们在倾听的过程中要认真听、仔细想、专心。

5.1.3 任务同步训练

一、任务描述

作为服务性行业的一位成员,每天我们都会面对各种各样的人,有的人温文尔雅、有的人脾气暴躁、有的人奇思妙想层出不穷。在面对这样不同的人的时候,对于他们的语言行为,我们应该怎么样理解呢?

二、同步训练任务书

任务名称	同理心训练	任务用时	10分钟
同步训练描述	以小组为单位,根据下面的场景进行话术设计。		
场景描述	在一个北京飞往云南的飞机上,乘务员需要对乘坐飞机的客人做一份问卷调查,她应该如何去说? 乘客状态: 乘客1.在专心地看报纸(男士,45岁左右,穿着休闲服装) 乘客2.目不转睛地看着窗外(男士,28岁,西装革履) 乘客3.不停地四处张望,略带紧张(老婆婆,60多岁,穿着朴素) 乘客4.吃完午饭准备休息(女士,24岁左右,穿着潮流比较明快)		
序号		话术设计	
1	乘客1		
2	乘客2		
3	乘客3		
4	乘客4		

三、教师点评

在面对不同的人,处于不同的状况的时候,我们需要与他们对话,那么应该怎么开始对话呢?这个时候就需要我们通过观察,通过同理心分析,来与之达成同样的心理,这时候我们所说出的话无论是亲切感还是对方的接纳程度都会提高很多。这就是同理心在日常工作中的应用。

四、综合评价

任务名称	坐席人员基本心理		
任务完成方式	☐小组协作完成 ☐个人独立完成		
评价			
任务成绩(满分100分):			
自我评价 (20%)	小组评价 (20%)	教师评价 (60%)	
存在的主要问题:			

5.1.4 自主学习任务

课后,同学们可以查找一些相关的心理学书籍对共情与同理心进行深入的了解,并且在日常的生活中在遇到问题的时候可以尝试着用同理心的思想去解决或处理问题。

任务2 客户心理及调适

5.2.1 任务引导

1. 任务情景

在实际电话销售当中,每一个销售坐席员都会希望此次销售成功。徐燕非常清楚销售成功的关键就是要打探出顾客的心理需求,在此之前,销售坐席员与顾客交流时,必须掌控住顾客的心理。

"对不起,我很忙"、"谢谢! 我们不需要"……也许在电话销售中经常会遇到客户诸如此类的委婉拒绝,面对这些问题的时候,也许首先要思考的是:"我是否已经充分了解了客户的需求,抓住了客户的心理。"

在当下繁杂的商业社会里,抓住客户心理,建立信任永远是销售中最为核心的内容,在电话销售中更是如此。在没有任何身份证明,也没有出示任何商业契约的情况下,仅仅通过声音就让客户建立起强烈的信任,这无疑是件非常困难的事情。正是如此,在电话营销中只有使用一些技巧,才能在短时间内抓住客户的心理变化,从而实现销售成功。

2. 任务分析

顾客在通话过程中的心理变化,可以通过他们在获得信息以后表情的变化以及语言、态度的转变来反映出来。

为了了解客户心理,需要掌握以下内容:

(1) 客户基本心理分析,客户的基本性格类型。

(2) 呼叫中心常见客户表现形式及应对方案。

5.2.2　支撑知识

一、客户基本心理分析

(一)需求

客户的需求,也就是客户的动机,它是客户服务行业存在的基础。因为只有有了需求和动机,客户才会有目标。动机可以描述为个体存在时迫使自己采取行动的一种源动力。在这种动力的驱使下,它因为某种需求没能得到满足而存在。个体会通过有意识或无意识的行动来满足这种需求,并因而使得个体存在的紧张状态得到缓解。由个体的动机而产生的目标与他们的思考和学习有着必然的联系。

由于每一个客户都有着自己独特的需求,因此衍生出了不同的动机,一些是先天就有的,也有一些是后天学习的。先天的需求是生理上的基本需求,如生命个体对水、空气、衣着、住所的需求,因为他们是维持生命所必需的元素,所以生物就产生了的被称为第一需要和动机需求。学习需求是我们对文化、环境及适应了解这些东西而做出的反应,因此后天的学习需要被称为第二需要或动机。这两种需求多是由个体的主观心理状态以及同他人的交往而引起。例如:一位客户很意外的接到客户服务人员的矿泉水推销电话,如果这个客户正好对矿泉水有需求,而且客户对矿泉水的品牌没有特定的要求,那么这个时候客户服务员的行为就能够满足客户的第一需求;当客户对客户服务人员推荐的矿泉水品牌一无所知,而且客户对购买矿泉水的品牌有要求的时候,客户服务员这时候需要满足的便是客户的第二需求。

就一般情况而言,在商业高度发达的当今社会,绝大多数客户已经不仅仅满足于第一需求,因为他们时时刻刻都面对着各种各样信息的传播,因此,满足客户的第二需求就成为了客户服务人员的工作重心。当然,当客户对推荐的商品连第一需求都不具备的话,那么客户服务人员就不用再在他身上花费更多的努力。总而言之,只有当客户具备了第一需求的时候,我们才能够说服客户接受满足他的第二需求层次的商品。

对于客户而言,任何一个需求,都会产生很多不同的相应目标。客户对满足需求的目标往往是通过自身的经验、生理能力、流行的文化准则、价值观以及在自然环境与社会环境中目标实现的可能性来进行选择。例如:现代社会,出门旅游成为一种越来越大众化的娱乐项目,对于年轻的大学生而言,他们大都会选择"背包"旅行的方式,这样既经济实惠又富有挑战性;而对于老年人来说,他们则更喜欢选择轻松休闲的旅游方式,适可而止,不追求太多刺激。因此在对他们进行客户服务的时候就需要区别对待。当然这一切要符合社会认可的价值标准并且是环境中能够得到的。

当然,个体对自我的看法也会影响到具体目标的选择。对于自己愿意拥有的,不愿意拥有的或者已经拥有的物品,个体通常根据他们反映出的与自我形象的密切度来感知。与自我形象相符合的商品同与自己形象不相符合的商品相比个体更容易选择前者。例如一个年轻而且自我认为很酷的人,在汽车产品的选择上更倾向于保时捷;而一个传统而富有的女性则更倾向于选择奔驰汽车。因此一个物品之所以被选择,不仅仅是因为它满足了个人的特定需求,更是因为他们反映了个人的自我形象。

(二) 人格

人格是人体内在的心理特征,它决定并反映了个体如何对他的环境做出相应的反映。作为一个客户服务人员,每天都需要面对各种不同人格的客户。在对待不同人格特质的客户的时候,无论是推荐产品还是咨询接待,与他们沟通的语言也需要表现出不同的特点。例如有的人就比较倾向于接受具备高创新性和高技术含量的产品,而有的客户则对低成本和价格便宜的商品感兴趣。当我们需要对客户推荐一款商品或提供一种服务的时候,要根据客人不同的人格特点便用完全不一样的介绍用词,从而说服顾客。

比如,同样面对一位从来没享受过银行卡服务的客户,如果他是一个比价容易尝试新鲜事物与接收新鲜事物的人,那么他会很容易接受用卡代替现金消费并且乐意接受这种消费理念,并会在接触到银行卡服务以后很容易接受信用卡这种先消费后还款的消费理念;而对一位比较保守的客户而言,情况就恰恰相反,因为无论你怎么跟他解释,他都无法接受这种信用卡的先消费后还款的消费方式。

(三) 态度

态度是对一个特定的对象以一贯的喜欢或比较喜欢的方式进行行动的倾向性习惯。也就是说态度是针对某一个特定的消费、服务或产品而产生的。并且,大多都是从后天的学习中形成的,例如一个女士刚开始非常讨厌某个品牌的化妆品,而当她崇拜并且喜欢的明星代言这种香水,并且与她要好的朋友向她强烈推荐这个香水的时候,那么她对这款香水的态度会随着时间而改变,进而喜欢上这种品牌的香水。同时,态度还具有一致性,比如很多 20 世纪 80 年代上海凤凰自行车的老用户对凤凰自行车有着良好的印象和记忆,因此在给下一代孩子选择自行车的时候,仍然首先会考虑凤凰牌自行车,这就是态度一致性的表现。

(四) 社会影响

在客户服务人员的日常工作中,接触的都是一些普通消费者。作为一个普通消费者,他就会受到朋友圈、环境、社会文化的影响,特别是当他的朋友具备较强的可信度或者吸引力的时候。比如一个想要买汽车的用户,当他有一个汽车杂志的资深编辑朋友的话,那么他选择汽车的观点很容易受到这位朋友的观点的影响。其次,家庭影响也对客户心理产生很大的作用。比如一个未成年的孩子,如果从小开始,他的父母经常带他去肯德基或者麦当劳吃饭作为一种奖励,那么他长大以后,他也很容易用去肯德基请客吃饭或共进晚餐的方式来表达谢意。

二、客户的基本性格类型

作为一个资深的客户服务人员，每天我们要面对不同类型的人，这些人的性格也千差万别，那么我们就要学会根据顾客性格的不同来使用不同的话术技巧。从心理学的角度上人类的性格分类有很多种，这里我们根据客户服务角度，从实际操作出发，将客户分为平和型、力量型、完美型、活泼型四大类型。

（一）平和型

平和型的人群一般都是事件的旁观者，这类人的特点是性格略显内向，无欲无求，生活中的压力不大，最怕麻烦，也害怕啰嗦。在客户服务人员的日常工作中这种性格的人是比较少见的类型。在日常的工作中如果我们遇到这样的客户，那么只需要简单明了的介绍自己的产品或者服务即可。平和型的客户一般会很冷静地面对你突然的"骚扰电话"，然后如果不是自己特别感兴趣的商品或者服务的话，就肯定会告诉你他不需要你的产品或者服务，如果这个时候客户服务人员还要继续深入介绍自己的产品或服务的时候，那么就很容易招来客户的反感情绪，因为平和型客户比较容易有"投诉"的倾向，这种投诉行为很符合平和型客户渴望社会公平公正的心理。在一般接听咨询或投诉电话的时候，因为平和型用户是那种多一事不如少一事的心理状态，因此只要是咨询或者投诉一定是重大的，一定是已经到了无法忍受境况才会主动拨打电话寻求帮助或者投诉。另外，平和型客户比一般客户的语言和语气经常比较平缓，没有起伏，即使有很大的不满或者意见也很难从声音中判断出来，因此，对于这种客户，客户服务人员尽量的多予以关心与关注，不能因为他们没有冲你发火而无视他们的要求。

（二）力量型

力量型性格的人具有比较强的控制欲，而且不轻易认错，同时口气和语气也是非常强硬和强势。他们一般遇到问题的时候总是习惯于主动来联络与表达，因此，在我们接到的电话中力量型性格的人占的比例比较大。如果客户对象是一个力量型性格的人，那么，客户服务人员就必须具备非常完善的专业知识和全面的脚本准备，否则很容易就会被客户牵着鼻子走，从而无法有效控制整个沟通过程。这种性格的客户在接触的时候，一般都能从说话的气势与语调中感受到，对待这些客户，作为客户服务人员只能有足够的准备与较强的自信心，才不被对方的气势所压倒。

（三）完美型

完美型性格的客户的典型表现是偏于内向，但是喜欢分析、思考与探讨问题。完美型的客户逻辑思维能力很强，喜欢追逐事件的细节，做事情有条理，追求完美是他们的目标。这种性格的人比较喜欢用事实或者数字来证明，同时他们一般都有比较完整的计划性，喜欢按照计划进行生活与工作，讨厌计划被打乱。因此在我们的日常工作中无论是接到还是主动拨打这类电话的时候，完美型性格的客户都是比较难以对付的。类似于这种客户我们在营销的过程中很难将他说服，因为他们的逻辑，会有理有据；对于呼出电话而言，这种类型的客户有着强烈的主观性,一般都是以自我认识为基础来接收事物的,很难会接收某种新产品或事物,并且对没有事先预约的电话会有一种莫名的排斥感。

(四)活泼型

活泼型的性格与我们一般定义的活泼的性格特点类似,在与这样的人进行交流的时候比较容易沟通,而且很容易被把握。活泼型性格的人主要变现为喜欢以笑开始对话,通常很开心,描述事物的语速非常快,而且具有较强的感染力,同时比较健忘,喜欢鲜艳的颜色,对于方向、数字、逻辑都不敏感。在接到这类人的电话的时候,客户一般都会开门见山,有事说事。会直接描述自己的细节与感受,所以信息服务人员应该认真倾听,顺应着顾客的思路将他的话听完,然后再解决问题。对于拨打电话的时候,如果是这类型性格的人的话,由于他们很好沟通,而且能够直截了当地表明自己的观点,那么就很容易让你迅速有效地控制谈话。

三、呼叫中心常见客户表现新形式分析及心态调试

(一)呼叫中心常见客户表现新形式分析

1. 紊乱需求型

表现:讲话吞吞吐吐、语态羞涩、话语不清、条理不明,说不清自己的需求,只说什么用不了、不能用了、启动不了等等,并不能清楚的讲明具体部位、过程。

原因:技术盲、缺乏信息产品的知识,无法准确描述故障或问题的所在。爱面子心理,又不愿意承认自己不懂。

2. 遮掩需求型

表现:环顾左右而言他,说话绕圈子,似是而非,局部不满意等。

原因:试图额外或免费获取其他小便宜,属于占小便宜的心理。

3. 需求不明型

表现:顾客自己对自己的需求不明确,因此会问各种问题,可是实质性问题很少。

原因:技术恐惧症、技术孤独感、需要有人指点、支持。顾客一般会认为既然进行通话,那么多问问总是好的。

4. 浮躁需求型

表现:不够耐心、急躁、不耐烦,不能够完整说明问题和需求。

原因:性格急躁或因为工作、生活压力问题导致情绪烦躁,或对技术产品缺乏信心,又不愿认真阅读相关说明书,对其期望很高,但是出现问题又没有耐心去解决。

5. 攻击需求型

表现:语速很快,并且具有强烈的谴责、不满等语气,不容易被打断或者停下,甚至会进行威胁等。对于所提出的问题基本比较清晰,但是对于问题本身却描述不多。

原因:对于故障、使用常识的问题的责任缺乏自信心,利用攻击的手段来增加自己的筹码,为自己营造声势,然后提出问题让对方解决。希望自己能够得到实际的优惠与照顾,并且在心理上找取平衡。

6. 虚假需求

表现：确认自己有需求但是却变化居多，话题飘忽并且不特定类型，闪烁其词，在通话过程中多有不满等。

原因：主要原因可能是因为已经购买的商品出现变更后觉得自己比较吃亏，无处发泄，又没有解决办法。

7. 好奇需求型

表现：以尊敬请教的口气或态度进行询问，并且对于产品知识性的东西想了解更多。

原因：对产品的构成或者其他比较感兴趣，并且没办法找到相关的资料或说明文档，所以打算尝试一下电话咨询的方式。

8. 其他类型

千奇百怪的表现，错综复杂的原因，这就是真实的呼叫服务电话语音交流的世界。

（二）心态调试

1. 建立乐观的心态

人性的乐观和悲观，其实主要还是自己的心态问题。就好像两种性格的人走进同一片森林，悲观的人可能会说这里蚊子太多，吵哄哄的，影响了他欣赏花草的雅兴；而乐观的人可能会说这里除了美丽的花草，还有蚊子在唱歌，真是太美妙了。如果两个人走出这森林，悲观的人可能又会说无聊、郁闷和压抑之类的话；而乐观的人就会觉得四周一片明亮，自己的内心世界豁然开朗。所以在同一环境下的两种不同心态的人，他们对事务的看法是不同的。

2. 适当的心理宣泄

每个人都不可避免地会遇到各种程度不同的烦恼、忧伤和挫折，在这种情况下，千万不要强忍眼泪往肚里咽，而应采取适当的方式加以宣泄。宣泄的方式可因人而异，一般最常用而有效的是倾诉法。找一个可信赖的亲友，把心中的苦水倾吐出来，不但有"一吐为快"的效果，还能得到对方的同情、劝慰和支持，避免积郁成疾。正如俗语所说："每天找一个朋友谈心，就不用去找医生。"

采用转移法也是间接宣泄的有效方法。一旦烦恼袭上心头，就应赶快转移目标，把全部精力投入到自己所喜欢的活动（或工作）中去，如写作、画画、旅游或锻炼等。方向的转移导致情绪的优化，从而可忘却忧愁和烦恼。

3. 有效的情绪管理

我们有的时候会有受累于客户的情绪的经历，客户的投诉、抱怨和误解经常会成为自己的烦恼、压力和焦虑的来源。这时我们就应该尝试对自己进行有效的情绪管理，做自己情绪的主人；首先开始有意识的控制自己；暂时避开不良刺激，把注意力、经历和兴趣投入到另一项活动中，从而避免不良情绪的不良撞击，及时稳定自己的情绪。

4. 维持心理平衡

对自己不苛求，对他人期望不要太高；及时疏导自己愤怒的情绪；说服自己做一些战书上的屈服；暂时逃避，不与人争斗；对人表示善意等等。

5.2.3 任务同步训练

一、任务描述

作为一个坐席员,我们每天面对的客户会是不同层次,不同性格的人,所以我们在进行服务的时候,我们就得根据客户的话语、说话方式等方法来判断客人的性格。

二、同步训练任务书

任务名称	客户信息分析	任务用时	10 分钟
同步训练描述	以小组为单位根据下面的场景描述并写出每位顾客的心理活动及应对方式,以及如何对其进行营销或交流。		
场景描述	小丽在一家首饰品店当销售员,进来了几位顾客,向小丽咨询,小丽应该如何应对呢? 顾客状态: 顾客 1. 衣着休闲,显得有文化,大约 45 岁左右男性,旁边站了一个女孩子,活泼好奇,不到 20 岁。 顾客 2. 男士,28 岁,西装革履,在一个柜台前驻足很久,有些犹豫不决。 顾客 3. 一对小年轻,大约 23、24 岁的样子,女孩子看上一款而男孩觉得价钱不合适。 顾客 4. 一对年纪大约在 35—40 岁的老夫妻,进店以后很茫然,不知道怎么办而驻足在门前张望。		

序号	顾客性格分析、话术设计	
1	顾客 1	
2	顾客 2	
3	顾客 3	
4	顾客 4	

三、教师点评

在我们的工作中当然会遇到各种各样的人,而这些各种各样的人又处于各种各样的情况下,因此衍生出了各种心理活动。就这些心理活动影响着人的情绪或者心理状态,而我们就要去学会理解并且合理的面对这样的心理状态,使得自己能够更好地与客户进行沟通,从而达到为客户服务的目的。很多时候我们需要对这样的情景进行预见性分析,以避免我们真的遇到这种事情的时候无法及时的调整自己的心态导致服务失败。

四、综合评价

任务名称	客户心理及自我调节		
任务完成方式	☐小组协作完成 ☐个人独立完成		
评价:			
任务成绩(满分100分):			
自我评价 （20%）		小组评价 （20%）	教师评价 （60%）
存在的主要问题:			

5.2.4 自主学习任务

其实我们在呼叫中心的日常工作中很多时候都是需要牵扯到营销的,不一定是营销商品,也有可能是营销一种服务,或者营销一种形象,所以大家在课后可以看一些关于消费心理学方面的书。这样能够让我们更好地对呼叫中心拨打电话的用户心理进行更加深入的了解。

任务3 压力管理

5.3.1 任务引导

1. 任务情景

上海汇通呼叫中心人力资源经理赵经理对公司的所有呼叫中心客服人员进行了一次压力调查。本次调查为实名制调研,收回问卷29份,其中有效问卷26份。被调查人员年龄集中在21岁至25岁之间。

压力源统计:

工作量过大:8人次

成就感缺失:6人次;工作枯燥、自卑、无望、工作无意义或单调的工作任务等

缺乏方法:少指导,自信心缺乏;3人次;技能低、缺乏支持等

单位裁员压力:7人次;业务考核、人员岗位竞争等

缺乏发展机会:1人次

(注:本问卷是在培训中讲师请大家填写日常工作中的压力这样的提示语下进行的,属开放式问卷。在统计的有效的压力主观评估中,共计有24个明显压力因素,其中有两

份类似,在此仅计入一个压力因素。)

我们再来了解一下另外一份已限定压力方向的问卷调查情况。

本次调查收回问卷 36 份,其中有效问卷 35 份,男性 4 份,女性 31 份。被调查人员年龄集中在 21 岁至 28 岁之间,平均年龄不到 25 岁,绝大多数未婚。

调查具体数据统计如下:

(1) 工作压力

工作量大(中等程度以上):29 人次,占 82.9%

工作量大(过于繁重):12 人次,占 34.3%

工作难度过大(中等程度以上):16 人次,占 45.7%

工作难度过大(较为严重):4 人次,占 11.4%

竞争激烈,考核压力大(中等程度以上):30 人次,占 85.7%

竞争激烈,考核压力大(比较严重):17 人次,占 48.6%

薪酬待遇不平等或过低:25 人次,占 71.4%

工作人际关系紧张:9 人次,占 25.7%

工作成就感缺失:17 人次,占 48.6%

(2) 生活压力(因个人实际情况不同,各项统计基数有所差别)

与家人、恋人关系紧张:8 人次,占总数 28.6%

家庭经济压力大:20 人次,占总数 90.9%

本组调查数据分析:

总体来说,感觉有压力且对自身状态影响较大者占调查总人数的 80.6%,压力源主要集中在工作方面。由重到轻的主要压力源为:

① 岗位竞争激烈,业务考核压力大;

② 工作量过于繁重,工作时间过长;

③ 薪酬待遇不平等或较低。

具体表现为:感觉工作量繁重,工作时间过长、不规律,压力难以承受者占总调查人数的 34.3%,同时,有相当一部分人反映,由此还给他们的身体健康状况和人际(恋人、朋友)状况带来了不小的负面影响;在所有显示的压力源中,岗位竞争和业务绩效考核成为最大的影响要素,有 48.6% 的人选择此项;此外,无论是从影响范围还是影响程度方面来讲,都较为严重的压力源还有一项,就是薪酬待遇不平等及过低,选择此项的人数占总调查人数的 34.3%。

从统计结果综合来看,以上三大压力源直接造成了员工强烈的负面情绪,多数人感觉工作无意义,没有成就感,自身价值得不到实现,能力得不到提升,所以才导致了职业倦怠,消极怠工,工作效率下降等现象。这些问题是导致员工离职的重要因素。

在生活压力方面,主要集中在两方面:

(1) 此次接受调查的人员,普遍反映其经济压力较大,占总调查人数的 90.9%,这与前面所提到的薪酬待遇不平等及过低相呼应。

(2) 他们的人际压力主要产生在与家人及恋人之间。与家人主要是时间上的冲突,与恋人之间的矛盾除时间上难以调和外,还涉及经济问题。由此困扰且感到影响严重者,比例接近了三分之一。

以上都是理性的统计。在与一位客服人员沟通的过程中,她说:"这份工作已经让我感到窒息,每天都有可能受责备或责骂,一天中空闲时间很少,还会被客户投诉,刚结束这段通话,不知道下一个接听的又是什么情景,我们很理解客户的心情,但是谁又能理解我们的心情呢?"

参加本次调查的人员年龄较轻,职位较低,均属于公司内基层管理人员或普通员工。一方面,这样的人群,他们的压力本身就具有与其他层级人员不同的特点。如他们对自身的薪酬待遇满意度较差,他们的家庭经济压力及整体生活压力普遍较其他层级人员较大。另一方面,因其年龄特点,必然导致他们情绪的稳定性较差、生活目标不确定以及应对压力的调节能力还有待完善和加强。

2. 任务分析

看来压力管理对一个人的影响是很巨大的。

在呼叫服务工作中,坐席员如何进行压力管理呢?我们需要学习:

(1) 什么是压力?呼叫服务工作常见压力源有哪些?

(2) 呼叫中心工作人员压力的调节方法。

5.3.2　支撑知识

一、什么是压力

(一)压力的概念

压力,相信大家都耳熟能详,因为它是近些年无论是媒体还是人们的生活中曝光率很高的词语,从上世纪末开始压力已经变成了一个热门话题,常被人们辩论。在本世纪初叶的时候,"抗压力"被定义为职场必备素质,近几年来,与"压力"相关的词也被广泛的流传着。那么,究竟什么是压力呢?

在心理学上普遍认为,压力是压力源与压力反应共同构成的一种认知和行为体验过程。压力的起因是内心冲突,其间伴随着强烈的情绪体验。其中,压力源指的是人们生活中要去适应的事件。压力反应则包括了个体感受到压力源之后而产生的心理、生理和行为的反应。

我们生活在一个充满矛盾的世界中。因此,我们会随时遇到各种各样的、互不相容的、互相排斥的甚至针锋相对的事物,而心理作为现实的反应,就把它们映入我们的脑海中,在内心形成动机或目的的冲突,以致在我们的心理形成左右为难、无所适从、无法选择的心态。当一个人处于某种境遇的时候,便会感受到苦恼和焦躁不安。这时的我们便会体验着压力。

(二)呼叫服务工作常见压力源

在日常的生活中,压力是无处不在的。当内心的需求与目前所处的状态有了差异的时候,内心就有可能产生压力,压力是外在的生活环境和人内心共同作用下的结果。根据影响原因的不同,压力源可以分为以下几种:

1. 生物性压力源

生物性压力源主要指的是由生理原因导致的压力,如身体创伤、疾病、饥饿、性剥夺、睡眠剥夺、噪音或气温变化等。例如,很困的时候,心情往往烦躁;专心学习的时候如果外面有噪音便会静不下心来,影响心情……这些都是由生理原因产生心理压力的结果。

在日常的呼叫中心工作中,我们的身体难免会出现各种问题,当出现如头疼、嗓子难受或休息不好等现象时就会导致工作人员的精神状态出现问题。

2. 精神性的压力源

精神性压力源是主要由阻碍与破坏个体正常精神所需要的内在和外在事件带来的压力。例如,错误的认知、不良的经验、道德冲突、长期生活经历造成的不良个性心理。其特点是如容易受到暗示、多疑、嫉妒、自责、悔恨或怨恨等。

案例:

小凤从小成绩优异,无论是从小学到初中,总是班里的佼佼者,一直都受到老师的夸奖和家长的好评,可是在参加中考的时候,她因为过度紧张而考试失利,成绩非常不理想,只考上了中专。从那以后,小凤觉得自己辜负了老师与家长的殷殷期望,所以常常自责,情绪也很低落。

分析:小凤感受到的压力就是典型的心理压力,这个压力是由中考失利这个事件引发的,并且在她的心里形成了一个错误的认知"一定要有完美的表现才能对得起父母,否则就是家庭的罪人"。而面对这样的压力,解决的关键在于自身心理素质的提升,比方说小凤的事情最关键的是转变她对自己考试失利的看法,理智地接受当前的困境并发现自己的优点,在现在的条件下赢得新的生活。

当然,在呼叫中心的日常工作中我们也会常常遇到如别人的抱怨,胡乱猜忌别人又或者工作不顺而导致的悔恨等心理。

3. 社会环境性压力

在社会环境性压力里,主要分为由社会事件引发的压力与自身状况造成的压力。

(1)由社会事件引发的压力

由社会事件引发的压力主要指的是重大社会变革、重要的人际关系破裂(失恋、离婚等)、冲突家庭长期、战争、被囚禁等。

(2)由自身状况造成的压力

由自身状况造成的压力主要指的是由自身的身体状况造成的人际适应问题,如个人精神障碍造成的社会交往不良或由于传染病而造成的交际不良等。

案例:

高考结束后,小倩考上了北京的大学,因此离开了熟悉的环境,当对新环境的新鲜劲过去了以后,随之而来的是孤独与烦恼,觉得自己的口音与同学们格格不入、周末也没有熟悉的同学或者朋友陪伴,想去哪儿也不熟悉,有了烦心的事情连个倾诉的对象也没有。在这样的生活环境下,小倩渐渐的产生了当时报考北京的大学是个错误的想法。

分析：小倩遇到的就是典型的由于生活环境的改变而造成的社会压力。

当然，在我们生活中，压力的来源往往不是单一的，有可能是三种压力源共同作用下的结果，我们来判断压力属于哪种压力源的时候，就要看在压力的产生中哪个压力源对人的影响更大一些。

（三）呼叫中心压力的种类

压力的分类也有很多标准，我们今天来学习以强度来分类。

1. 一般单一生活压力

在日常的生活中坐席员不可避免地要面对各种各样事情的发生，这些事件或者我们亲身遭遇，或者我们只是听闻。如果我们在某一段时间内，通过自我调节或者外力的帮助适应了它，并且其强度不足以使我们崩溃，我们就称这一压力为一般单一生活压力。

在日常生活中，一般单一生活压力是比较常见的，并且对于经历过一般单一生活压力的承受人来说，它产生的后果不一定是负面的。在适应这个压力的时候，虽然我们耗费了很多各种各样的资源与能力，但是只要在压力枯竭阶段没有崩溃，并没有再发生任何事情，那么承受压力的人在经历过这一次压力之后，会提高和改善自身的适应能力。以往的许多研究证实，经过各种压力而没有被击垮的人，能够积累很多自身适应压力的经验，从而有利于应对未来的压力。

2. 叠加性压力

叠加性压力是指同时或者连续性的出现多个压力，它是极为严重和难以应对的，给人们造成的伤害也是比较大的。

（1）同时性叠加压力

在同一时间里，有若干造成压力的事件同时发生，在这个时候主体所承受的压力被称为同时性叠加压力，在这种压力下，个体往往会感受到事事不顺，到处碰壁。

（2）继时性叠加压力

由两个或两个以上能够构成压力的事件相继发生，后一个压力事件恰巧发生在前一个压力适应过程的搏斗或衰竭阶段，这时主体体验到的压力称为继时性叠加压力，在这种压力下，个体的感受为事情没完没了，刚出虎穴又入狼窝。

3. 破坏性压力

一般破坏性压力指的是极端压力，这种压力的产生一般会伴随着如战争、地震、空难、遭受攻击、被绑架或被强暴等破坏性的事件的发生。在这些事件发生后，人们常常会出现以下典型的症状及反应：

（1）反复发生的闯入性重现创伤性体验，指病理性重现事件的发生。

（2）持续的警觉性增高。

（3）持续的回避。

（4）对创伤性奖励的选择性遗忘。

（5）对未来失去信心。

对经历破坏性压力后的人，在事件后需要进行心理干预，帮助受害者缓解症状，走出阴影。

二、呼叫中心工作人员压力的调节

我们了解了压力的来源与特性,那么在压力事件产生的时候呼叫中心工作人员应该如何面对呢?

(一)从心理学角度看待压力

1. 压力的认知

下面是关于压力的 10 条一般认识,在这 10 条认识中,你赞同哪些不赞同哪些?

(1)所有压力都是有害的。

(2)压力管理的目标应当是消除压力。

(3)良好的生活状态应该没有压力源。

(4)压力越小越好吗?

(5)如果足够努力,就总是能适应困难的处境。

(6)遗传因素导致某些人注定总是处于高压状态。

(7)不良压力只具有消极影响。

(8)锻炼身体会消耗体能,同时这些能量也可用于应对压力。

(9)冥想是宗教、邪教的做法,是无稽之谈。

(10)压力只会影响成人。

在上面的 10 条认识中,你赞同哪些呢?其实以上 10 条都是生活中关于压力的认识误区。接下来我们对这些误区进行一一的解答。

1)所有压力都是有害的

压力都是有害的吗?不一定,有些压力既可能是有益的,又可能是有害的。适当的压力可以给人提供激情和喜悦,也可以为人们带来成就感,为人们在工作中、进入新的环境、应对紧急事件、达到最佳表现和在面对新挑战时提供专注力和精力。俗话说的压力就是动力说的就是这一点。适度的压力是有益的,人在面对压力的时候就类似于一个高压锅做饭的过程,压力太大饭就煮烂了,压力太小,饭则没办法焖熟。因此,适度的压力才是最有利于人生发展的。

如我们在日常工作中,为自己制定今天要接听多少个电话,或者今天要成交多少个电话,这些都是我们给自己的压力,这样的压力能够促进我们对工作的积极性。

2)压力管理的目标应当是消除压力

压力是不可能被消除的,并且我们也不应该消除它。压力,就是生活和行动的动力源,让人们对生活产生动力,压力管理的目标应该是控制压力,从而降低它转化为伤害的几率,也能够缓解压力的事件,对压力事件后的恢复产生作用。

3)良好的生活状态应该没有压力源

和压力相比,压力源同样也是无法被消除的。我们需要做的就是控制压力源,并且了解它们,尽可能地把它们控制在一个范围以内,减少自己的负担。一个良好的生活状态,不是没有压力源,而是学会应对压力源,如何将压力控制在最理想的程度。

案例：

　　一个病房里面有两个癌症患者，它们都被诊断为癌症晚期，只有一个月的寿命。老李家人每次探望他都给他带好吃的，让他不要担心家里，家里什么都不用他操心；老王的家人来探望他，也常给他带好吃的，并跟他说家里的"困难"，例如孙子学习倒退了需要爷爷鼓励；儿子在单位与同事关系不太理想需要他出出主意；老伴的老寒腿发作了，媳妇揉的总没有老头子得劲儿……一个月后，在参加老李的葬礼的时候，老王说："老弟，你走啦，可是我还不行啊，我的家人太需要我了，我不能垮掉。"在生活中的压力是老周活下去的动力，据说，之后老王越来越积极配合治疗，现在还每天处理家里非他不可的"大事"。

　　4）压力越小越好吗

　　压力是不是越小越好呢？在面临挑战的时候，压力往往会让我们能力变强，更好的达成目标，压力可转化为动力，形成对事物的理解，并且提高注意力。当然，过大的压力与过小的压力都是不利的。例如在一场考试中，一个人压力过大，从而心跳过速、心烦意乱、手心冒汗，导致大脑一片空白，那么他肯定是无法考出理想的成绩的；而另外一个人吊儿郎当、漫不经心，也是无法得到理想的成绩的。

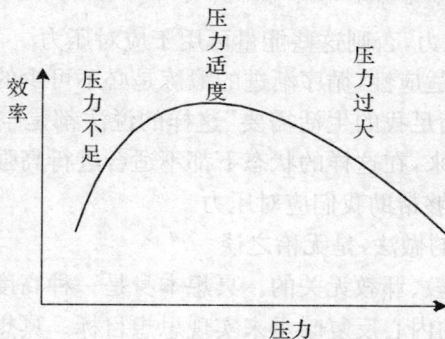

图 5-1　压力与效率

　　当压力过小或没有压力时，人的办事效率很低。在压力刺激不充分的条件下，人们会觉得生活乏味。当人们感受到压力时，就能够激发出勇气，提高效率；然后当压力过大时，效率却会大打折扣，并且面临"崩溃"的危险，"崩溃"的状态就是压力过度的体现。

　　5）如果足够努力，就总是能够适应困难的环境

　　这一个观念有两个不对的地方：① 每个人都有自己适应能力的极限。如果身体、社会或心理压力在某一时刻超过了你的承受能力，最终会导致人崩溃。② "努力尝试"总不一定是有利于事件的发展的，相反的解决办法也许更有效。所谓的"钻牛角尖"就是过分的不断尝试。我们必须知道，当自己走向了错误的方向时候，停下来，就是一种前进。

　　例如，我们在工作中接到一个难缠客户的电话，如果客户是那种非常难缠并且有些无理取闹，即使我们倾尽全力也不一定说服或令客户满意的。

6）遗传因素导致某些人注定总是处于高压状态

也许在一定程度上，遗传因素对人的压力抵抗力有一定的影响，让人们变得脆弱。但是，环境与遗传因素除了影响人的身心健康外，还会影响人们对压力的容忍度。无论在什么样的背景下，大多数人都能够承担个人的责任，采取能使压力明显降低的建设性措施，提高其处理压力的能力。

7）不良压力只具有消极影响

通过定义，我们看到不良压力对生活往往都是有害的。但是，我们需要辩证的去看待这个问题。即使是巨大的不良压力，它也有积极的一面，如给人们提供了解自我，重塑自我或者与某人建立全新的关系等等。有时候逃避不良压力便是巨大的动力。

案例：

一个老师因为公务繁忙，所以总是在午夜时分回家。回家的路上需要经过一片坟地，有一天，他路过时，不小心摔倒在一个大坑里，坑很深，老师怎么也爬不上来，后来他没有办法，索性就坐在坑里等天亮。后来，又有一个个子很矮的人不小心也掉进来了，只见他拼命地往外爬，这时候老师说："不用爬了，你是爬不出去的。"那个矮个子的人听到后吓得魂不附体，手脚并用的疯狂爬，没想到两三下居然爬上去了。可是老师又试了几次仍然不行，只能在坑里等天亮。

8）锻炼身体会消耗体力，否则这些能量可用于应对压力

为了身体具有良好的适应性，循序渐进的锻炼是必不可少的。"我没有足够的体力去锻炼，我需要保留体力来满足我的生活需要"这样的说法都是空洞的借口。当然，过度的劳累或刚从疾病中康复过来，在这样的状态下都不适合进行高强度的锻炼。

只有适当的锻炼才能够帮助我们应对压力。

9）冥想是宗教、邪教的做法，是无稽之谈

冥想这种方式是与宗教、邪教无关的。冥想本身是一种高度有效的控制压力，平静身心的方法，它通过凝神时的内心反复暗示来实现思想目标。冥想是一种深度的放松方法，具有预防与降低与压力有关的疾病和心理障碍。把冥想评价为独立于个体、组织的一种方法是相当重要的，它将有助于冥想活动的开展。现在，冥想这种简单易行的减压方式越来越被学生和办公室白领所接受。

10）压力只会影响成人

压力是每个人日常生活必不可少的一部分，无论什么年龄阶段的人。儿童与青少年同成人一样相同的应激反应，也面临着不良压力的风险。

儿童与青少年因为年龄阅历的关系，可以应对的压力更小，而一旦被压力伤害，所造成的后果往往比成人的严重。所以儿童与青少年是需要更加倍重视的群体。

（二）面对压力

我们对压力已经有了充分的了解，那么在日常的生活中呼叫中心工作人员应该怎样更好的面对压力呢？

（1）树立全神贯注的信念

唯有专注于自己的工作，并且切实的去做才能实现目标。很多经验证明，充满自信与希望才是迈向成功的第一步。

例子：

在日本有一位以聪明著称的历史人物——一休和尚。他打坐思考的经典方式更是家喻户晓。在动画片中，一休解释自己的聪明时说："哪有什么聪明，不过是借打坐的时间来集中精神在一件事上，然后拼命地想办法解决而已。"

因此，树立全神贯注的信念在我们遇到问题与解决问题的时候往往会给我们带来前所未有的办法，帮我们很好地去面对与解决问题。

（2）要做好准备

凡事做好准备是做好工作的前提。有了足够充分的准备，才会有足够的信心，才能让你在面对困难时不至于手足无措，从而战胜困难获得成功。像呼叫中心的工作人员，在每天的工作之前就要做好各种充足的准备，这样才能应对各种突发情况。

（3）将重心放在你最大的优势上

每个人都有自己的优点与缺点，所以每个人都有成事的本领与败事的局限。在现实生活中有大成就的人往往是将精神、精力集中在自己擅长的事务上。当你集中精神于自己擅长的事情上时，往往就会取得良好的成绩，从而增强自信，更好地面对压力。在呼叫中心日常工作中，呼叫中心人员要善于发挥自己的优势，用自己的优势来面对各种各样的客户。

（4）培养信心

在呼叫中心工作中，要学会对待自己的失败，总结和整理经验，想想自己所完成的事情，就会增强个人的信心。每个人都有成功的经验，这些经验是你继续前进的宝贵资源。自信者善于发现自己的资源，而自卑者往往会无视自己的资源，以至于事倍功半。

（5）从错误中吸取教训

唯一不会犯错的方法是什么都不做，但是，没有失败与错误就无法成就伟大的事业。聪明的人往往会从失败与错误中寻找原因和解决办法；而愚笨的人则会在错误出现的时候独自伤感，一蹶不振。

（6）放弃逃避的念头才能产生信心

现实中的恐惧往往比不上想象中的恐惧那么可怕，我们要有足够的勇气去让自己面对现实中的恐惧。大多数人在遇到困难的时候，都考虑事物本身的困难，因此产生了恐惧感。但是一旦着手解决问题的时候，就会发现其实他比想象中的要容易且顺利得多。

（7）要确实遵守自己所制定的约束

在呼叫中心工作，面对压力的时候，有一个简洁且有效的方法就是遵守自己所制定的约束。这里的约束，包含你的工作、经济和健康等各种问题。当你自己做了某种程度的约束后，在遵守这种约束时，你会发现由于实践导致了自我依赖，这种自我信赖是你已经开始坦然面对自己的实证，因此信心也会被建立起来。随着时间的推移会更加深刻的成为你的勇气与力量。

5.3.3 任务同步训练

一、任务描述

压力,在本任务的学习中,我们已经对它有了一个深刻的认识,而作为一名呼叫中心的工作人员,我们经常面对的压力有什么呢?我们又应该如何面对呢?完成如下的任务。

二、同步训练任务书

任务名称	压力与压力管理	任务用时	10分钟
同步训练描述	以小组为单位进行讨论并记录。		
场景描述	作为一名呼叫中心的服务人员,我们日常的工作中常要与顾客、同事接触。那么我们自身在呼叫中心的工作环境中会遇到哪些常见的压力?在这些压力面前我们有该如何面对?		
序号	压力分析、压力调节		
1			
2			
3			
4			

三、教师点评

在日常的生活中,压力不一定都会给我们生活带来伤害,往往一些压力可以让我们用更加积极的态度去生活,为我们的生活添加动力。因此,生活中形形色色的压力我们都要有好的办法去应对,想要应对压力,我们首先要了解它,然后做好充足的准备,最后战胜它。

四、综合评价

任务名称	压力管理		
任务完成方式	□小组协作完成 □个人独立完成		
评价：			
任务成绩(满分100分)：			
自我评价 （20%）		小组评价 （20%）	教师评价 （60%）
存在的主要问题：			

5.3.4　自主学习任务

在面对日常压力的时候,我们需要一个良好的方法,在进行压力释放的时候也需要一个良好的方法,那么有什么具体的方法可以实施呢? 同学们可以在课后对压力及应对方法的相关知识进行学习。

任务4　良好心态的培养

5.4.1　任务引导

1. 任务情景

先播放一组镜头:

1. 感冒,但坚持上班,在讲电话的过程中努力让自己表现得正常一些,但还是被客户听出来了。"小姑娘,你感冒了吧? 哦,那我不说了,你好好休息吧,记得多喝水啊。"

2. 端午节公司发粽子,一小姐妹将团队成员的粽子都领回来了,在门口喊了一句:"粽子来了!"姐妹的声音有点大,被客户听到了。"小姑娘,你们发粽子了?"作为新员工,我一下子紧张了。"先生,非常抱歉!""小姑娘,你去吃粽子吧。"我更紧张了。"先生,真的非常抱歉。""小姑娘,赶快去吃粽子,等你接完电话再吃的话就没有了!"我紧张得声音都有些颤抖了。"先生……""小姑娘,现在给你五分钟的时间,我等你五分钟,现在不许讲电话了,快去!"

3. 客户来电一直要求转给一个同事,但同事正在接电话。"好吧,你能让我等着吗? 等她挂了这个电话。""小姐,请问您有什么事情吗? 我可以帮您办理的。""哦,不要了,我还是直接跟她说吧。我昨天打电话骂了她,昨天那时候确实气坏了,但我知道这事不怪她,我想对她说声对不起。"

4. 除夕之夜,我值班。在上班的路上心情很糟糕,觉得自己和别人在做逆向运动,人家都回家团圆了,而我却要上班。当我接起第一个电话的时候,客户说:"我今天打电话来什么事情都没有,只是想问候一下你们。我们都在家过年,而你们却要上班,辛苦了!"

5. 客户一直在骂,我实在忍不住了,声音里带着哭腔。客户忽然停住了责骂。"你怎么哭了?"本来还强忍着,客户这么一问,我一下子哭了出来。"怎么了? 怎么了? 你怎么哭了呢? 别哭了行吗? 我求你了,别哭了行吗?"客户的声音里带着慌乱,我不想哭,但忍不住。客户喃喃地说了好半天之后,"这样吧,你骂回我好吗? 你骂我吧。"

……

这些是真实的发生在上海汇通呼叫中心坐席员和客户之间的故事。看了这些故事,有什么感受? 有没有觉得有些客户有时候也很可爱?

在日常的工作中,那些坐席员和客户之间相互感动的故事时时在发生。而且客观地讲,那些无理取闹、胡搅蛮缠的客户多吗? ……其实不多。大多数客户打电话来都是有问题需要解决,解决了问题之后,客户都会很客气地挂断电话。

但是,员工在现场经常谈论的是哪些客户呢? 是不是都是一些无理取闹的客户? 对那些不讨人喜欢的客户的谈论多了,会给员工造成一种心理暗示:客户都是很讨厌的,这份工作就是挨骂的。想想,如果一个员工有这种心理,她能在这个工作坚持多久呢?

单纯的缓解情绪和压力的方法治标不治本,真正能够解决坐席员情绪和压力问题的方法是坐席员学会调整心态,找到服务的乐趣和呼叫中心的价值。

资源:客户世界,http://www.ccmw.net/article/detail.php? id=92157

2. 任务分析

一个优秀的呼叫中心坐席员若想培养良好心态需要学习:

(1) 什么是良好心态。
(2) 呼叫中心服务人员良好心态如何建立。
(3) 呼叫中心工作人员心态调节的方法。

5.4.2 支撑知识

一、良好心态的认知

(一) 什么是心态

苏联心理学家列维托夫认为人的心理活动可以分为心理过程、心理状态与个性心理特征三种形态。心理过程是不断变化着的、暂时性的,个性心理特征是稳固的,而心理状态则是介于二者之间的,既有暂时性、又有稳固性,是心理过程与个性心理特征统一的表现。心理过程都是在一定的心理状态的背景下进行,都表现为一定的心理状态。如注意力的分散与集中;思维的明确性、迅速性和"灵感"状态;情绪的激动与沉着;意志方面的果断与犹豫等。心理状态是个别心理过程的结合与统一,是某种综合的心理现象,所以它往往又成为某种个性特征的表现,反映出一个人的个性面貌,因而心理状态的特征又往往成为一个人的个性心理特征的表现。因此,一个人在特定时刻的心理状态,是当前事物引起的心理过程、过去形成的个性特征和以前的心理状态相结合的产物。

（二）良好心态表现形式

在日常生活中,事情的发生总是无法预科,变幻莫测的,对于大多数人来说,有过成功的喜悦欢乐,也有过失败的经验教训,在经历煎熬与痛苦的磨砺中,保持良好心态对人的心理和生理健康是十分有益的。那么什么样的心态才是良好的心态呢？良好的心态应该有着怎么样的表现形式呢？

1. 崇高的人生目标

崇高的目标,既是人的精神支柱,也是人生的灯塔。它鼓舞人在专心致志追求的过程中克服困难、战胜挫折、忘记忧愁以及甩掉痛苦,心中始终充满着希望和快乐。因此,人生在世,最可贵的是有崇高的目标和理想;岁月可以改变一切,唯一不能改变的是一个人选择的信仰。

2. 正确的价值观

价值观支配着一个人对事物的看法与态度,直接影响着一个人的心情。一个把"名利"二字看得十分重的人,往往会斤斤计较,患得患失,容易产生失落痛苦的负性情绪;而一个把责任、道德看得很重的人,就会勤恳地工作,诚信地待人,胸怀坦荡,乐观豁达。所以,急功近利、贪婪的人,活得很累;淡泊名利、超脱的人,才会享受真正的幸福和快乐。

3. 能战胜一切不良心理因素的本领

不良心理因素,诸如:贪婪、嫉妒、懊悔、浮躁、虚荣心、猜疑、怨恨、邪恶、忧郁、患得患失、毒瘾等等,就像心理病毒,破坏人的心理免疫力,扼杀人的快乐,滋生人的痛苦。具有健康心理的人,就有能力克服这些不良情绪,战胜这些不良心理,因而表现得豁达、开朗。

4. 对不顺心的事能进行利导思维

就是把思维导向对自己身心健康有利的方面,尽量想些愉快开心的事情。这种乐观的思维方式,能从不利的事情中看到有利因素,防止悲观情绪的发生;能从正面去理解生活中发生的事情,从而减少不必要的烦恼。自寻烦恼,是人生最大的自我冤枉;精神快乐才是人生最好的滋补品。

5. 广泛的兴趣爱好

有益的兴趣爱好,诸如琴棋书画、钓鱼养花或读书阅报等等,可以丰富人的精神生活,升华人的精神境界,防止精神空虚和生活孤寂;同时,强烈的兴趣爱好通过转移注意力,变换情绪,从而可以对人的不快与痛苦起到缓解与消释的作用。

6. 很强的弹性心理

一个人能上能下,能进能退,能得能失,能荣能辱,能伸能屈,说明他具有很强的弹性心理。弹性心理的强弱决定一个人的心理承受能力的大小。心理弹性越强,承受挫折的能力就越大,无论遭遇多大的打击,依然百折不挠,精神乐观,心情愉快,从不被任何事情和任何困难所压倒。

7. 坚持适量运动的毅力

当一个人在进行全身运动时,血液循环就会加快,促进新陈代谢,释放心理能量,缓解心理压力,恢复心理平衡。适量运动,可有效地防治焦虑症、抑郁症和神经衰弱。运动可以代替药物,但药物不能代替运动。

8. 幽默大度的性格

幽默,是快乐的催化剂,是忧郁的粉碎机。在日常生活中,凡是性格幽默风趣的,大多数是幸福快乐的,充满希望的人。

9. 忘记过去不该记住的东西

心理学认为,人的记忆力像面筛子,不断地筛选,筛掉的是糟粕,留下的是精华。因此,要善于忘记过去不该记住的东西,保留那些有益的美好的回忆。

10. 与人为善的美德

孟子曰:"敬人者,人恒敬之;爱人者,人恒爱之。"这就说明人际交往具有回报率。因此,与人为善的人可以同时得到两份快乐:一份是真心诚意地关爱人,帮助人时所产生的美德之乐;一份是在受到他人的尊敬和爱戴时所产生的成就之乐。所以,善良永远是一把开启人生真谛的钥匙;拥有善良,一生中就拥有了一笔珍贵的财富。

总而言之,若一个人拥有正确的人生观和价值观,具有广泛的兴趣爱好,良好的弹性心理,并且精神愉悦,乐观向上,适量运动,与人为善,幽默大度等等。那他一定是个心态良好、身心健康、生活快乐的人。

为什么会不快乐? 我觉得关键是你的心态问题,

用豁达的眼光看风景,那世界就不一样了。生活要有自信,不要被一点小的困难所打倒。快快乐乐的过每一天。生活因你而精彩!

心态左右思想;思想指挥行为;行为形成习惯;习惯导致性格;性格决定命运。人们都说,中国是一个不快乐的民族。其实,好心态在日常生活中,就是一种良好的处世态度的最佳表现。心态好的人,即使遭遇苦难,也能看到苦难背后的阳光。成功者与失败者的差别只是:成功人士习惯用积极的思考、乐观的精神和丰富的经验控制自己的人生。失败者则刚好相反,他们的人生总是受过去的各种失败与疑虑所支配。

二、呼叫中心服务人员良好心态的建立

(一)树立崇高的理想信念

树立崇高的理想与信念可以让一个人的生活充满意义与乐趣,我们在这里说的崇高的理想与信念并不是说一些空洞的、不切实际的想法。在树立崇高理想与信念的时候,首先确定一个长远的理想或信念,然后详细的将达到这个理想信念的步骤进行划分,将树立的过程详细的分解,并为自己制定一些切实可行的计划与目标,这样一步一步实现,不单可以让自己一步一步地向着理想迈进,也可以因为小目标的实现为自己树立成就感与喜悦感,从而更加坚定自己的目标与信念。

（二）树立正确的价值观

树立正确的价值观是建立在正确的世界观的基础上的，一个正确的世界观是正确价值观的基础。

1. 正确对待权力、金钱、地位

俗话说得好："三穷三富不到老"，人的一生如潮起潮落，漂浮难定，在潮头风光时要看到落到潮底的危险性，在潮底的时候则要有向高峰冲击的信心。邓小平三起三落，当年人们"批邓"时，谁会想到若干年后，他会为中国设计一幅崭新的蓝图呢？比尔·盖茨中途退学时，谁会想到他能成为世界首富呢？这样的例子多得数不胜数，世界上什么样的奇迹都可能发生，其前提只有一点：我还活着，我要努力行动，我有信心，这是人一生中最宝贵的财富。

财富并不只是金钱，财富是今天我们所拥有的一切。我们要学会看待财富，你没什么大出息，可是你毕竟毕业就业，前途光明，家很温暖——这份亲情就是财富，终生值得珍惜。虽然你没有发财却又很想发财，但没有去偷去抢去骗去胡作非为，勤俭持家，虽然不富裕，可还是乐于助人，亲戚关系融洽，同事朋友们喜欢与你在一起——这种善良品德、气节操守、为人处世也是你弥足珍贵的财富。我们也许没觉察到它们的重要性，但它们终究会给你一份回报。

2. 正确对待理想与现实的关系

人是生活在现实和理想、物质和精神的世界之中的。现实世界、物质世界是人得以生存和发展的基础，理想世界、精神世界则是人生活的动力和价值取向。推动一个世界任何一件事，都不能算是真正人的生活。我们主张每个人都应该有他一定的物质利益，反对的是将个人利益置于社会利益之上，唯利是图、损人利己。我们提倡的是将理想和现实、精神和物质统一起来，将个人利益和集体利益结合起来，把个人理想融入全体人民的共同理想当中，把个人的奋斗融入到为祖国社会主义现代化建设事业的奋斗当中。

（三）培养坚强的心理

1. 学会克制自己的情绪

在我们身边总会有很多不如意的事情，或者无聊的人，他们难免会激发我们的不满，甚至会使我们火力爆发。其实，这个时候，我们需要的是冷静的思考与处理。

案例：

从前，有个脾气很坏的小男孩。一天，父亲给了他一大包钉子，要求他每发一次脾气都必须用铁锤在后院的栅栏上钉一颗钉子。第一天，小男孩在栅栏上钉了37颗钉子。过了几个星期，由于学会了控制自己的愤怒，小男孩每天在栅栏上钉钉子的数目逐渐减少。他发现控制自己的坏脾气比往栅栏上钉钉子要容易得多……最后，小男孩变得不爱发脾气了。他把自己的转变告诉了父亲。他父亲又建议说："如果你能坚持一整天不发脾气，就从栅栏上拔下一颗钉子。"经过一段时间，小男孩终于把栅栏上所有的钉子都拔掉了。父亲来到栅栏边,对男孩说:"儿子,你做得很好。但是,你看钉子在栅栏上留下了那么多小孔,栅栏再也不是原来的样子了。当你向别人发过脾气之后,就会在人们的心灵上留下疤痕。就好比用刀子刺向了某人的身体,然后再拔出来。无论你说多少次对不起,那伤口都会永远存在。所以,口头上的伤害与肉体的伤害没什么两样。"

2. 要正确地认识自己和肯定自己

一个人自卑的来源有这么几个方面:一是缺乏成功的体验;二是缺乏客观公正的评估;三是自我评估偏颇。要抛弃自卑,首先要战胜自我,战胜自我的前提是必须了解自己,所谓"知己知彼,百战百胜",为自己树立一个目标,保持坚强的信念,相信自己的能力,同时要对自己有一个科学、合理的评估。

3. 克服掉自己的惰性思想

不要光想不做,一个人的惰性往往像"千里之堤毁于蚁穴"那样可怕!无论是什么样的技巧或者方法,一定要克服自己的惰性,我给出这样一个技巧"我只要一步就好",这个技巧与"机械启动技巧"一样,是用来突破惰性的。有时,开始做一件事,你觉得无论如何都不想做。可是情况又不得不做。你可以给自己一个承诺,与其放弃,不如做 15 分钟,15 分钟后再决定要不要继续下去。结果,当你做了 15 分钟后,往往会觉得要继续做多一个 15 分钟并不是太难。同理,在生活中,有时我们遇到了一些困境,觉得好难过去。这时告诉自己:我只要一步就好。将精力专注于每一天的生活,不要去忧虑明天。

(四)建立广泛的兴趣爱好

在心态调整的过程中,广泛的兴趣爱好能够使人们从中寻找应对的方法,或者从中陶冶自己的情操。

1. 增加知识储备,培养兴趣的基础。

2. 开展有趣活动,培养直接兴趣。

3. 明确目的意义,培养间接兴趣。

4. 根据自身的兴趣特点,培养优良的兴趣品质。

(五)学会忘记该忘记的东西

发生在我们身上的一些不重要而且不好的事情,我们应该学着去忘记。

学会忘记该忘记的东西,我们就应该学会用:

1. 建立良好的自信心——自信心可以让你从该忘记的东西中走出来。

2. 保持年轻的心态——充沛的精力可以让你更好地面对不好的现实。

3. 学会关怀,不要冷漠——学会关怀应该关心的东西,就可以让我们忘记该忘记的。

4. 学习乐观的心态——乐观的心态,可以让悲观的事情淡去。

5. 保持微笑——常说一笑泯恩仇,保持微笑,那么不好的事情自然而然就过去了,那些该忘记的自然而然就忘记了。

（六）大度与人为善

择善人而交,择善书而读,择善言而听,择善行而从,学会择善,首先自己要做一个好人,两善相加,完美无瑕。就一个家庭来说,自己做一个能屈能伸,问心无愧的人,寻找一个温柔善良,言而有信的人,两人相互理解,相濡以沫,两人一定能百年好合。

其实,大度与人为善,我们就应该学会换位思考,从别人的角度与心理去理解别人的行为,从而达到共情心与同理心,这样我们就能自然而然的与人为善。

三、呼叫中心工作人员心态调节的方法

（一）转移自己的注意力

当人的情绪处于低潮或者失控的时候,就会对任何事情都提不起兴趣。总是想着伤心的事情。所以,想要摆脱这种情绪,首先呼叫中心工作人员要做的就是不要让自己总想这些问题转移自己的注意力,有时候有一些事情是我们无法改变的,所以不要强迫自己总去想。既然已经成为事实,总是去想它也不会消失,应该尝试着去接受,面对现实。你一个人是无法去改变世界上的所有事情的,有很多事物也是你无法改变的。我们所能做的,就是去适应这个世界。所谓物竞天择适者生存,想要自己开心,我们既要放弃自己那些极端的做法,不要钻牛角尖,也要学会转移自己的注意力。

（二）学会宽容

宽容是一种美德,是对犯错误的人的救赎,也是对自己心灵的升华。不要总是想着对方如何得罪了你,给你造成了多大的伤害或损失。想想对方是不是值得要你去如此发火?他是故意的还是无心的?平日待你如何?给对方一个机会,就是给自己一个机会。对于一些人,原谅,远远要比惩罚来得有效。也许只是一时的失误,也许只是一闪而过的歪念。人总有犯错误的时候,对人不要过于苛刻。

不要总是认为江山易改,本性难移。有时候,只要有信心,人是可以改变的。或许是为了友情,或许是为了爱情,又或许是为了亲情。要用发展的眼光看待他人。尤其是对于相爱的人。也许你无法容忍对方的一些毛病,如果你要是爱着对方,就给他机会去改变。但是,严格要求对方的同时,也要严格要求自己,对于自己的一些为对方所不能容忍的毛病,一样要加以改正。永远不要严于待人,宽于律己。这样做会让对方伤心、失望。

（三）知足者常乐

你现在所受到的痛苦,不是毫无意义的。人一辈子会碰上许许多多的痛苦,这是我们无法避免的。痛苦可以让人颓废,也可以激发人的斗志。痛苦磨炼了人的意志,让人们不会轻易地被困难所打倒。

追求完美的人生,是每个人的梦想。但是,这种完美真的存在吗?我们穷尽一生,只是为了追求那完美的一刻,值得吗?每个人都有缺点,每件事都会有不足。看人看事,先

看到其美好的一面,如果你认为这个人值得你去付出,我想你一定可以容忍对方的缺点。不要把目光总盯在丑恶的方面,那样你永远找不到快乐,也永远不会有好的心情。

(四)学会控制自己

人都是有恶念的,也许只是一瞬间的想法,不必为自己有这种恶念而恐慌。人的思想是复杂的,不是只有善念。有时一些恶念,还可以帮助人发泄心中不满。比如被人欺负,你可以幻想自己把他痛扁一顿等等。这都是可以的,关键是要能控制住自己的恶念,让它不去左右自己的行为。所以恶念并不可怕,只要运用得当,反而可以帮人疏解压力。

(五)正确面对自己的选择

有时候对一件事感想,因时间的改变会有不同,可能当时对你来说是很痛苦的一件事,过一段时间之后,你也许会有另一番见地。尝试从不同的角度看问题,你也许会发现,痛苦并不像你想象的那样真实。

一个成熟的人,应该勇于对自己做过的事情负责。对于自己做过的事情,不要后悔,因为这是你自己的选择。这样的选择,是被当时的你所认可的,因此,你没有理由去后悔。不要总是想着也许我那样做就不会有这样的后果了。要知道,不要以同一个结果去比较不同的选择,也许另外一个选择导致的结果比现在还糟糕。既然选择了,就不要后悔。只要自己尽力了,其他的一切,就让其自然发展吧。有些事只要自己努力去做了,收获是水到渠成的。不要总是想着自己会得到什么样的结果,用心去欣赏自己努力的过程,那才是你最应该记住的。

(六)正确面对现实

不要总是幻想这会遇到什么新奇的事情。这不是童话的世界。这个世界是现实的,是残酷的,也是美好的。往往越平凡的事,越能带给人震撼。

决不要把自己的快乐建立在别人的痛苦之上。那样的快乐不会长久,很快就会被无边的痛苦所取代。真正的快乐,是发自内心的。

(七)学会自我排解

人总会有心情低落的时候,不管是因为爱情,还是因为友情,或是其他的因素,让你痛苦,让你找不到人生的乐趣。首先,不要放弃对美好事物的渴望和追求,有希望才会有动力。其次,如果你真心想摆脱目前的困境,那首先要敢于面对困难,一味逃避,只会让自己的痛苦之路更加漫长。当你遇到不顺心的事时,要学会多做几个深呼吸,尽力使自己冷静下来,之后可以找你最信任的好朋友倾诉;如果不便让他人知道时,可以把电视机的音量放大,然后大声喊叫或大骂其人;也可以到野外去散散心,把那些不愉快暂且忘到脑后去,等到理清思绪再作定夺;或让自己多做工作、听听音乐,转移自己的注意力等等。

5.4.3 任务同步训练

一、任务描述

在我们面对事情的时候,往往会因为我们心态的不同而对事物的态度也有所不同,从而导致我们的行为不同,所以我们要学会在某个情景下对自己的心态进行分析,只有分析自身的心态,才能对自己的行为有更深刻的了解。

二、同步训练任务书

任务名称	心态分析与判断	任务用时	10分钟
同步训练描述	学生对场景进行分析并写出两种心态及行为模式,然后小组进行讨论。		
场景描述	有一个人在沙漠行走了两天。途中遇到暴风沙。一阵狂沙吹过之后,他已认不得正确的方向。正当快撑不住时,突然,他发现了一幢废弃的小屋。他拖着疲惫的身子走进了屋内。这是一间不通风的小屋子,里面堆了一些枯朽的木材。他几近绝望地走到屋角,却意外地发现了一座抽水机。他兴奋地上前汲水,却任凭他怎么抽水,也抽不出半滴来。他颓然坐地,却看见抽水机旁,有一个用软木塞堵住瓶口的小瓶子,瓶上贴了一张泛黄的纸条,纸条上写着:你必须把水灌入抽水机才能引水!不要忘了,在你离开前,请再将水装满!他拔开瓶塞,发现瓶子里,果然装满了水! 他的内心,此时开始交战着…… 如果自私点,只要将瓶子里的喝掉,他就不会渴死,就能活着走出这间屋子! 如果照纸条上说的做,把瓶子里唯一的水,倒入抽水机内,万一水一去不回,他就会渴死在这地方了……到底要不要冒险?		
序号	心态分析、行为判断		
1			
2			

三、教师点评

在遇到问题的时候,我们有时候因为心态的不平和而做出错误的决定,错误的想法,让我们把原本有可能办好的事情办砸,让我们原本可以更好交流的事情变成了争吵。所以我们要学会控制自己的心态,也要培养自己的良好心态,好的心态能够让你快速的应对压力,能够更好的处理人际关系,而且好的心态不单单影响你一个人,一个好的心态可能会影响到你身边的人,让他们也会变的幸福。

四、综合评价

任务名称	良好心态的培养
任务完成方式	□小组协作完成 □个人独立完成
评价：	

任务成绩（满分 100 分）：

自我评价 （20%）		小组评价 （20%）		教师评价 （60%）	

存在的主要问题：

5.4.4 自主学习任务

　　一个好的心态不是一天两天就能够养成的，如果想要培养一个良好的心态，那么在我们生活中的点点滴滴就要开始慢慢转变自己的心态。同学们下去也可以阅读一些关于心态培养的书籍来增强自己心理适应性。

项目六 呼叫服务运营

能力目标

1. 综合运用呼叫中心现场管理的各项技能,解决呼叫现场突发的各种问题;
2. 培养学生临场反应及应变能力;
3. 根据真实的实训项目总结出相关的客户关怀方案。

知识目标

1. KPI指标的具体量化方法;
2. 应对具体问题的流程管理的规划;
3. 客户关怀方案的设计步骤;
4. 客户关怀方案的实施。

> 本项目包含了三个学习任务,具体为:
>
> 任务1:呼叫服务技巧提升;
>
> 任务2:呼叫中心的现场管理;
>
> 任务3:客户关怀方案设计;

任务1 呼叫中心的现场管理

6.1.1 任务引导

1. 任务情景

小李是上海汇通呼叫中心的质检员,可是她最近心情极为不好。这个曾经让她兴奋的质检工作如今再也不能引发她的乐趣了。没完没了的电话监听,数不清的录音问题让她不胜其烦。刚刚呼叫中心经理开会说,抽检的电话量不够,不能很全面地反映坐席员的服务质量,这是质检小组本月第三次被点名批评了。小李心里很不服气,难道说增大抽检量就能提升服务质量吗?要是真那么容易,干脆100%监听不就完了。再说了,这些经理们都搞不定的事情难道小小的质检员就能解决？她越想越生气,"腾"地站起来走了出去。

质检组王经理此刻的心情更是难以形容,受这种不明不白的气,真不知道他们有什么证据说监听量不够。质检员每天面对堆积如山的电话录音,一个个抱怨听力受损、忙得透不过气来。王经理安抚了这个,安抚那个,就是为了让组员有个好心情,和他们一起努力工作并完成任务。但今天在会上这么批评他的小组,让王经理非常委屈,难道自己辛辛苦苦与组员一起努力工作都是在做无用功吗？再说,服务质量提升的问题也不是质检小组能够决定的,质检人员只能帮助坐席人员发现问题,至于能否改进完全取决于坐席员个人,是什么导致服务质量得不到提升的帽子为什么戴到了质检小组的头上了呢？这实在太不公平了……

2. 任务分析

作为客户服务的重要载体,呼叫中心运营中关键的一个问题就是如何保证客户服务质量,即保障各项考评指标达到设定的要求。为此,呼叫中心必须建立有效的质量控制体系。从组织角度看,不仅质检小组要履行质量控制和保证的职责,所有管理者都是质量控制的责任人,即质量监控者。电话监听和报表分析是客户呼叫中心质量控制的重要手段。小王和小李需要弄清楚自己工作的重要性。

为了更好地理解呼叫中心的工作及其运营管理,需要掌握的知识内容如下：

(1) 呼叫中心现场管理的特点与目的。

(2) 呼叫中心现场环境管理的具体内容。

(3) 呼叫中心现场工作人员的管理。

(4) 关键绩效指标的含义及 KPI 指标的实施方法。

(5) 呼叫中心现场危机的处理等方面。

6.1.2 支撑知识

一、呼叫中心现场管理的内容与目的

现场管理就是运营活动若干级管理的最终体现,是对作业面人员的直接接触和管理。当最高管理者确立欲达成的方向与目标后,下面各级管理层就开始组织调动各种资源,最后经过现场管理达到人员作业面,达到预期的结果。

(一) 呼叫中心现场的特点

我们将呼叫中心现场的特点划分为工作环境的特点、现场客户交流的特点以及员工工作方式的特点三方面。

1. 呼叫中心工作环境的特点

呼叫中心有以下几个环境特点(见表 6 - 1)。

表 6-1　呼叫中心与网店柜台工作比较

比较	呼叫中心	网店柜台
现场工作环境	属于企业的内部办公场所;仅对呼叫中心员工开放;环境安静;整体场地很大,至少 300～1000 平方米;紧靠隔间,空间较小;相对固定的工位和计算机;不能见到客户;通过报表可知道客户等待情况……	属于企业的公共建筑;对所有客户开放;环境嘈杂;整体场地较小,柜台里面约 30～50 平方米;个人空间较大,没有隔间限制;不固定工位和计算机;可以见到客户;直观了解客户等待情况……

在表 6-1 中不难发现呼叫中心和我们通常接触的网点柜台在工作环境(物理环境)上有着巨大的差别。

员工在网店柜台工作时,员工和管理者都能见到在营业大厅服务柜台排队的客户。而在呼叫中心,员工无法看到在电话那端焦急等待排队的客户,取而代之的是另一个典型场景,安置了个人计算机的一排排隔间,以及坐席员通过耳机听取电话呼叫,员工和管理者不能直接了解进入呼叫中心的客户数目,也不知道有多少员工准备接听呼叫,而是要通过计算机系统和交换机系统的报表数据,分析整理后才能掌握。

2. 呼叫中心现场客户交流的特点

表 6-2　呼叫中心与网店柜台现场客户交流特点比较

比较	呼叫中心	网店柜台
现场客户交流	客户不了解有多少在等候服务的其他客户,通过听取类似等待留言、录音回复、忙音信号来获取信息,不能直观队伍,因此会有许多对等候的抱怨;客户依其方便在家里呼叫,无电话费以外的开销;无法通过电话确认客户,客户具有保密性,行为约束力;除语言解释外,无法提供其他形式的资料,帮助读取和理解各类规定;服务时间没有限制。	客户能够直观其在队伍中的位置,所以很少引起投诉;客户必须进入网点场所,因此需在路途上话费金钱与时间,与网点服务人员面对面交谈,对客户行为有约束力;可出示其他形式的资料,帮助读取和理解各类规定;服务时间有限制,一般只在白天。

在表 6-2 中我们可以看见,在网点柜台的营业大厅里,客户可能需要排队几十分钟等候办理业务,然而,客户会感到舒适,因为他们至少可以知道在队伍中的位置,可以看到排在其前面的人数,也能大概估计出还需要等候的时间。在呼叫中心因客户数量大而出现客户排队等候时,客户不了解等待的原因,也不知道客户在排队中的位置,更不能体会其排队位置的不断前移,因而会主观认为是企业内部管理不善,造成电话打不通。呼叫中心学专家称这种区别为"可视排队"和"不可视排队"。

参考实例:根据调查 90% 客户认为在网点柜台的营业大厅里等候 10～20 分钟,属于优质服务;等候时间超过 40～60 分钟,则需要改进。而 94% 的客户认为在电话里等候 10 分钟,或是连续拨打 3 遍以上均在等候的服务,则是严重服务质量问题,必须改进。

3. 呼叫中心员工工作方式的特点

在员工工作方式特点上,网点柜台与呼叫中心也存在着巨大的差异。具体对比,见表 6 - 3。

表 6 - 3 呼叫中心与网店柜台的员工工总方式特点比较

比较	呼叫中心	网店柜台
员工工作方式	几乎没有身体活动变化;无服装礼仪要求;更多数据输入;客户沟通的方式唯一(语言);工作日复一日,重复;更快速的工作时间要求,平均 3 分钟内完成服务;较少的员工间交流;客户信息少,只限于 CRM 的提供;业务知识多而泛……	更多身体活动;注重服装礼仪;较少的数据输入;客户沟通的方式多样化(语言和非语言的);工作活动多样化;每个呼叫时间较长;客户信息多,来源于现场观察;业务知识少而精……

呼叫中心的员工一天中将花费很多时间在电话里与客户沟通,可能员工通常是整天坐在隔间内,几乎不与其他人交流,甚至没有机会四周活动。呼叫中心员工不仅要求在电话里与客户交谈,同时还要在计算机上进行数据输入等。

综上所述,由于呼叫中心与常规服务的形式和特点不同,这就要求我们要从实际出发建立符合实际情况的行之有效地现场管理方法。

(二)呼叫中心现场管理的目的

总体来讲,我们把呼叫中心现场管理的主要目的归纳为如下四点:

(1)统一呼叫中心管理标准,完善企业形象

为了统一各地区的服务,统一呼叫中心现场管理的服务标准是必需的,只有统一了服务标准才能从最根本上缩小地区服务差异,整体提升呼叫中心的服务水平,从而达到完善企业形象的目的。

(2)提高客服质量,即时收集和反馈客户信息及要求

建立统一、完善、有效地现场管理制度,可以从直接接触客户的第一线通过先进的科学方法收集客户的信息,减少客户信息流转中的信息失真现象,达到及时反馈客户要求的目的,并且保证了客户信息的真实性,建立了一条与客户交流高服务水平的畅通渠道。

(3)提高呼叫中心各项工作的工作效率,节省运营成本

通过有效地现场管理,可以提高客服整体工作效率,从最大限度上降低客服中心的工作量,从而达到节省运营成本的目的。

(4)提升发生紧急事件的响应速度,减少事故造成的损失

有效地现场管理,可以使企业最大限度地提升对突发事件的反应速度,减少事故造成的损失和影响,这种事故不仅仅包括呼叫中心的内部故障和突发事件,也包括企业其他方面的故障或突发事件。

（三）呼叫中心现场管理的内容

根据呼叫中心现场的特点和呼叫中心现场管理的目的，可以发现如何透过问题表象，寻找问题真正原因；如何有效的制定决策和计划，确保方案的实施。这就是呼叫中心现场管理的内容，包括：呼叫中心现场环境的管理以及呼叫中心现场工作人员的管理、呼叫中心现场指标监控的管理以及呼叫中心现场危机的处理等方面。

二、呼叫中心现场环境的管理

（一）现场环境管理的原则

1. 现场的空间设计原则

呼叫中心现场空间的设计应本着以下设计原则：

（1）高效性

呼叫中心具有人员交替频繁的工作特点，因此在空间设计上要保证现场各区域拥有高效的使用场地。

（2）安全性

呼叫中心有着独特运营方式，各运营部门都掌握着大量的客户资料或公司机密，因此在空间的设计上要保证运营的安全，以及各部门的相对独立。

（3）持续发展性

呼叫中心随着业务的迅速增长也会不断发展壮大，所以在空间设计之初应该要注意到呼叫中心的持续发展性。

① 按照使用功能不同进行空间设计。

② 按照安全级别不同进行空间设计。

2. 空间辅助效果设定的原则

空间辅助效果设计主要是指呼叫中心各区域温、湿度及灯光控制的设计。

呼叫中心的温、湿度及灯光控制应参考《中华人民共和国国家标准电子计算机机房设计规范》中的具体要求。记忆取值如下：

（1）公共区域、行政事务工作区和呼叫工作区

温度：全年 $18\sim28\,^{\circ}\mathrm{C}$，温度变化 $<10\,^{\circ}\mathrm{C}/\mathrm{h}$ 并不得结露

相对湿度：$40\%\sim70\%$

灯光控制：工作区内一般照明的均匀度（最低照度与平均照明度之比）不宜小于 0.7。非工作区的照度不宜低于工作区平均照度的 1/5。并应设置备用照明，其照明度宜为一般照明的 1/10。备用照明宜为一般照明的一部分。

（2）系统维护工作区

温度：夏季 $23\pm2\,^{\circ}\mathrm{C}$，冬季 $20\,^{\circ}\mathrm{C}\pm2\,^{\circ}\mathrm{C}$；温度变化率 $<5\,^{\circ}\mathrm{C}/\mathrm{h}$ 并不得结露

相对湿度：$45\%\sim65\%$

灯光控制：工作区内一般照明的均匀度（最低照度与平均照明度之比）不宜小于 0.7。非工作区的照明度不宜低于工作区平均照度的 1/5。并应设置备用照明，其照明度宜

为一般照明的 1/10。备用照明宜为一般照明的一部分。

3．现场的色彩设计原则

（1）统一性

要与企业的整体风格相一致，在此基础上应突出呼叫中心全新的管理标准等特色。

（2）独立性

呼叫中心是独立于其他部门之外的服务部门，因此其色彩要具有相对的独立性。

（3）创新性

呼叫中心独特的管理方法，决定了其在色彩设计上既要保持企业的传统，又要突出呼叫中心的全新形象。

4．现场坐席的设计原则

（1）适用性

呼叫中心具有工作人员交替频繁、业务发展迅速等特点，因此要求现场的坐席设计应具有较强的适用性，例如：坐席舒适，适合长时间坐姿工作，具有可拆卸重组等功能。

（2）安全性

呼叫中心的坐席设计要有明显的安全性，并摆放合理，在突发事件发生时能迅速将所有工作人员撤离工作现场。

坐席应装备 1.3 米高的隔屏来分开每一个工作间，而组长办公室则可使用 1.5 米高的隔屏。

这样可以尽量降低呼叫中心内的声音，令坐席员在较宁静的环境下工作。

坐席员工作时间的标准可按业务需求及成本来决定，呼叫中心每个坐席的占地标准为 3～4 平方米（此数值包括每个坐席大小以及每个坐席均摊运营区内通道的大小）。

在美国的标准为 45 平方尺，而在中国香港由于租金偏高，坐席人员的工作间约为 30 平方英尺。

桌面通常为"L"形或长方形，桌面形状需配合坐席排列。建议桌面长度应约为 1.4 米。

只要坐席员身处其中并没有挤迫的感觉，那就足够了。若桌面面积过大，而桌面活动空间并没有随着较大的桌面面积而有所增加，那就变成浪费了。

椅子必须配备能让员工自由调节椅子及椅把的高度及可调节椅背角度的功能，以配合不同的体形。

主要通道最少要 1.5 米宽，能让两人同时通过而不会造成阻塞。背对背坐席相距最少 1 米，避免过度拥挤或容易产生碰撞，也可以让班长或其他管理人员易于从后指导。

（3）坐席排列

● 风车型分四个或六个工作区域（见图 6-2）

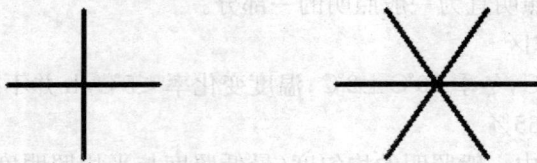

图 6-2

● 直线、传统的方格设置（见图 6-3）

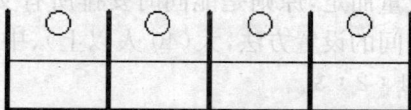

图 6-3

● 模块化、4 个坐席分占 4 个角落的排列方式（见图 6-4）

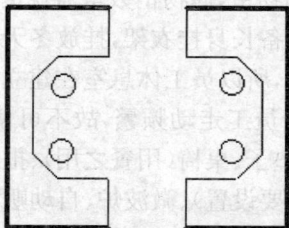

图 6-4

5. 现场文化的建设

(1) 全员参与

员工参与文化建设是非常必要的,因为他们是最终用户,会在呼叫中心长期工作。当呼叫中心拥有高效的员工时,员工和公司都会受益。

(2) 团队合作

呼叫中心是处处体现团队合作的工作场所,所以在文化建设方面要突出体现团队合作性。

（二）现场功能的划分

1. 接待大厅,接待室

最少设置两个接待室,作为面试或为接待来访客人之用;备桌子、椅子、白色书写板、网络接口及电源接口等;利用磨砂玻璃容许有限度的视线,令在室外的人能知道接待室是否在使用中。

2. 呼叫工作区

该区域为呼叫中心的一线工作区域,占用面积最大,进入人员数量最多。该区域又细分为以下区域:

(1) 呼叫中心呼出区

该区域是呼叫中心的进行电话呼出的工作场所,区域大小视呼出话务量及坐席员多少而定。并应设立足够坐席员使用的卫生间、饮水间等设施。

(2) 呼叫中心呼入区

该区域是呼叫中心对呼入电话进行服务处理的工作场所,区域大小视呼入话务量而定,但是现阶段呼入区域应大于呼出区域。

(3) 呼叫工作区会议室

该区域是呼叫中心工作人员从事召开班前班后会议,定期培训的工作场所,区域大小视呼叫中心最高坐席开放数量而定,原则是能同时安排所有交接班人员班前班后会议的召开。建议采用大面积小房间的设置方法,大(40人以上)、中(40~20人)、小会议室(20人以下)的间数比例设计为1:2:3。

备桌子、椅子、白色书写板、网络接口机电源接口等,利用磨砂玻璃容许有限度的视线,令在室外的人能知道会议室是否在使用。

3. 坐席员更衣区(休息区)

该区域包括男、女更衣室及储物室,储物柜数量需视员工比例而更改但必须足以应付员工需要,并在门空处加设屏风。具备长身挂衣架,挂放冬天大衣或制服。休息室的设置是为员工小休之用,谈笑实为在所难免,所以员工休息室在建立时需进行隔音处理。建议最小40平方米(30~40名员工使用),由于员工走动频繁,故不可使用磨砂玻璃,需用实心墙壁,(此举亦可增加隔音效果)设有沙发、垫子、桌椅(用餐之用)、报纸杂志、电视、计算机(1~2台,可上网)、冰箱(数量需应员工实际需要设置)、微波炉、自动贩卖机、大垃圾箱等。

设置员工告示板以宣传各种不同形式的资讯及员工天地栏让员工可以自由发表个人作品或意见。在不同角落设置2~3个饮水器,方便员工随时享用。放一些绿色植物及漫画等,营造舒适、自然的环境。

4. 行政事务工作区

(1) 行政办公室

办公室的设立是作为行政办公之用,基本上只设置两种办公室,分别是区域呼叫中心经理的独立办公室、其他行政工作人员的职能办公室,设有打印机、传真机、碎纸机及档案橱柜,而区域呼叫中心经理独立办公室的设置应以可以进行组长级的小型会议为标准。

(2) 行政人员会议区

为了方便举行不同类型的会议,呼叫中心办公区内应设置3个或3个以上会议室。大型的会议室应能同时容纳30人,方便举行较大型的会议或事项宣布。中型及小型的会议室应可容纳约20人或10人,以便进行专业会议。个别会议室需具备投影机、U字形的桌子、电子书写板、网络接口、电源接口及饮水机等,利用磨砂玻璃作分隔,容许有限度的视线,令在室外的人能知道会议室是否在使用中。

5. 培训室

建议设立最少两个培训室,一个作为讲仪式或活动式授课,另一个设置计算机作为系统培训之用。要配备吸音地毯,令培训室保持环境清静。活动培训室应配备活动桌子及椅子,4人1排,左右共8排,方便进行不同形式的授课;系统培训室需配备计算机(最少2人1机)方便进行仿真情况培训。

两个培训室也应具备投影机、录像机、白色书写板、活动挂图及扬声设备。预留讲师讲台。

6. 监听监控室

(1) 系统维护工作区

该区域是系统维护工程师的主要工作区域。该区域的大小应视呼叫中心的规模和条件而定,一般不应小于行政事务办公区。

（2）设备室

有的设备和服务器应放置在高度安全的设备室,具备温度调节器、高温警报器、烟雾感应器、方便布线的提升地板（20～30 cm）、进出控制、UPS 和发电机。

设备室应有独立的空调系统,保持室温为 20℃左右,建议采用吸顶空调。防静电地板,高度为 25～35 厘米,地板承重必须为 250～300 kg 以上,每个机柜均应采用独立的电力供应,以保证机柜之间不会相互干扰。设备室应设有闭路电视监控录像系统以保证设备的安全。基于消防安全的考虑,不建议采用粉末或喷水灭火方式,可采用气体灭火系统。应具备约 4 小时的独立后备电源供应设备室、主要运营范围及办公室,让管理人员及技术员在灾难情况下有足够的时间作出适当的安排。

（3）测试开发区

该区域是呼叫中心系统开发工程师的主要工作区域。

（4）系统工程师休息区

该区域是呼叫中心维护工程师的休息更衣场所。

（三）呼叫中心现场工作人员仪容仪表

1. 呼叫中心工作人员仪容仪表

（1）个人清洁卫生,指甲不可过长。女士若头发过肩,必须束起。男士应以短发为主。

（2）须佩戴工牌上班。

（3）着装应以端庄为主。男士要穿衬衫及西裤;女士要穿西裤或西裙,上衣应以端庄为主,禁止穿小背心。

（4）应时常保持友善,表现出乐意帮助客户的工作热诚。

（5）严禁在岗位上吸烟或吃东西。

（6）禁止偷窃、欺骗或不诚实的行为。

（7）在呼叫中心内禁止使用毒品或饮用酒精饮料。

（8）禁止在工作时睡觉。

2. 呼叫中心行业仪容仪表惯例

呼叫中心的行业习惯是要求有统一着装,该习惯是为了适应呼叫中心工作人员数量庞大以及工作流动性比较大等现实问题。一般规定能从着装上划分工作性质和工作人员的行政级别。

例如:行政管理人员穿着藏蓝色长袖西服套装,坐席人员穿着蓝色西服马甲套装等。

统一着装的统一性体现在统一的制服、领带、头饰、配饰等。这种统一是狭义的完整统一而不是公益的完整统一。

参考实例:中国联通公司率先统一客服人员服装,标志着联通的呼叫中心正在努力走向"新形象,新理念,新体验"的全新阶段,展现了中国联通以客户为本,亲和服务的企业理念。该工装的设计理念突出了"三新"的特点,即设定为突出新形象、新风格、新特点。工装突出联通特色,具有很强的行业特点和时尚气息。此次统一工装体现传统与时尚的完美结合,与中国联通民族性与国际化统一的崭新形象相得益彰。统一的工装将联通 LOGO 巧妙地设计成面料底纹,并运用在丝巾、领带、领带夹、缀扣、头饰等配饰上,整体服装蕴涵了大量的联通品牌元素,男士工装以白色和深蓝为主色调,女士工装分红色和紫色两个系列的服装,红色系列为冬装,紫色系列为夏装和春秋装……崭新风格的职业装使联通的客服人员容貌一新,对提升整体服务水平有良好的作用。

三、呼叫中心现场工作人员管理

(一)现场工作人员管理的内容与目的

1. 现场工作人员管理的内容

现场工作人员的管理也可称为排班管理。其主要内容包括:电话呼叫量预测、计算人员需求量、创建排版表以及实际情况与预测情况的比较。有效地排班方法可以帮助现场管理人员有效的分析与挖掘潜在的问题,掌握系统使用的工具与方法,解决现场中的时间问题,提升自身解决问题的能力,不断促进管理水平的提高。

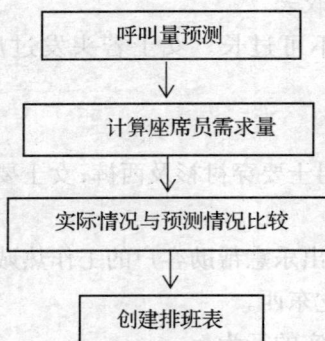

图 6-5　排班管理流程图

2. 呼叫量预测的目的

(1)根据来话规律提早进行班次调整与人员配备,保障呼叫中心服务水平指标的实现。

(2)通过对历史来话的分析,对可预知的呼叫量影响因素提前做出反应,以使呼叫中心提前制定出相应的解决方案。

(3)在呼叫中心呼叫量承接能力将要趋于饱和时,进一步完善、调整、优化当前运行系统,提前做好人员与设备扩张的准备,确保呼叫中心保持正常运转。

(4)依据来话规律及时了解市场与客户的需求,便于调整市场运作和营销方向,提升客户满意度。

(二)现场呼叫量的管理

为精确地预测呼叫中心未来的呼叫量,呼叫中心经理必须综合考虑各个方面的信息。这些信息可以来自于多方面。比如对市场的预测、广告投放时间、次数等。但是,一些最重要的信息也可以来自于多方面。比如对市场的预测、广告投放时间、次数等。但是,一些最重要的信息可能来自历史呼叫量的统计。通常,从历史呼叫量可以预测目前的呼叫量。

请注意:已处理的呼叫知识包括了坐席人员成功应答的呼叫,所以呼叫中心在运营过程中对历史数据的积累和分析是很重要的。

影响呼叫量不多的因素:

(1)用户量上的变化,如新增客户等。随着目前各企业客户量上升趋势的发展,呼叫中心的电话呼叫量也呈上升趋势。

(2)产品功能上的变动,如单向收费或使用电子认证系统收缴电话费等功能。

(3)市场宣传的变动,如业务的宣传、促销市场行为,如在报纸、电视上宣传某业务有奖消费等。

(4)电信其他部门发生的突发事件,如网络或业务平台瘫痪。

(5)国家相关政策法规的变动,如业务办理收费标准的调整。

(6)法定节假日、公休日的变动,如春节及、国庆等公众假期。

(三)现场排班的管理

1. 呼叫中心坐席员工作状态定义

呼叫中心坐席员工作状态如图 6-6 所示

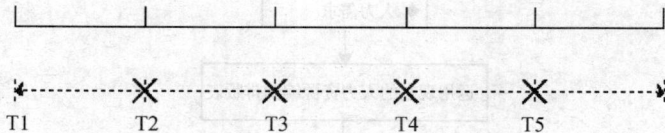

图6-6　呼叫中心坐席员工作状态

T1:坐席员日常培训时间

T2:坐席员通话时间

T3:坐席员事后整理、派单时间

T4:坐席员小休时间

T5:坐席员等待来电时间

T6:坐席员工作时间＝T1＋T2＋T3＋T4＋T5

T7:坐席员上机时间＝T2＋T3＋T4＋T5

实际分析:

以每月平均21个工作日。按每个工作日工作8小时计算:

T6 坐席员工作时间为:167 小时;

T1 坐席员日常培训时间:30 分钟/每天,时间构成为:班前会 10 分钟/天,班后会 10 分钟/天,日常培训 10 分钟/天(注:日常培训 10 分钟/天,是均摊时间,只作为班上培训考察时间,坐席员应利用业余时间进行日常培训);

T7 坐席员上机时间为 156 小时,要求:可用工作时间(T2+T3+T5)/上机时间(T2+T3+T5)=90%,即可用工作时间(T2+T3+T5)=156×90%=140.4 小时;通话时间 T2 占可用工作是按(T2+T3+T5)的比率:80%,即通话时间 T2=140.4×80%=112 小时,通话时间 T2 占 T7 坐席员上机时间的比率:72%。

2. 坐席员人数的预测

呼叫量预测完成后,就要依此预测所需的坐席员人数,一方面为了达到设定的服务水平,另外还要考虑呼叫中心运营成本,平衡坐席期望;同时,在安排过程中还要考虑共时要求、环境要求、坐席人员本身技能等因素。

(1) 短期预测

坐席员的需要量通常是根据运算表来进行测算,根据预估呼入数量的要求以 0.5 小时或 1 小时为单位,在考虑到休息与用餐时间后,测算出单位时间内需要多少坐席员上线,然后在此基础上安排呼出人员。

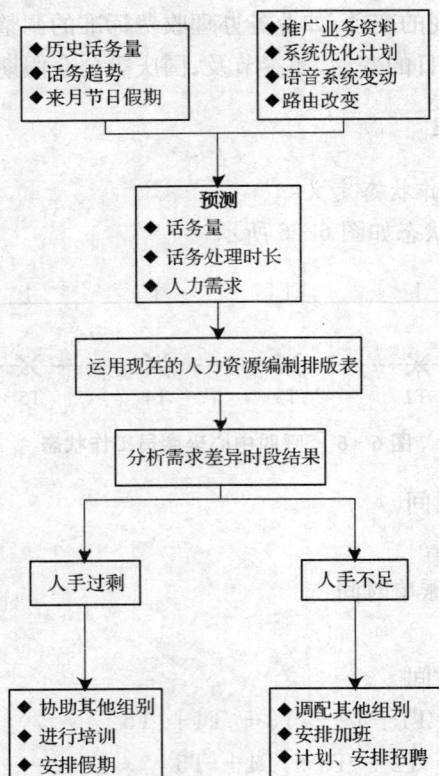

图 6-7 坐席员人数短期预测

（2）长期预测

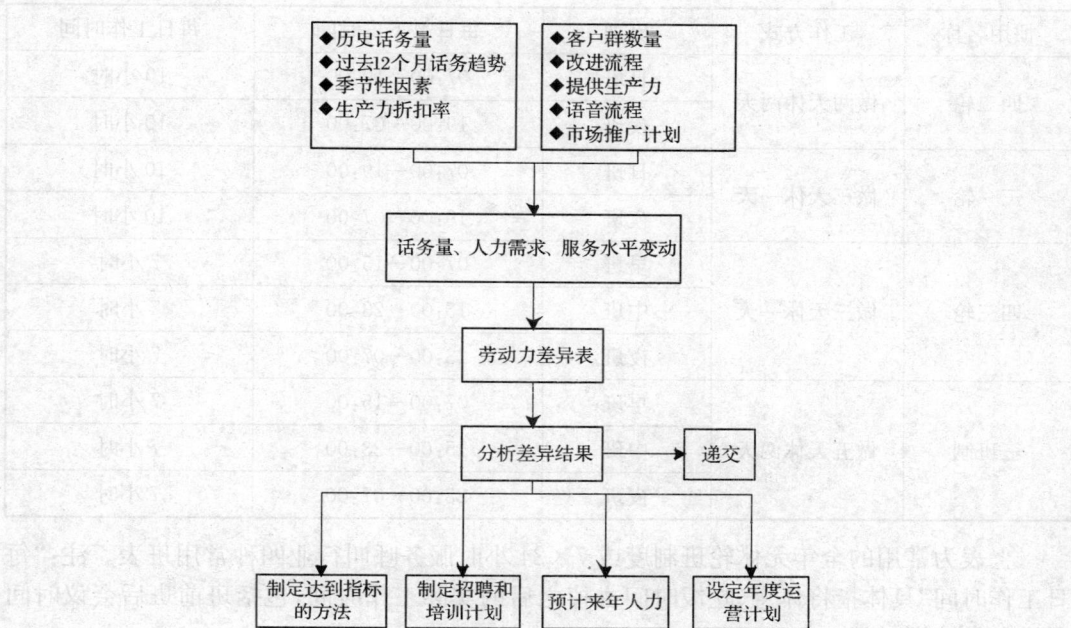

图6-8　坐席员人数长期预测

3. 排班制度专有名词

（1）平均处理时间

即坐席员从开始处理一个呼叫到能处理下一个呼叫所需的平均时间,这个处理时间包括坐席人员处理话务的所有时间,包括坐席人员将客户电话搁置的时间和客户挂断电话后的事后处理时间。特别注意,不要误将只把谈话时间当做处理时间。先行规定数值为:90秒。

（2）平均应答速度

即客户电话从接入呼叫中心开始到被应答的时间长。先行规定数值为:6~15秒。

（4）一线坐席员利用率（CSR出勤率）

即为可用工作时间（T2+T3+T5）/上机时间（T2+T3+T4+T5）=90%。

（5）一线坐席员出勤率（CSR出勤率）

坐席人员需要量计算公式如下:

坐席每时段CSR需要人数=每时段来话量×（平均处理时间+平均应答速度）3600
×CSR利用率×CSR出勤率

4. 呼叫中心行业常用班表

排班管理在企业的管理环节中,起着关键性的作用。从管理的角度而言,需要理顺各种轮班制度与人力、成本、工时之间的关系,以及不同轮班制度之间的互相转换,以一套简单的处理方式,作为轮班制度的基础。在此基础之上,其他排班制度就大同小异,相差无几,若将此种方法掌握,即可化繁为简,以不变应万变,如表6-4:

表6-4 呼叫中心行业常用班表

惯用名称	工作方式	班别	每日上下班时间	每日工作时间
四二轮	做两天休两天	日班	07:00—19:00	10小时
		夜班	19:00—07:00	10小时
三一轮	做三天休一天	日班	07:00—19:00	10小时
		夜班	19:00—07:00	10小时
四三轮	做三天休一天	早班	07:00—15:00	7小时
		中班	15:00—23:00	7小时
		夜班	23:00—07:00	7小时
三班制	做五天休两天	早班	07:00—15:00	7小时
		中班	15:00—23:00	7小时
		夜班	23:00—07:00	7小时

上表为常用的全年无休轮班制度或7×24小时服务呼叫行业四种常用班表。注:"每日工作时间"具体指将休息、吃饭时间去掉之后的实际工作时间,包括班前班后会议时间以及日常培训时间。

事实上,呼叫行业的轮班制度林林总总,绝对不只上列4种,且命名没有一个固定的准则,纯粹是为了方便。譬如说,上述的四三轮,有的企业叫三班制。之所以会有这样的混淆,原因很简单,因为每家企业,在实施全年无休轮班制的时候,都从自己的特定需求出发,来设计一套适用于他们自己的工作方式、作息时间、薪资结构以及惯用称呼。至于这个称呼是否跟其他企业一样,企业并不关心。

但是,如果考虑到企业整体人力的弹性应用与成本效益,则不能如此马虎,因此有需要针对轮班的基本架构,给予明确及深入地分析和说明。

5. 排班管理的注意事项

(1)在确保呼叫质量的同时,不要追求过低的放弃率。国际上一般可以接受的上限是3%的放弃率,这其中包括拨错号、其他呼入方面的原因,或者因为IVR(自动语音应答)设计错误(如按了某个键后被挂断)而导致的放弃电话。要将放弃率降低一个百分点,通常需要排班与坐席资源上的很多努力。同时,除了电信企业外,一般呼叫中心的中继线资源都较有限,百分之一以内的呼入忙音率是可以接受的。

(2)交换机(PBX/ACD)系统中有大量的数据可以提取,包括接通的、放弃的和遇到忙音或其他系统信号的总需详尽列出,对这些数据的仔细分析是合理配置人力资源的基础。目前有些企业以人工拨测的方式作为主要考核以及管理依据,但这种方式得到的结果对预测、排版没有任何价值,用在考核上也会呈现很大的随意性。

(3)预测中要注意协调因企业内部原因而引起的突然大量呼入,比如账单部门的每月一次寄账单、营销部门的大众营销活动等。要注意与相关部门事先沟通,确保在其业务流程上增加与呼叫中心的协调与合作的内容。

(4)员工的上下班时间、工作时间长短会不统一。一方面尽可能使员工生活作息不受太大冲击,另一方面也必然不能完全执行 5 天×8 小时的上班时间。在帮助员工调整的同时,后勤、行政各部门也要能够协调,比如班车的接送,就餐的时间、地点以及员工住宿等。

(5)有些突然的电话呼入高峰,事前难以预测,因此有必要安排一个"备班"。设计合理的溢出路径也很有必要,二线、三线及主管、后台人员应在需要时都可随时上线,同时可考虑不同地点,甚至不同企业之间的溢出处理,如外包企业可以作为溢出选择之一。

(6)如果呼叫中心具有呼入与呼出双重功能,是否让一个坐席人员同时承担两项任务是一个微妙的问题。让坐席人员承担多种业务功能可在呼入高峰时集中处理来电,而在低谷时从事呼出活动,这样人力资源就得到了合理应用。如果呼出活动限于通知、回访等,则不失为一个好的选择。当呼出活动比较专业化、需要特定技能,如电话销售时,则一人兼职将难以保证呼出的质量。但将两个功能组置于一个物理的呼叫中心内,并让呼出组适时处理一部分呼入溢出不失为一种很好的选择。

(四)呼叫量预警管理

1. 呼叫量前期预警
(1)人力短缺预警
客户服务中心出现人力短缺的通常原因:

人员出勤率较低,坐席上线率较低;提供服务的系统异常或有新的活动开始,加上特定时段的人力缺口、特殊节日影响或是因大量的宣传资料传送到客户,均会使客户大量进线询问,造成呼叫量激增而人力短缺的情形。

人力短缺的应变措施
当客户服务中心出现人力短缺时,现场管理者可以根据所赋予的权限进行如下管理应用:

● 工作时段调整
现场管理的主管通常会安排坐席人员在每日工间休息一次,分小组分时段用餐。原本工间休息和用餐都有一定的时间规范,但因为电话呼叫量激增,造成人力不足的时候,现场管理人员可适当调整坐席人员的用餐或休息时段。

● 动用后背力量
除了安排人员加班外,动用后备人力也是解决人力不足的重要举措。

● 提醒客户等候状况
以大型客户服务中心为例,一般技术系统都有结合交换机的功能,将各种话务信息呈现在桌上话机、现场电子公布栏及呼叫管理系统中。当呼叫量激增,而有客户超过标准的通话时间,现场主管即可透过呼叫管理系统发出通知到各坐席人员的计算机屏幕上,要求坐席人员在维持好服务品质下,注意服务效率,精简通话内容以增加处理效率。

● 增加交互式语音应答(IVR)
客户服务中心基本上都采用了交互式语音应答技术,使用的范围从不同 CSR 小组面对简单的单独呼叫客户,到使用 IVR 以应付要求无 CSR 的呼叫。增加利用 IVR 来收集数据将缓解 CSR 在时间上的压力。由于在客户服务中心，人工通话的成本最高，所以应该在呼叫量较少的期间增加和实验 IVR，从而增加其在业务量高峰期的使用并进行创新。

（2）人力过剩预警

客户服务中心出现人力过剩的原因

电话营销方式不如预期；系统异常无法进线；排班人员时段重叠以及例行性的作业特别状况暂停等。

人力过剩应对措施

当客户服务中心出现人力过剩时，现场管理者可以根据所赋予的权限进行如下管理应用：

● 安排离线培训课程

课程的安排可偏重新产品或新业务的介绍及作业流程的即时改善，这方面强调的是使用性的授课内容，对现场的影响会较小且容易控制。因此，管理者可在此时安排已了解但熟悉度不足的人员，课程时间可控制在半小时内。这需要现场主管对坐席人员有比较好的了解，根据情况随时进行离线课程培训。

● 支援相关业务

合理安排人力完成相关的其他工作。

2. 呼叫量预警的应对方法

（1）预警标准：所有电话等待超过 10 分钟，电话量超过坐席总数。

一级支持：所有呼叫中心运营部门的班长和高级护甲中心坐席员应在现场值班班长的指挥下投入电话的应答工作。即工作时段调整。

（2）预警标准：一级支持提供后，高话务量仍持续 30 分钟。

二级支持：现场值班班长联络呼叫中心备班人员应于 10 分钟内报道上线。及时动用后备力量并提醒客户等候状况。

（3）预警标准：二级支持提供后，高话务量仍持续 30 分钟。

三级支持：现场值班班长联络职能人员，互动交互式语音应答（IVR），并上报呼叫中心经理。呼叫中心经理或其委派人员应深入调查此事件，必要时修正项目实施计划。

（五）工作现场的管理

1. 保护雇员的生命和安全

（1）对恐吓骚扰电话的处理

呼叫中心坐席员在受到威胁生命或公司财产的恐吓电话时应保持冷静，记下所有细节，例如：打电话的时间、工作台号码、谈话细节、特殊的情况以及任何与客户有关的信息。

呼叫中心坐席员应立即通知呼叫中心经理。如果呼叫中心经理不能在 15 分钟之内到达，值班班长应考虑报警。同时，值班班长应通知前台和有关人员处于高度的警戒。事态严重的应通知管理层。

应注意所有恐吓骚扰电话只适宜控制影响范围，不宜在大范围宣扬。

（2）贵重物品的储存

呼叫中心坐席员被建议不要带过多的贵重物品和现金到工作单位,如有贵重物品应锁在更衣柜中,如发现物品丢失应报告给值班班长。

（3）胸卡的丢失及退还

呼叫中心坐席员应向班长及人事部门报告胸卡丢失,人事部门应马上给予其一个临时胸卡,同时为其制作新胸卡,当坐席员收到新胸卡时应退还临时胸卡。如果呼叫中心坐席员辞职或被解雇,胸卡应退还人事部门。

（4）关键入口的管理

呼叫中心的主要入口和侧门应该处于保安状态下,班长负责定期的检查。在正常的办公时间之外,主要入口应关闭,仅仅可以通过侧门进入呼叫中心。

（5）处理未授权人员的进入

当呼叫中心坐席员注意到有陌生人出现在呼叫中心时,应立即通知班长。班长应礼貌地检查此人以验证其身份,如果此人没有被正式授权进入,班长应报告呼叫中心经理,必要时提交管理办公室或警方。

2. 保护用户资料

（1）处理要求泄露用户资料的要求

对于来自用户本身的要求呼叫中心坐席员在满足用户之前,应先验证用户的信息,没与用户身份验证之前,呼叫中心坐席员不允许提供用户的任何身份信息。

（2）处理来自媒体或政府的要求

呼叫中心坐席员应礼貌记录媒体或政府机关的联络方式和要求,并且把这些资料交给呼叫中心经处理。呼叫中心坐席员和班长在任何情况下都不得泄露用户资料。呼叫中心经理有权力在得到客户书面许可,验证来电者身份之后,透露用户资料。特殊情况下可遵照当地的条例和制度,信息可以适当透露。

（3）客户资料的流转和保存

数据资料,无论以何种方式都不可以在没有授权的情况下查看、修改或销毁,所有存放客户资料的房间柜子都应上锁。

客户资料是高度保密的,资料的流转都应在严密的监督之下。书面的文件应当被保存在保密室中,根据抄送名单进行流转。

（4）客户资料的销毁

客户资料应阶段性的销毁,由指定人员完成销毁工作。

（5）保护客户资料环境的管理

应以公司名义与员工签署保密协议,保密信息是指任何与公司有关的图形、知识、软件源代码、文件、信件、法律文件,其中包括投诉、财务、损益账目、业务预测、雇主委派的工作和任务、合同、销售数据、组织结构、劳动力数据、生产数据、客户名单、顾问意见、目录和所有其他属于雇主的材料。

所有的拍照、录音、摄像、复印、泄露和删除任何客户信息资料的行为都是被禁止的。

四、工作现场指标监控的管理

从进入呼叫中心的第一天起,周康就发现与他形影不离的并不是与自己关系好的同事,也不是自己的领导,而是 KPI 指标。

每天无数的 KPI 指标围绕着他,他在呼叫中心所做的任一件事都有对应的 KPI 指标要求,接听一个电话,有通话时长的要求,转接一个电话,有转接率的要求,连外出休息都有时长的要求。无处不在的 KPI,让周康感觉到自己是被装在"套子"里,束手束脚动弹不得。

这不,组长又来找周康了,一个老问题,通话处理时长,周康觉得很委屈,自己真的每天都很努力,努力地处理好每一个电话,努力地处理好每一个工单,可是他实在不明白为什么组长总是要拿自己的通话处理时长来说事,在小组内相比,周康的排名不是很靠前,组长希望周康能找到自身原因,反思一下问题根源所在。

周康木然地听着组长的教导,突然他打断了组长:"组长,你看我吐字清晰,语速适中,态度热情,在服务态度上完全符合要求,并保持每天以这种方式尽心地服务于每一个客户,每次听到组长给我提建议,我都是发自内心的想要提高自己的平均通话时长,以达到小组的 KPI 指标要求,但这个指标真的那么重要吗?难道必须要小组达标吗?……"。

(一)KPI 的含义

KPI 是 Key performance indicators 的缩写,即关键绩效指标,是反映个体与组织关键业绩贡献的评价依据和指标。KPI 的含义是只通过对组织内容部某一流程的输入端和输出端的关键参数进行设置、取样、计算及分析,用以衡量流程绩效的一种目标式量化管理指标。KPI 是指标,不是目标;KPI 是绩效指标,不是能力或态度指标;KPI 是关键性的绩效指标,不是一般所指的绩效指标。KPI 作为一种先进的管理工具,可以把企业的战略目标分解为可运作的愿景目标,它是企业绩效管理的基础。

(二)KPI 关键绩效考核原则及特点

1. KPI 考核的特点

KPI 作为当前绩效测评的一种实用工具,具有以下特点:

(1)KPI 来自于对公司战略目标的分解,是宏观战略决策执行效果的监测指标。它通过层层分解的方法使得各级目标不会偏离组织战略目标。

(2)关键性是指应选择对公司价值、利润影响程度很大的关键指标,是对重点经营活动的衡量,而非对所有操作过程的反映。

(3)KPI 是可衡量的,绩效指标是数量化的或者行为的,验证这些绩效指标的数据是可获得的,在成本、时限、质量或数量上有明显的规定。

(4)KPI 是组织上下认同的,他是一个完整的系统,在这个系统中,组织经理和员工全部参与进来,经理和员工通过沟通的方式,将企业的战略、经理的职责、管理的方式和手段以及员工的绩效目标等确定下来,在持续不断沟通的前提下,经理帮助员工清除工作中的障碍,提供必要的支持、指导和帮助,与员工一起共同完成绩效目标,从而实现组织的远景规划和战略目标。

2. KPI 关键绩效考核总原则

设立关键绩效目标着重贯彻三个原则:

(1) 目标导向原则:依据企业总体战略目标设立团队或个人具体目标。

(2) SMART 原则:即目标要符合具体的、可度量的、可实现的、现实的、有时限的这些特点。

具体的:是指绩效指标要切中特定的工作目标,不是笼统的,而应该适度细化,并且随情境变化而发生变化。

可度量的:就是指绩效指标或者是数量化的,或者是行为化的,验证这些绩效指标的数据或信息是可以获得的。

可实现的:是指绩效指标在付出努力的情况下可以实现,避免设立过高或过低的目标。

现实的:指的是绩效指标是实实在在的,可以证明和观察到的,而并非假设的。

有时限的:指的是在绩效指标中要使用一定的时间单位,即设定完成这些绩效指标的期限,这也是关注效率的一种表现。

(3) 执行原则:KPI 考核能否成功关键在于执行,所以企业应该形成强有力的执行文化,不断消除在实施 KPI 考核过程中的各种困难和障碍,是 KPI 考核真正成为推动企业管理创新和提升效益的有效手段。

(三) KPI 在呼叫中心的作用

引入 KPI 管理制度,可把呼叫中心运营最主要的两个目标,即服务水平和成本效益量化为指标。让客户和管理层更清楚呼叫中心的运作情况及问题所在。

KPI 正如呼叫中心的监测仪,遇到毛病时,可实时进行监测,以便及时纠正及预防,是整体质量体系中的重要监测手段。

基于 KPI 管理,呼叫中心还可建立起相应的激励机制,把员工的利益和呼叫中心的业务结合起来。

总括来说,关键绩效指标管理可带领呼叫中心迈向更专业化的呼叫中心运营管理。

(四) 引入 KPI 的目的

关键绩效指标管理在国外呼叫中心是非常普遍的。呼叫中心的运营管理一如关键绩效指标,除了借以建立服务品质管理体系之外,还可以通过它将外包型呼叫中心引入绩效机制。其目的是:

(1) 设定明确的服务指标,使员工清楚地知道公司和客户对服务水平和质量的要求。

(2) 加强管理层和一线员工对服务质量的责任感。

(3) 帮助管理层客观地评估运作表现,而不是靠主管的感觉判断。

(4) 利用客观地数据分析问题所在并采取纠正及预防措施。

(5) 降低运作成本。

引入关键绩效指标管理的好处是可以让呼叫中心的管理层更客观和有效地评估呼叫

中心管理人员的表现、整体管理素质和运营的效益。同时,呼叫中心管理人员和一线人员也有一个明确的目标作为参照。

(五)呼叫中心指标

从大的方面讲,呼叫中心的指标主要分为效率指标、质量指标、成本指标和策略指标。当然,还有一些其他指标,在这里就不再一一列举了。

1. 效率指标

如果要细分呼叫中心与效率相关的指标会有很多,在这里我们列举出一些与效率相关的共同指标。

(1)联络渠道:说得简单一点,就是联络渠道数目的指标。例如:网络自助服务、交互式语音应答自助服务、电话、即时通信等。这里需要提醒的是,对每个联络渠道工作效率的追踪与评估是必不可少的,这不仅能让我们了解到处理客户需求的工作效率,还可以完整地了解各个联络渠道的工作量。同时,他在研究分析相对的使用趋势、成本及效率上具有很高的价值。

(2)服务水平和相应时间:若管理人员仅了解为什么要建立服务水平目标和相应时间目标是不够的,还需清楚它们是实现接入计划的前提条件,这一切都是为了确保客户不管使用何种联络渠道都能够被快速而顺利地接入。

(3)平均处理时长:应用于呼叫中心的所有环境。这是一个可以在呼叫中心所有环境中进行预测、计划和展开流程改建活动的一个重要指标。由于越来越多的呼叫被接入到自助服务系统,使平均处理时长在很多呼叫中心的记录中,被一次次地打破和改写,但由坐席处理的呼叫却变得越来越复杂。呼叫中心的管理者都非常清楚,降低平均处理时长,将为呼叫中心创造更大的价值,但同时也必须要认识到,交叉销售和追加销售的举措会增加呼叫处理的时长。当然,如果管理者能更好地改进流程,做好系统升级以及为员工提供相应的培训,将会有效地降低平均处理时长。

(4)平均应答速度:平均应答速度与服务水平来源于同一组数据,当服务水平数据不可用时,平均应答速度可为代之。

(5)队列最长等待时长:是反映呼叫者在联通坐席或放弃呼叫前等待最久的时间,它常被作为支持类信息应用于呼叫中心效率指标的报告中。

(6)放弃率和阻挡率:是什么原因造成放弃的呼叫和被阻挡的呼叫的产生?一般是由于人员编制或中继线资源配备不足而引起,而它们也常被作为支持类信息应用于呼叫中心效率指标的报告中。

(7)转接率:有很多呼叫中心不太重视这个指标,甚至是低估这个指标的实际价值,如果呼叫中心的转接率很高,就说明在坐席技能的安排上存在着问题,或者是坐席没有很好地掌握产品知识,或者是坐席没有得到足够的培训,或者呼叫中心的授权机制存在问题,或者是呼叫者的呼叫没有被连接到正确的位置,或者是呼叫中心的坐席配置存在问题等。

(8)话务预测的准确性:在呼叫中心的所有环境中,该指标都将作为一个高水平的目标而存在。准确地进行呼叫量预测,绝对需要付出一定的工作量,它是有效管理呼叫中心的基础。

(9)排班遵守率:在呼叫中心的所有环境中,该指标都将作为一个高水平的目标而存在,是应用于个人和团队的一个常见指标。它与呼叫中心是否具备为实现服务水平目标和应答速度目标所需的人员无关,只与坐席是否严格地遵守排班要求相关。

（10）占用率:在任何一个时间段内达到的服务水平,将决定占有率的数值以及被处理的呼叫数量。占用率不在个人或坐席小组的控制范围内,与"处理的呼叫"相比,这个指标更加公平和有意义。

2. 质量指标

接下来,为大家列举的是与质量相关的共同指标,这其中包括有:

（1）电话的服务质量:在呼叫中心的所有环境中,可作为一个高水平的知识而存在。它反映服务要求的趋势变化和流程改进的方向,是衡量个人和团队服务表现的具体目标。这个数据可从监控记录的样本中获取,一般的表现形式为单次呼叫处理的服务质量给予一个直观的量化结果。衡量电话的服务质量时,评估点一般包括是否正确理解客户的要求、是否为客户提供了正确的信息等。

（2）首次问题解决率:有些呼叫中心则习惯称为"一次问题解决率"。在呼叫中心的任何环境中,首次问题解决率都可作为一个高水平的指标而存在。有数据表明,当客户的问题没有在第一次联络时被客户人员处理完成或全部解决时,企业将会付出更多的服务费用。这个指标对客户满意度的影响是巨大的,甚至对呼叫中心的系统共和流程都会产生重大影响。但是,到目前为止尚未有一个真正的统一方法测量首次问题解决率,因此呼叫中心在选择对该指标进行考核时需要更为周全的考虑。我们认为考核首次问题解决率的最佳方法是从客户的视角来进行,例如:通过客户调查、客户信息系统等进行跟踪考核。

（3）差错与返工:适用于呼叫中心的所有环境。与首次问题解决率一样,针对流程、系统和其他因素的变化,对差错与返工的增减进行分析也具有重大价值。

3. 成本指标

（1）单呼成本:在呼叫中心的所有环境中都可以作为一个高水平的目标而存在。管理人员尤其不可忽视其在呼叫中心所有指标中存在的价值,可以使它出现在你的月报表中或季表报表中。需要提醒的是,当你对这个指标认识不清时,请谨慎为之。

（2）平均呼叫价值:当提及呼叫中心所产生的价值时,他会成为管理者最理想获知的一个重要指标,因此,平均呼叫价值可适用于产生收入的呼叫中心环境中。例如:一些可测量销售价值的呼叫中心营销项目,或者是预定中心。可以以月报或者季报的形式出现在呼叫中心的报告中,当然根据你所实施的项目不同,它也可以在周报或者日报中出现,这完全取决于呼叫中心的需要。需要提醒的是,在一些呼叫价值难以计量的呼叫中心,平均呼叫价值难于应用,不要勉强为之。

（3）呼出目标:对呼出的衡量经常会包括呼叫尝试、呼叫连接、呼叫处理、呼叫放弃、每小时呼叫、呼叫成功率、单次呼叫成本、每分钟呼叫以及其他类型呼叫的数量或百分比。

（4）收入:与平均呼叫价值一样,收入指标在呼叫中心产生收入的环境中适用,可以以月报、季报或者是根据项目需要以周报、日报及特定期限的方式进行报告。在统计计算时,应考虑收入质保与其他变量之间的关联性。

（5）差额:简单的理解就是从预算到实际花费。该指标说明了各种预计的支出和实际支出之间的差别,通常它以季报和年报的方式进行报告。在这里需要提醒的是,呼叫中心工作量负荷的改变或呼叫中心的责任的改变都将对其产生重大影响。

4. 策略指标

（1）客户满意度：客户满意度在呼叫中心的所有环境中都适用。它在呼叫中心中非常特殊，与呼叫中心其他指标既是相互依存又是相互制约的关系，这种复杂的关系使其具有较高的研究价值。

（2）员工满意度：员工对工作的满意程度，将会对客户满意度产生直接影响，当员工满意度增加时，客户满意度也将随之增加。但我们建议管理者不要把员工满意度单独看待，因为员工的流失率、生产率以及服务质量等方面都与员工满意度之间存在着关联性。通常，员工满意度数据也可通过多个渠道获得，如电子邮件调查、网络调查、书面调查以及访谈等。需要提醒的是，不要凭空衡量和判定员工满意度，也尽量避免采集其他的指标与之进行对照参考。

（3）员工流失率：随着呼叫中心的不断发展，呼叫中心工作的内容变得越来越复杂，工作难度和强度也在逐渐加大，管理者对员工的工作技能和经验也有了更高标准的要求。但由于呼叫中心本身存在的一些特殊问题，使员工保持率的目标变得越来越重要。每一个呼叫中心管理者都很清楚，保持合理的员工流失率对呼叫中心发展是有益的，过高的员工流失率将直接增加呼叫中心的运营压力。员工流失率通常以月报、季报或年报的方式进行。需要提醒的是，对员工流失率的计算，应分为主动流失与被动流失两种方式进行统计报告。

（4）策略价值：与呼叫中心策略价值相关的指标和目标，是要经过辨认、量化、追踪、改进和衡量呼叫中心的投资收益，以及对其他业务部门的影响进而显现的。客户满意度、质量改进、服务创新、营销举措、销售价值、自助服务平台的应用等这一系列事项与策略价值指标和目标的实现密切相关。需要提醒的是，对于公用事业行业而言，与收入和利润相关的指标并不适用。

呼叫中心所包含的质保绝不仅限于上述的这几个，呼叫中心管理者完全可以根据管理需要再增加其他指标，上面所列出的指标对于呼叫中心管理者全面认识呼叫中心具有不可低估的指导意义。当管理者想要增加其他指标时，要确保对呼叫中心已有了完整和清晰的认识，并且要与管理需求和目标相结合。

（六）呼叫中心应用 KPI 的关键指标

呼叫中心应用的关键绩效指标 KPI 主要包括：服务水平、放弃呼叫率（失话率）、平均处理呼叫时间、投诉率。以上 4 项同时也可作为外包呼叫中心与客户之间制定的服务指标。作为一个世界级的客户服务中心，以上各项的参考数值分别为：服务水平≥98%、失话率≤2%、平均处理呼叫时间 45 秒、投诉率≤0.1%。

此外，关键绩效指标还包括：客户满意度、客户服务代表（CSR）工作满意度、话务成本、话务收益、预算工作量与实际工作量的偏差、预算工作人员与实际工作人员的偏差。这 6 项指标主要作内部检测和评估。

绩效指标主要是与服务的成本和质量挂钩，这是呼叫中心运营者最关心的问题，也是呼叫中心的生存价值所在。希望国内呼叫中心运营企业通过不断的时间积累，同时借鉴国外先进呼叫中心的运营管理经验迅速走向成熟。

（七）客服人员绩效评估标准

目前呼叫中心分布在各个行业，业务流程的差别性很大，所以客服人员职位界定是非常必要的，应该以书面形式明确规定与客户有关的关键职位所必须具备的最低技能和知识，不反应包括应聘此职位所需要的条件，还应该包括角色和职责，指标的制定应该包括大部分的工作内容，这样才有针对性。

1. 目标绩效

呼叫中心应该为每一项指标设立一个量化了的目标，例如在收到电子邮件后 24 小时内答复 95% 的电子邮件，具体考核时可以对指标进行加权处理。如表（6-5）所示：

表 6-5

主要衡量指标	目标范围		权重
	最低	最高	
每天处理电话量	30	50	15
出勤率	60%	85%	25
准时出勤率	60%	80%	15

目标考核可以设定一个目标范围，如每日接电话数量，如果低于最低指标 30 个，则这一项就是 0 分，如果低于最低限度，就不应该再加分，考核不是单纯的加法，要加的有意义。如果电话数等于 30 个，为 6 分；如果高于 50 个，那么这一项得分就是满分；如果只接了 40 个电话，那么得分为 8 分。这样设定底线，可以使考核更合理。呼叫中心可以根据实际情况，合理制定目标。效率目标必须符合呼叫中心的战略计划。

2. 指标详解

（1）出勤率

计算员工出勤率时应该按工作类型或工作组来计算，工作类型里也要将接听热线的员工和其他工种的员工分开，出勤率对于保证呼叫中心项目正常运营具有非常重要的意义。如果某个项目的出勤率一直较低，需要进行详细的问题调查，分析是员工个体行为还是整个项目普遍存在的问题，这时就需要检查公司激励机制和管理制度。在日常的排班管理中，应该保证在线的人员不少于 X 人，以保证团队的绩效不受影响。

（2）准时出勤率

准时出勤率等于准时出勤天数除以当月工作天数，请假、培训应该排除在外。

（3）坐席利用率

管理人员可以根据这项指标监控业务情况，并根据情况合理安排资源。

（4）平均处理时间

可以算出小组的平均数，如果某个坐席代表的平均处理时间持续高于小组平均值，可能就需要监听人员跟进，分析是由于沟通问题还是流程不清楚，然后一对一进行跟进，保证服务质量。

（5）每天处理电话数

即本月 ACD 接入电话总数除以工作天数。

（6）交易监测

从用户角度来看,服务质量包括回答问题的准确性、一致性、接听热线人员的知识面、沟通能力等等。呼叫中心可以设立监听人员,对服务质量进行监测,也可以通过师傅带徒弟的方式,一对一沟通,提高处理业务的准确性,以专业的技能和良好的沟通技巧使用户满意。

（7）重大错误率

重大错误率是指业务准确性为 0 分的电话数占监听电话数的百分比。呼叫中心应该追踪致命错误率。错误的回答导致用户的投诉,当某个客服人员的绩效低于下限水平时,应当执行纠正行动计划,对重复出现致命错误的客服人员在采取有效地纠正行动之前,不应该让其继续处理用户业务。

（8）客户投诉率

客户投诉数占处理呼叫数的百分比。

（9）技能和知识确认。

可以按月考核,包括以书面形式考核流程、技术、沟通能力及电话处理软技巧等方面,也可以通过电话监听考核。另外,可以在培训结束后对员工进行书面测验,考查员工的接收程度,保证培训的效果。

五、工作现场危机管理

（一）危机的种类

情况种类	影响	估计恢复时间	危机恢复行动
个别工作站问题	少	1～2 天	没有
50%来电不能进入呼叫中心	接入繁忙	<4 小时	安排前台坐席员快速记录客户资料,再交由后台处理回复客户
		>4 小时	将有故障的来电路由转到支持中心处理,坐席员仍留在原来中心处理回复客户
100% 来电不能进入	该区没有服务	>30 分钟	来电路由转到支持中心处理,坐席员仍留在原来中心处理回复客户
		>2 天	灾难中心部分前台人员有需要时到支持中心工作; 若支持中心的及时接听率同时低于正常表现的 40%,灾难中心的来电将会分流至其他区域中心
部分话音系统不能正常运作	接入繁忙	<2 天	安排前台坐席员快速记录客户资料,再交由后台处理回复客户
	接入繁忙	>2 天	安排分流客户记录资料至支持中心后台协助处理及回复客户; 若灾难中心的及时接听率同时低于正常表现的 40%,灾难中心的来电将会分流至支持中心处理

情况种类	影响	估计恢复时间	危机恢复行动
不能连接中央系统	只提供咨询服务	<1天	安排前台坐席员快熟记录客户资料,安排资源在系统复原后处理回复客户
		>1天	安排前台坐席员快熟记录客户资料,安排资源由其他中心处理
天灾引致的呼叫中心不能运作	该区没有服务	<2天	来电路由转到支持中心处理,坐席员留在家中准备历史安排
		>2天	灾难中心部分前台人员于有需要时到支持中心工作; 若支持中心的及时接听率同时低于正常表现的40%,灾难中心的来电将会分流至其他区域中心

（二）危机的处理

为确保呼叫中心在发生灾难性事故或严重系统故障时能有效的恢复其部分或全部服务,一套完整的危机恢复计划是必不可少的。

建立呼叫备份中心的机制,对全面预防处理危机有很深远的意义。

全面恢复能力是由两个有相同系统容量的呼叫中心同时以负荷分担形式提供服务。每个呼叫中心都有50%备用资源,当其中任何一个呼叫中心发生事故,另外一个呼叫中心就可以立即负担对方的工作。以有效的灾难恢复流程作适当的资源调配,可以在短时间内全面恢复呼叫中心的运作。这个设计投资比较高,而且资源闲置时间长,所以在一般情况下是不采用的。

当发现接入不正常,例如坐席员工作量不正常,话务量不正常,中央系统反应不正常,小组长需要与实时监察员联络互相留意实际情况。同时小组长需要向技术员报告并要求了解情况。如果情况并未能改善应立即向组长汇报。组长需要向技术员取得共识并向呼叫中心经理取得授权发动灾难处理行动。

（1）50%来电不能进入呼叫中心（恢复时间少于4个小时）

● 实时监察员与技术员联络了解系统情况。

● 实时监察员向呼入组组长汇报情况。

● 呼入组组长监察情况,有需要时向呼叫中心经理汇报并取得授权发动灾难处理行动。

● 呼入组组长与小组长调配部分前台坐席员负责后台工作。主要负责把前台坐席员记录的客户数据处理并回复客户。

● 呼入组组长与小组长及班长安排前台坐席员快速记录客户资料并设计交互方式向客人解释所带来的不便。

● 呼入组组长与技术员安排在话音系统里发放消息希望取得客人的谅解。

● 呼入组组长通知支持中心做好准备。在需要时作出支持。

● 呼入组组长汇报主管部门及呼叫中心有关情况及影响。

● 呼入组组长与实时监察员需要加以留意情况的转变。

● 呼入组组长需要随时与技术员联络了解系统恢复情况。

（2）100％来电不能进入呼叫中心（恢复时间多于 30 分钟）

● 灾难中心呼入组组长需汇报呼叫中心经理并取得授权发动灾难处理行动。

● 灾难中心呼入组组长通知支持中心经理安排发动灾难行动。例如时间、预计话务量、安排人手、暂停外呼等。

● 根据与支持中心经理协议，灾难中心呼入组组长要求相关人员安排将有故障来电路由转到支持中心。

● 支持中心安排外呼组营销代表处理话量并快速记录客户资料。

● 支持中心在有需要时把客户资料经由系统转到灾难中心后台再作处理。

● 灾难中心调配前台坐席员负责后台工作。主要负责处理从支持中心转回的后台话务。

● 支持中心呼入组组长与技术人员安排在支持中心的话音系统里发放消息希望取得客人谅解。

● 灾难中心呼入组组长汇报主管部门及灾难中心相关的地方客服部门有关情况及影响。

● 支持中心呼入组组长向呼叫中心汇报情况及影响。

● 灾难中心呼入组组长与支持中心呼入组组长随时联络了解彼此情况。

● 灾难中心与支持中心实时监察员需要加以留意情况的转变。

● 灾难中心呼入组组长需要随时与技术员联络了解系统恢复情况。

（3）部分话音系统不能正常运作（恢复时间少于两天）

● 班长安排前台坐席员快速记录客户资料并设计交互方式向客人解释所带来的不便。

● 呼入组组长调配额外坐席员负责后台工作。主要负责把前台坐席员记录的客户数据进行处理并回复客户。

● 灾难中心呼入组组长通知支持中心做好准备。在需要时作出支持。

● 灾难中心呼入组组长汇报主管部门及呼叫中心有关情况及影响。

● 灾难中心呼入组组长与实时监察员需要加以留意情况的转变。

● 灾难中心呼入组组长需要随时与技术员工联络了解系统恢复情况。

（4）不能连接中央系统（恢复时间多于 1 天）

● 当技术员证实系统无法在 1 天内恢复。中心经理授权呼入组组长进行第二阶段灾难恢复行动。

● 灾难中心呼入组组长通知支持中心经理安排发动第二阶段灾难行动。例如时间、预计话务量、预计人手等。

● 灾难中心呼入组组长根据与支持中心经理协议，灾难中心呼入组组长安排坐席员把部分客户资料记录转到支持后台处理并回复客户。

- 支持中心呼入组组长调配额外坐席员处理客户资料记录。
- 灾难中心呼入组组长汇报主管部门及呼叫中心的情况及影响。
- 支持中心呼入组组长向呼叫中心管理层汇报新情况及影响。
- 灾难中心呼入组组长与支持中心呼入组组长随时联络了解彼此情况。
- 灾难中心呼入组组长与实时监察员需要加以留意情况的转变。
- 灾难中心呼入组组长需要随时与技术员联络了解系统恢复情况。

（三）危机的善后

在危机发生后,呼叫中心负责人应撰写详细报告给予主管,详述事故发生原因、经过、处理程序、事故开始与结束时间、持续时间、对各部门所产生的不同层面的影响,更应详述改进措施,尽量避免同类事件再次发生。

6.1.3　任务同步训练

一、任务描述

请同学们想一想,现场管理中都有哪些工作要点? 进行总结,并说一说 KPI 在现场管理中的作用及重要性。

二、同步训练任务书

任务名称	现场管理的工作要点	任务用时	20 分钟
同步训练描述			
序号	现场管理的要点	特征	
1			
2			
3			
4			
5			

同步训练描述：同学们以小组为单位讨论现场管理的工作要点,并说一说 KPI 在现场管理中的作用及重要性。

三、教学点评

呼叫中心的现场好坏反映了呼叫中心管理者的管理水平同时也直接影响着呼叫中心的服务质量。所以同学们有必要清楚呼叫中心现场管理中的要点及 KPI 的实施应用。

四、综合评价

任务名称	现场管理的工作要点		
任务完成方式	□小组协作完成 □个人独立完成		
评价：			
任务成绩(满分100分)：			
自我评价 （20%）		小组评价 （20%）	教师评价 （60%）
存在的主要问题：			

6.1.4　自主学习任务

制度化和人性化管理

人性化管理，就是指在运营管理的过程中，充分考虑到"人"的因素，以开发员工潜能来获取企业与员工双赢的一种管理模式。但人性化的管理必须是建立在制度上的，没有制度，人性化管理就成了空谈，没有任何的意义。呼叫中心是智力密集型和劳动密集型的组织，人员的行为对服务指标或生产指标具有至关重要的影响。因此相对于其他产业，呼叫中心有更多的现场规章制度和人员守则，因为若没有这些制度，呼叫中心就没有办法运营下去，这是由呼叫中心的性质所决定的。因此呼叫中心的制度必须是强行的，绝对的，但人性化的管理，是灵活的、温暖的。

请同学们列举几项呼叫中心人性化的管理制度。

任务 2　客户关怀方案设计

6.2.1　任务引导

1. 任务情景

上海汇通呼叫中心与深圳某知名房地产公司有合作关系，一直为深圳房地产公司提供呼叫咨询服务。某年深圳市的楼市异常火热，造成了很多房地产公司用人紧张，上海汇通在了解到深圳房地产的情况后，安排了负责呼出业务的坐席员李娜娜，让她负责搜集整理客户信息及有买房意向的客户资料，提供给深圳的房地产公司。上海汇通呼叫中心，利用了自己在信息方面的优势，为客户提供了周到的服务。

2. 任务分析

上面的案例是一个非常成功的客户关怀案例，上海汇通呼叫中心在深圳市楼市异常火热而造成了很多房地产公司用人紧张的时候，主动为客户搜集整理客户信息及潜在客户的信息，虽然这些业务并不是上海汇通呼叫中心与深圳某地产商之间的合作内容，可是上海汇通还是利用自己在信息方面的优势为客户提供了额外的服务。这样的关怀首先满足了客户的需要；其次体现了人性化的关心，同时也反映出了呼叫中心有一套完备的客户资料档案，所以才可以做到客户关怀的精准化。客户关怀在当今社会，已经不是简单地只为客户提供优质的产品、一流的服务，它已经发展成为一个从售前到售中再到售后的体系化服务。

为更深入学习掌握客户关怀的内容，需要掌握的知识点有：

（1）客户关怀的内涵。

（2）客户关怀的方法及原则。

（3）客户关怀的一般形式。

6.2.2 支撑知识

一、客户关怀的基础知识

随着竞争的日益激烈，企业依靠基本的售后服务已经不能满足客户的需要，必须提供主动的、超值的、让客户感动的关怀服务才能赢得客户信任。

（一）客户关怀的内涵

客户关怀应包含在客户购买前、购买中和购买后的客户体验的全部过程中。购买前的客户关怀会加速客户与企业建立关系，为鼓励和促进客户购买产品或服务起到催化作用。购买期间的客户关怀则与企业提供的产品或服务紧紧地联系在一起，包括订单的处理以及各种有关销售的细节，增加客户购买过程中的美好体验。购买后的客户关怀，则集中于高效地跟进和圆满地解决产品使用中的维护问题和客户提出的需求问题，以及围绕着产品通过关怀、提醒、建议、追踪，最终达到企业与客户间必要的互动。

客户关怀的目的是提高客户满意度，从而增强客户忠诚度。就像人与人之间的关系一样，一个人对另一个人的忠诚与金钱无关，客户对企业的忠诚也与金钱无关，却和情感因素有密切关系。客户关怀表达了企业对客户的情感关怀，使得企业与客户之间的关系增添了情感的纽带，当有效的客户关怀可以持续地传递到客户心中时，客户忠诚自然就会产生。从某种角度讲，客户关怀不是必须的，但它就像饭后的甜品能够带给人们的是美妙、甜蜜的满足感。客户忠诚是企业梦寐以求的状态，要实现这种状态，客户关怀就是必不可少的。

(二)领悟客户关怀的方法

1. 提供优质的产品

高品质的产品是企业与客户建立情感纽带的基础,脱离产品质量只谈情感关怀显然是徒劳的。因而体现客户关怀的第一原则还是为客户提供有保障的产品。

2. 体现人性化关心

服务人性化强调以客户为核心,尊重并理解客户的情感,满足客户心理需求等服务特质。更具体地说,要重视那些对客户来说"小得不能再小的心理细节"。虽然理论认为客户关怀应该贯穿于企业市场营销活动的所有环节,但这里强调的客户关怀行为不应该指与产品相关的基本服务,比如咨询、提供维修等,而是指在客户咨询时,企业通过何种方式带给客户美好的体验。客户关怀强调的是基于服务以外的赋予了情感色彩的行为,是那种发自内心的、自然表露的能与客户间建立和谐氛围的行为。

3. 以满足客户的需求为基本原则

只有满足客户需求的关怀行为才能得到客户认可。某领先通信设备制造企业的一位领导曾说过这样一个故事:在某年他们讨论是否上小灵通项目时,发生了争论。有些人认为小灵通使用的技术在不久的将来会被淘汰,不宜加大投资;有些人认为,即使小灵通所用的技术不在先进了,但它低廉的通话收费仍然会吸引很多用户,存在着巨大的市场需求,应该投资建设。最终企业高层采纳了以先进技术发展为导向的研发策略,放弃了小灵通项目。而后来事态的发展让放弃了小灵通项目的决策者倍感遗憾。因为小灵通用户总数超过了 4000 万户,超过本地电话用户总数的 1/5。从这个事件中该企业对满足客户需求的关怀原则有了切肤之感。

客户关怀的理念与实践正准备受各方企业的重视,以中国电子商会呼叫中心、客户关系管理专业委员会联合工信部(中华人民共和国工业和信息化部)于近年来组织的中国客户关怀标杆企业评选活动为证,2007 年像工商银行、招商银行、PICC、索尼、惠氏、一汽大众、网易等一批优秀企业分获其行业"中国客户关怀标杆企业"称号。参加评选的企业同样是组织者的客户,在颁奖盛会中组织者也一改行业大会传统的开会形式,努力呈现出对前来出席盛会的业界代表的关怀。组织者在多方支持和参与下共同推出"2007 年中国客户关怀周"系列活动。在为期一周的时间内为参会嘉宾组织了案例报告会、企业客户关怀讲座、员工关怀沙龙、客户满意度测评培训、标杆呼叫中心参观等多场形式各异、有内容有深度、为企业经营带来帮助的一系列活动。这些活动由于满足了客户的需求,从而得到了参会者的高度赞赏。

4. 实现精准化,投客户所好

企业应尽可能通过建立完整的客户个人档案,分析客户的性格、经营特点和销售环境等,并通过日常与客户的互动,了解客户的家庭情况和销售情况,捕捉客户的最新动态,为客户制订出更有针对性、更切实可行的精准化关怀服务。这样的关怀服务对客户才有意义和价值,才会达到客户关怀的目的。例如,每年为忠诚客户安排一次旅游,为每个客户赠送生日贺卡,对有困难的弱势客户进行帮扶,对子女考上大学的客户开展助学活动等。通过这种方式来避免只有形式而没有内涵的关怀活动。

（三）建立客户关怀的形式

企业应该根据自身产品的特点，制定自己的关怀策略。企业应该区分客户群的不同规模、贡献，甚至民族、性别，采取不同的策略，从关怀的频率、内容形式上制订计划，落实关怀。

关怀内容与形式可以参考以下几种类型：

（1）亲情服务

根据客户的基本信息选择出特定的客户列表，在客户的生日或在重要节假日，寄送本企业的贺卡、小礼品等，以示祝贺，应客户邀请派代表参与客户的周年庆典等重要庆祝活动。

（2）产品推荐

根据分析得到的各类客户群体特征，针对不同的群体，宣传企业最适合该类客户的各项服务产品。

（3）客户俱乐部

如果客户群非常集中，单个客户创造的利润非常高，这样与客户保持密切的联系，就利于企业业务的扩展。企业可以采取俱乐部的形式和客户进行更加深入的交流。通过互动式的沟通和交流，可以发掘出客户的意见和建议，有效地帮助企业完善产品。同时，用俱乐部这种相对固定的形式将客户组织起来，在某种意义上讲，也是有效阻止竞争者进入的壁垒。

（4）优惠推荐

根据对客户分析的结果，针对不同的客户群体，定制不同层次的优惠政策，主动推荐给客户。

（5）针对群体的活动形式，如研讨会、交流会、学术研讨、行业考察、培训安排、旅游等。

（6）个性化的服务措施，如 7×24 服务热线、技术支持、客户需求研讨、客户需求评估等。

（7）联合推广

企业可与社会组织、机构、合作公司、内部渠道成员等组织联合活动。例如：某品牌影院为某银行信用卡会员提供"1元"看电影服务；某婚纱摄影机构为民政局举办的"世纪婚礼"提供摄影服务；中国汽车用品 50 强买家联合订货会；煤炭行业联合订货会等。

（8）公关活动

行业或产业高层公关、高层论坛、高层聚首安排，如地产行业 GOLF 精英赛，时尚派对等。

（9）事件活动组织

事件活动可以是商业和公益两种性质，目的是在目标市场中形成影响。例如，"壹基金"慈善募捐活动；彭永年为白内障患者免费治疗的活动。活动成功的关键是抓住社会热点，制造轰动效应，难点是如何利用公司和社会免费资源，低投入，高收益。

（四）客户关怀的注意事项

1. 符合道德规范和法律

满足客户需求是客户关怀的首要原则，但这并不意味着客户的一切需求企业都要满足。满足客户的需求，应该以满足整体客户需求为依据，更不能以追求满足个别客户而违背道德和违反法律的需求为目标。这几年，社会上不断出现一些公众所不能接受的商家行为。比如，曾喧嚣一时的"人体盛宴"；最近四川某景区开展了允许模特在景区拍摄裸体写真集的业务，招来了公众的一致反感。经验证明这些行为只是满足了部分客户的猎奇心理，最终因为没有生命力而很快夭折。

2. 考虑技术可行性

客户服务的质量在近年来有了明显提高，除了经营者的思想意识发生变化以外，更为重要的是信息、通信技术的不断发展，为企业给客户提供更为高效的服务提供了技术保障。制定客户关怀形式时，企业要考虑到实际的技术条件，应该因地制宜地帮助客户，而不是一味地求新、求大。

3. 考虑经济可行性

由于关怀服务不是必需的服务，因此企业在进行服务设计时需考虑经济可行性，除了为提高客服的效率而必须投入建设的基础实施，如呼叫中心的建设，其他的客户关怀行为应尽可能地减少额外支出。企业应该重点关注通过客户问题的解决，个性化、人性化的服务，协助客户成功等方式实现客户关怀。

4. 做到言行一致

客户关怀的这种重要性已经被众多企业所认可。许多企业都制定了"客户永远是对的"、"只要你有需求我们就能满足"等看似美好的服务理念。可是许多企业的实际做法与其服务理念相距甚远。"315消费电子投诉网"上曾出现这么一则投诉贴：消费者购买了某知名品牌的便携式计算机，在保修期内计算机显卡出现问题，然后致电客服，在维修了3次都没有修好的情况下，消费者再次联系客服中心，接待人员态度尚可，但在第一次谈话后整整5天没有听见任何反馈。期间，消费者多次致电该服务人员并留言可仍没有反应。最后，该服务人员终于打回电话告知："没有和你说话的必要了。"这个过程使该消费者彻底对该企业失去了信心，投诉信落款为"一名曾经最忠实的顾客"。很显然，这名忠实的客户就这样流失了。其实，对于这家国际性企业来说，解决这名客户的问题升级由更专业的技术人员来检修，给客户一个明确的解决方法。可遗憾的是这家企业的服务流程显然没有落实"客户关怀"的准则，客户的问题没有得到相应部门的重视，始终不能解决，而客服人员的最终答复更是让这位顾客难以接受，最终他成为"曾经"最忠实的顾客。

5. 保持一致性

美国的管理导师彼得斯和奥斯汀指出，客户关怀本质上是客户所感知到的，体会到的并以一致方式交付的服务和质量。

因而客户关怀应是企业有组织的行为，是客户关系管理的重要工作。从企业的高层领导到具体负责的客服人员，都应参与进来。同时这是一个长期的过程，需要前后一致、精心呵护，才能达到持续赢得客户的目的。企业需要制定客户关怀计划，对客户关怀行动进行有计划的系统管理,避免客户对象和工作内容的遗漏,保障所有客户在特定时间段内得到一致的服务。

（五）客户关怀计划的制订

为了反映企业对客户的关怀情况,了解客户对企业的反馈意见,及时调整客户关怀体系,防止与降低客户的流失。同时借关怀客户的活动,对目标客户展开推广和有效公关,增进与扩大客户关系,需要制订客户关怀计划。客户关怀计划示例见表6-6、表6-7、表6-8。客户关怀行动检核表见6-9。

表6-6　客户关怀计划示例（一）

客户经理：　　　　　　　　　　　　　　　　　　　　　　　　日期：

客户名称		客户编号		
客户情况简介				
上一阶段工作总结				
客户重大决策或重大事件				
我们客户的最大价值				
主要问题和障碍分析				
主要障碍	重要程度	产生部门	采取的主要措施	对此的决策态度与事项

表6-7　客户关怀计划示例（二）

客户经理：　　　　　　　　　　　　　　　　　　　　　　　　日期：

客户名称		客户编号	
我们长期客户目标			
我们的扩大客户关系目标			

我们的销售目标			
主销产品/服务	预计签约日期	预计成交额	预期利润

主要策略

与客户关系							
谁支持	如何与他建立关系	关系进展情况	高层态度	满意度	主要投诉	以往合同	合约期

优势与强项

劣势与弱点

表 6-8　客户关怀计划示例（三）

客户经理：　　　　　　　　　　　　　　　　　　　　　　　　　　　日期：

客户名称		客户编号	
扩大客户关系行动计划			

行动内容	行动时间	负责人	所需资源	提交成果

主要问题	采取措施

重要事项备忘

表6-9 客户关怀行动检核表

客户经理：   日期：

客户名称		客户编号	
行动时间			
行动方式选择			
行动内容再确认			
下一步计划安排			
所需资料、资源和协助的落实情况			
竞争对手的基础情况			
竞争对手的应对策略			
我们的应对策略是否有效			
费用情况	差旅费： 应酬费： 其他：		
备注			

（六）电子商务时代客户关怀的新内容

在电子商务时代，随着信息电子技术、网络通信技术的广泛使用，使得客户关怀的手段更加多样化。客户关怀手段指企业与客户交流的方式，目前出现的新方式主要有主动电话营销、网站服务和呼叫中心等。

1. 主动电话营销

主动电话营销是指企业充分利用数据信息，挖掘潜在客户，然后通过电话主动拜访目标客户和推荐满足客户要求的产品，以实现充分了解客户、充分为客户着想的服务理念，同时也增加了销售机会。

2. 网站服务

通过网站上的电子商务平台，企业可以提供及时且多样化的服务。网站应该智能化，企业可以根据客户点击的网页、在网页上停留时间等信息，及时捕捉网页上客户要求服务的信息。企业将客户浏览网页的记录提供给服务人员，服务人员可通过浏览网页以及与客户共享实时通信软件等方式，与客户进行互动或网上交易，同时提供文字、语音、图片等客户需要的资料。

电子商务企业通过网站做好客户服务需要注意以下几个原则：

（1）提供客户需要的内容。企业应做好客户需求调查，提供客户需要的内容，而不是公司想让客户看到的内容。

（2）定期维护与更新内容。企业只有定期更新内容才能吸引客户持续参访、浏览，至于旧内容可视需求整理成资料库，以供使用者参考查询。

（3）从客户观点考虑。美观的网页固然令人赏心悦目，不过客户可能受限于网速，不见得有耐性等待漫长的下载时间。而某些需要加入会员并登录进入的网站，最好简化注册流程与登录步骤，并让使用者可以容易地查询或增修个人相关信息。重视人性化的考虑，才会使客户乐于重复登录企业的交易平台。

（4）善用客户资料。网络使用者会倾向选择符合个人需要的信息，不会要一些与自己无关的垃圾信息。如何搜集到客户资料，了解客户，进而适时地提供最佳服务，将是网络客户服务的关键。

（5）不要成为广告媒体。提供信息与发布广告并不相同，如果滥用网络来刊登广告或发送电子邮件，很可能会使客户反感。像雅虎公司在向用户发送电子邮件和各种电子广告时，十分注意区别对待，通常他们只针对性地向感兴趣的用户寄发。

3. 呼叫中心

电子商务时代的客户服务中心以拥有客户、抓住客户为目的，它必须与电子商务有机地集成。这意味着企业建立呼叫中心时，必须清楚其定义对互联网的基本需求，并且合理地与客户关系、工作流程自动化及互联网集成。基于这三者合一、IP 语音系统、存储技术、统一信息服务的高集成度和面向出资细分系统的呼叫中心已经成为企业服务客户的发展方向。

呼叫中心服务通过公开一个电话特服号码，提供给客户的电话服务，已经成为企业客户服务的主要方式。随着客户关怀理念的深入，有些呼叫中心开始命名自己为客户关怀中心。呼叫中心既是企业与客户交流的主要渠道，同时也可以完成企业的部分业务。采用呼叫中心运行方式的客服中心可以运用自动语音应答系统对客户提出的一般性问题进行识别，自动播放录音给客户收听。如果需要个性化人工服务，客服中心可以自动寻找最恰当的坐席代表解答客户的具体问题。

二、客户关怀设计案例分析

案例背景：

　　××是一家发展中的从事进出口贸易的电子商务企业。一直致力于为全球采购商提供优质供应商产品信息，同时也为全球供应商提供全面的国际市场推广服务。在过去的 6 年间，××专注于国际贸易，并使用互联网平台为全球贸易商人提供服务。截至 2008 年年底，××的注册会员数量已经超过 150 万名，拥有 600 000 个专业买家，来自全球 200 多个国家和地区。据不完全统计，每年利用××平台达成的贸易交易金额达到 30 亿美元。

　　你若作为一个该企业的客户服务管理专员，你将会如何规划企业的客户关怀行动？

案例分析：

"客户关怀"已经成为商业界颇为推行的理念，不管是大企业还是小企业，都在以自己的方式努力实施着客户关怀。比如,餐厅开始运用管理系统保存会员资料,系统内记录着每一名会员的生日、特别纪念日、联系方式、消费记录等关键资料,在会员生日前,餐厅及时送出温馨的问候,并且邀请会员生日当天用餐,并赠送特别的小礼物。但是你们也不难发现更多的企业对于客户关怀的理解只停留在机械式的模仿中,如短信里经常受到的知识产品推广信息,一年一次的生日短信祝福感觉是例行公事,已经很难触动客户了。

任务实施:

评价标准

(1)客户需求分析准确。

(2)关怀措施以普遍需求为基准,并能兼顾客户的个性需求。

(3)关怀促使与产品和服务紧密相关。

(4)关怀措施有创意并能让客户产生美好的体验。

(5)关怀措施的实施成本相对较低。

工作成果:

××是一家规模中等、成立时间较短的新型电子商务企业。员工 50 人,注册会员 150 万名,销售收入主要依靠会员交纳的服务费。鉴于这家企业的规模和性质,客户关怀手段主要采用电话营销和网站服务的形式。企业主要通过专职客服人员运用电话、网络即时通信工具和电子邮件与客户进行交流互动。

该企业拥有不少发展较为成熟的竞争对手,若想取得竞争优势,唯有依靠客户的口碑相传,故服务质量成为这家企业取胜的关键。因此该企业可以在客户关怀方面做如下工作:

1. 网站建设

(1)给客户提供在××网站上的账号和密码,可以方便客户进入后台空间上传资料。同时给客户一个在××上的二级域名网址,便于客户展示自己公司的信息和产品信息。

(2)客户收到来自××的咨询盘邮件时,网站系统会用邮件通知客户,提示邮件已发到客户在××上的注册邮箱,便于客户及时查看。

(3)网站前台搜索栏和后台紧密相连,便于客户搜索,客户可以在网站的前后台同时进行搜索。

(4)网站后台页面简单,上传和刷新产品方便。

2. 帮助客户获得国际贸易专业信息

该企业客户群大多为深圳及周边的大、小型制造企业。这些企业的人员构成相对简单,专业人员相对薄弱,为了帮助他们成功,××的客户人员花费大量时间针对客户的具体情况,搜集对每个客户有用的国际贸易信息,然后发送给相关客户。对于有需要的客户,派专业人员培训客户学习国际贸易知识和网站使用知识。

3. 帮助客户从交易平台中获得实惠

(1)建议客户完善其网页,包括产品展示、关键词建议、公司信息完善、认证证书等,建议客户尽可能多地发布公司信息,意向买家展示自己是诚信、专业的优质供应商。

(2)提醒客户及时查看和回复后台的询盘,提醒并建议客户及时开发公司提供的买家数据库。

（3）建议客户参考产品展示比较好的同行网页，尽可能把自己公司最好的产品图片展示出来，以吸引买家。

（4）给客户争取广告资源，增加客户曝光的几率；同时建议客户设置更丰富的关键词，利于搜索引擎优化，在搜索引擎上增加搜索到该客户的机会。

4. 及时解决客户问题

及时解决客户使用交易平台遇到的问题，除此之外，耐心疏导客户的不良情绪以及给予客户促成成交和风险防范的建议，这都是客服专员经常做的事情。

5. 培养高素质的客服专员

××的客服专员需要具有良好的国际贸易或者市场营销专业背景，同时应该具备服务意识和良好的沟通能力，能够就客户遇到的问题进行有效交流。

6. 俱乐部活动

定期举办如客户联谊会、电子商务成功故事分享会等活动。

7. 亲情服务

（1）发外贸咨询邮件给客户，提高客户的外贸能力和回复买家询盘的沟通技巧。

（2）针对会员的等级，电话回访和在线联系客户，了解客户使用网站的情况和需要协助的相关事宜。

（3）每个月制作服务清单给客户，从中及时了解客户的需求，以采取针对性的服务。

6.2.3　任务同步训练

一、任务描述

请同学们根据本节所学，谈谈对客户关怀的理解。假如你是一位网店的店主，你会通过什么来进行客户关怀，设计一个客户关怀的方案。

二、同步训练任务书

任务名称	客户关怀方案设计	任务用时	30分钟
同步训练描述	如果你是一位网店的店主，设计一个客户关怀的方案。		
序号	项目	内容	
1	关怀方案		

三、教师点评

无论是什么行业，对客户资源的维护和开发也是不能停止的，留住老客户引进新客户以扩大资源的积累，并不断提升资源的价值是企业的重要任务。可以试着使用邮件、短信、电话等综合的方式对客户进行拜访，特别注意电话不能太多，特别是对还没有建立太好关系的客户,可以利用短信的方式进行拜访或者服务介绍。然后再电话沟通。电脑发短信通知或向客户的手机发送有针对性的短信来和客户有效的沟通,使客户得到的信息服务是及时、方便的个性化内容,从而实现老客户不走新客户不断,企业蒸蒸日上的良好发展态势。

四、综合评价

任务名称	客户关怀方案设计		
任务完成方式	□小组协作完成 □个人独立完成		
评价:			
任务成绩(满分100分):			
自我评价 (20%)		小组评价 (20%)		教师评价 (60%)	
存在的主要问题:			

6.2.4 自主学习任务

人性化服务

人性化服务不再是一句时髦的口号和表面的形式,而是一种具体的本质的内容,要融入到我们每一个服务人员的理念之中。人性化服务要求必须由传统的被动服务模式转变为主动服务模式,充分发挥人的主观能动性,挖掘内在潜力,时刻为客户着想,时刻以客户为中心。在具体工作中,要"主动抓,抓主动"。为广大的消费者提供真正的服务,哪怕是一件很小的事情,只有满足了人们特定的需要,才会赢得市场。现在大家都比较喜欢讲眼球经济,认为吸引了消费者的眼球,才会带来不竭的财富。吸引眼球,关键是要在顾客心灵上下功夫,就是要确实维护和保证顾客的利益,要为顾客带来实实在在的东西。

请同学们查阅资料,学习了解有关人性化服务的相关案例及知识。

项目七　呼叫服务职业生涯

能力目标

1. 了解呼叫中心职业素质的特点；
2. 掌握职业素质的分类；
3. 了解呼叫中心职位特点；
4. 通过了解呼叫中心职位对应的职业素质要求，修正自己的职业素质；
5. 了解呼叫中心职业员工的基本守则；
6. 掌握呼叫中心从业人员的基本职业道德和意识；
7. 通过了解呼叫中心人员的职业行为习惯，修正自己的行为习惯；
8. 掌握如何制订职业生涯规划目标；
9. 了解呼叫中心职级职称等；
10. 了解呼叫中心员工职位晋升的渠道；
11. 掌握呼叫中心员工如何进行职业生涯规划；

知识目标

1. 呼叫中心职业素质的主要特点；
2. 呼叫中心职业素质分类；
3. 呼叫中心职位特点；
4. 呼叫中心职位对应的职业素质要求；
5. 呼叫中心员工的基本守则；
6. 呼叫中心从业人员的职业道德和意识；
7. 呼叫中心从业人员的职业行为规范；
8. 职业生涯规划的概念及其发展阶段；
9. 职业生涯规划中的自我认知、职业认知；
10. 职业生涯规划中的环境分析；
11. 职业生涯规划的个体环境分析；
12. 呼叫中心员工的职业生涯路径。

本项目包含了五个学习任务，具体为：

任务1：呼叫中心职业素质要求；

任务2：呼叫中心职业素质培养；

任务3：职业生涯规划基础；

任务4：职业生涯规划设计；

任务5：呼叫中心员工的职业生涯规划。

任务 1 呼叫中心职业素质要求

7.1.1 任务引导

1. 任务情境

在一次呼叫中心的例会上，运营总监说："今天开会，我想跟大家讨论一下关于坐席员分级问题。虽然客服中心为客户提供服务的渠道非常丰富，可是客户更喜欢用打电话的方式进行询问，寻求帮助。但是呼叫中心坐席员一直都没有做过任何分级，一些工作年限较短的员工喜欢把较难的客户交给老员工处理；而老员工觉得工作强度高、难度大，却跟新员工在工作层级上没有任何区别。因此，我想就坐席如何分级，依据什么因素分级听听大家的意见。"

在座的各个主管有的说按效率、有的说按能力，大家各执一词。

2. 任务分析

为完成该任务，需要掌握以下内容：

(1) 呼叫中心人员应该具备哪些好的素质？

(2) 怎么样可以培养自己成为一个合格的呼叫中心工作人员？

7.1.2 支撑知识

一、呼叫中心职业素质的主要特点

(一) 服务导向型

服务导向表现的是一种乐于帮助别人的，为别人提供帮助的意愿，这个和工作并没有直接的关系。一般来说，女性的服务导向强于男性，已成为母亲的强于没有生过孩子的。

那些没有服务导向或者服务导向不够强的人，一旦选择了呼叫中心的服务企业，他就会很痛苦，因为他没有帮助别人的主动意愿，每次为顾客提供服务的时候，总是感觉非常难受。相反，一个具有很强服务导向意识的人，他就会觉得帮助别人为别人提供服务是一件快乐的事情，把清除别人的烦恼作为自己的使命。

(二) 具备很强的抗打击的承受能力

电话销售人员经常会遇到一些挫折与打击，客服人员也有可能遭受挫折和打击。比如客服人员有可能被客户误解，顾客在沟通过程中迁怒于客服人员等。在遭受到挫折与打击的时候，就需要一个发泄的渠道或者减缓压力的方式。因此，呼叫中心从业人员应该具备承受挫折与打击的能力。

(三) 具备很强的"处事不惊"的应变能力

对于客服人员，处事不惊的应变能力也是一种非常重要的能力。因为客户是形形色色的什么样的人都有，所以客户服务人员每天都需要面对不同的客户，很多时候客户给客户服务人员带来一些挑战。例如，像很多一线的客户服务人员，就比较容易遇到挑战性的情况，此时有经验的客户服务人员就能够沉着稳定的处理发生的事件，当然还需要一定的应变能力，特别是在遇到一些突发的恶意投诉或骚扰的时候，更应该处变不惊。

（四）具备100％的情感付出支持能力

100％的感情付出支持能力指的是服务人员对每一位客户都要提供良好的服务，不能有所保留。不能因为每天需要对很多很多人进行微笑，就借口说刚开始可以笑的少一点，这样对待客户是不可以的。服务体系的从业人员对待第一位客户和对待最后一位客户都需要同样的付出100％的热情。

（五）具备积极进取与永不言弃的心态

积极进取，永不言弃这是每个客户服务人员所必须具备的良好心态，在自己的工作岗位上，需要不断的进取调整。客户服务人员外在所要呈现出来的能力，就必须由内在的一种因素去支持，而这种存在的精神就是积极与永不言弃的心态。

（六）注重承诺

在我们与客户打交道的时候，难免会遇到需要答应客户的一些要求或请求，在这个时候，注重承诺就会变得非常重要，没有人愿意与不讲信用的人打交道。因此，诺言就是责任，答应客户的就一定说到做到。

（七）具备宽容的心态

就如我们前面所说的，每天客户服务人员要面对各种各样、形形色色的客户，在这些人中难免会有一些蛮横不讲理或脾气暴躁的客户，在这个时候，我们必须先理解客户，学会体谅客户的境遇，揣摩客户的心态，当你保持这样的心态的时候，问题就会变的好解决了！

（八）具备情绪的自我掌控调节能力

客户服务人员要具备情绪的自我掌控与调节能力。假如，今天上班的时候，第一个客户将你臭骂了一顿，而且还无理取闹的投诉你，因此你的心情变得很不好，情绪低落。这个时候你如何面对接下来的客户？如果不及时调节与掌控自己的情绪的话，很可能将不快的情绪传递给下一位客户。我们必须去调节与控制自己的情绪，因为对于每一位客户而言你都是他的第一位倾听者。

（九）有积极热情的态度

积极热情的态度会传递给周围的每一个人，会营造出一种温馨融洽的气氛，客户对服务人员也会产生好感，更加的信任与支持客服人员的工作。因为没有人愿意跟整天都哭丧着脸的人打交道,客服人员就必须牢记:客户永远喜欢与能够给他带来快乐的人交往。

(十) 待人谦虚诚实

对待客户的时候,谦虚、诚实是最基本的准则。相对而言,诚实更重要,因为一个人的谎言可能会侥幸维持一段时间,可是,服务人员所工作的企业不是只有一个人,谎言迟早会被戳穿,这样只会激怒客户。在解决问题的过程中与客户交流必须真诚,更能为企业留住客户。

(十一) 要有同理心

同理心我们在前面已经学过,就是指站在客户的角度去思考问题,这样才能真正地理解客户的想法和处境。客户服务人员用这样的心态不仅可以避免冲突的发生,也可以让客户感觉到亲切。

在服务人员的素质中,服务导向素质是最为重要的。如果一个人都没有去帮助别人的意愿,那么可以想象,他根本就谈不上接下来的一系列的职业素质。同样重要的是,服务人员在遇到困难和挫折的时候绝对不能轻言放弃。

二、呼叫中心职业素质的分类

(一) 管理能力

管理能力是不可或缺的管理工作的能力,包含了工作计划职能,合理安排工作计划是确定企业目标和实现目标的途径、方法、资源配置等不可缺少的。计划职能是协作劳动的必要条件,在协作劳动中,必须有统一目标,必须对各项活动、各种资源的利用以及人员的工作安排进行统一的部署,才能够使人员、资源、活动之间相互配合,达到最终的预期目标。因此,我们就需要制定一个计划,作为人们开展工作的依据。没有计划的企业是不可能存在的。计划出现严重错误,也会给企业带来重大的损失,尤其是在市场竞争激烈的当今社会,被淘汰也是很有可能的。因此,在管理能力中,计划职能就是首先所要具备的能力,也是呼叫中心从业人员要具备的。

计划职能的核心内容如下:

1. 对企业所处的内外环境进行观察,根据观察的结果对未来的变化趋势进行分析和预测。

2. 根据市场需求以及企业的自身条件和企业的利益,制定符合企业的中长期目标。

3. 拟定现实目标的各种行动方案,通过综合的评估,选择满意的方案进行决策。

4. 编制较为综合性的企业计划和各项专业的计划,用以落实所制订的方案。

5. 检查方案的执行情况,以及执行当中出现的问题,并对问题的处理给予帮助,这就是计划职能和控制职能相互交叉的一项工作。

作为一名优秀的呼叫中心从业人员,就必须具备一定的工作计划能力。基层成员主要对自己本职工作的时间以及工作分配进行管理。为自己制定一个切实可行的计划,按时、保值、保量完成自己的工作任务,达到既定的目标。

作为一个团队的领导者,所要具备的管理能力主要是指组织管理、策划与决策、领导与控制的能力。在工作中团队的领导者必须更好的管理自己,只有管理好自己的行为,才能管理好他人。在管理能力中的组织能力是指为了实现既定的目标,能够灵活的运用各种办法,将所有力量调动与合作起来的能力。包括协调关系能力、善于用人的能力等等。组织管理能力是一个人的知识、素质等基础条件的外在综合表现。在现代社会中,由于分工的不同、系统的庞大与错综复杂,绝大多数工作往往需要多个人的协作才能够完成,所以,从某种角度讲,每一个人都是组织管理者,承担着一定的组织管理任务。具备一定的管理能力,也将决定个人晋升的发展之路。

(二)交际能力

交际能力是指能够妥善的处理组织内外出现的各种关系的能力。包括与周围环境建立起的联系和对外界信息的吸收、转化能力,以及正确处理各级人员之间关系的能力。具有良好的交际能力,在我们的工作中起着重要的作用。

1. 人际交往是交流信息、获取知识的重要途径

现代社会是信息社会,信息量之大、信息价值之高,是前所未有的。人们对拥有各种信息和利用信息的要求,随着信息量的扩大,也就不断的提高。通过人际交往,我们可以互相传递交流信息和成果,丰富自己的经验,增长见识,开阔视野,活跃思维,启迪思想。

2. 人际交往是个体认识自我、完善自我的重要手段

"独学而无友,则孤陋而寡闻",人际交往可以帮我们提高对自己的认识,同时,也提高自己对别人的认识。在人际交往的过程中,彼此从对方的言谈举止中认识对方。同时,还可以从对方对自己的反应和评价中认识自己。交往的面越广,交往越深,对对方的知识了解越全面,当然对自己的认识也就越深刻。只有对他人有了全面的认识,对自己有了深刻的认识,才能得到别人的理解、同情、关怀和帮助,从而自我完善才能实现。

3. 人际交往是一个集体成长和社会发展的需要

人际之间的交往与协作形成了集体,而一个良好的集体,又能促进其他成员优良品质的形成。良好的人际关系还能够增大集体的凝聚力,成为集体中最重要的教育力量。人际交往是人与人之间的一种互动。良好的人际交往能力是积极向上的,相反,则不利于个体的健康发展。

作为呼叫中心的一分子,要积极大胆的发展自己的魅力和才能。在服务过程中树立良好的企业形象。要善于控制,切忌举止咄咄逼人,言辞夸夸其谈。要始终保持自信,运用自己掌握的技能,以达到上情下达,上下贯通的目的。

(三)表达能力

表达能力是现代人才必备基本素质之一,其中包括语言表达能力、肢体表达能力和文字表达能力。在现在的社会环境与经济环境下,人们之间的交往日益频繁,语言表达能力的重要性也就更加突出化,好的口才越来越被现代人理解为必须具备的能力。作为现代人,不单自己要有新的思想和见解,还要在别人面前很好表达出来;不仅要用自己的行为

为社会做出贡献,还要用自己的语言去感染、说服别人。

就职业而言,现代社会的各个行业都需要有口才的人:对政治家与外交家来说,口齿伶俐、能言善辩是最基本的素质;商业工作者推销商品、招徕客人,企业家经营管理企业,这都是需要口才的。在我们的日常交往中,具有口才天赋的人能够把平淡的话题讲得非常吸引人,而口嘴笨拙的人就算他讲的话题内容再好,人们听起来也是索然无味。有些建议,通过口才好的人表达出去和与口才不好的人表达出去往往得到的反应大相径庭。

运用思维的表现能力,只有这样才能实现良好的沟通;在呼叫中心的工作中,无论是坐席员还是管理者,语言的沟通与表达能力、描述问题解决问题的能力对于从业者是否能够达成工作目标,是否能够提高工作效率有着至关重要的作用。同时,呼叫中心的工作人员,都必须具备一定的文字表达能力,不单能够在语言沟通中表达自己的目的,并且能在工作总结、方案设计、会议演讲和通过文稿甚至视频表达出自己的工作业绩。

总之,表达能力是我们提高素质、开发潜力的主要途径,是我们驾驭人生、改造生活、追求事业成功的无价之宝,是通往成功之路的必要途径。

(四)优良的道德品质

从业人员通过在道德意识和道德行为方面的自我锻炼与改造,形成职业道德以达到职业道德的最高境界。这种职业道德一般都是从业人员进行自律的行为。任何一名工作人员,想要提高职业道德素质,一方面需要靠社会和组织的培养教育,另一方面就要取决于自身的主观能动性。两者缺一不可,而且后者显得尤为重要。

职业道德修养实质上就是对立的道德意识之间的争斗,对于一个从业者来说,要取得职业道德素质上的进步,就必须要自觉地进行两种道德观的斗争。职业道德修养上的道德观的争斗是一名从业者头脑中进行的对立思想的斗争。对于职业道德修养,用形象一点的话来说,就是自己同自己"打官司",即"内省"。

正是由于这个特点,呼叫中心的从业者必须随时随地地认真培养自己的道德情感,充分发挥思想道德上正确方面的主导作用,促使"为他"的职业道德观念战胜"为己"的职业道德观念,认真检查自己的一言一行是否符合职业道德的要求,才能不断地提高自身的职业道德水平。为服务于企业、客户、领导的思想奠定良好的基础。

(五)良好的心理素质

要树立自信心,克服自卑心理。呼叫中心人员接触的工作、客户都是复杂多变的,拥有的知识层次、每个客户的性格特点、沟通方式都不同,这就需要从业人员具有快速的反应能力,保持良好的心态应对可能出现的突发情况。只有具有良好的心理素质再运用自己的行业技能才能不卑不亢、落落大方的处理自己的工作。这就要求从业人员努力提高自己的心理素质,提高心理素质是需要坚强的意志力的,它需要一个过程,也需要不断的努力与锻炼,可通过自我认知、把握自己的感情、提高受挫能力。

（六）良好的性格特质

豁达开朗、保持乐观的精神,是呼叫中心从业人员必备的性格特征。在客户服务或产品推荐活动中,并不一定都是一帆风顺的,随时可能会遇到各种各样的阻力和困难,至于遇到自己不能解决的问题,遇到挫折是自然的。当挫折出现的时候,我们就需要应用良好的性格特质不要气馁,不要灰心丧气,通过坚持不懈的努力,就能在激烈的竞争中立于不败之地。

三、呼叫中心职业素质的组成

（一）身体素质

身体素质,就是在日常的活动、体育锻炼、工作劳动中,人体各器官系统功能的综合表现,如力量、速度、耐力、灵敏、柔韧等。一个人的身体素质的好坏与遗传和后天的锻炼有着极其密切的关系,通过正确的方法和适当的锻炼,可以从各个方面对身体素质进行强化锻炼,身体是革命的本钱,一个好的身体素质才能够保证更好的进行工作。

（二）心理素质

在职业素质的组成中,不单要有过硬的身体素质,还要有良好的心理素质。心理素质在后天教育与环境的影响下,经过主体实践训练所形成的性格品质与心理能力的综合体现。一个人心理素质水平的高低应该有四个方面来衡量:性格品质的优劣、认知潜能的大小、心理适应能力的强弱、内在动力的大小及指向。对于主体表现出心理健康状况的好坏,而对于外部则表现为行为的优劣。

（三）政治素质

政治素质是人的综合素质的核心,主要表现为正确的价值观与人生观,加强集体主义、爱国主义、社会主义思想,是素质教育的灵魂。通过对马克思主义的立场、观点、方法的掌握变成一种自觉自然而然的、而不是强加的思维方式和思想方法,从而正确的看待事物、分析问题和进行决策工作。

（四）思想道德素质

人们的职业活动要遵从根据一定职业特点而制定的道德准则、道德情操与道德品质,它既要求从职人员要有强烈的主观能动性,遵从职业规范、企业规定、法律制度,并且拥有强烈的责任感,爱岗敬业。

（五）文化素质

文化素质不只是学习到的科学技术理论知识和受教育的程度,更是在社会生活中所接受的人文社科类的知识。这些知识是通过语言或文字表达体现出来,通过举手投足的反映出来的综合气质或整体素质。

（六）审美素质

从业人员要具备审美素质的层次和审美修养的能力。通过不同的社会生活经历进行审美心理的锻炼、培养、塑造和提高，并且通过自己的行为提高能力，达到一定的审美境界，这种境界的培养和提高与自己的文化素质和生活经历密切相关的，会在自己的从业经历中通过言行举止等行为方式表现出来。

（七）专业素质

专业素质是指从事社会职业活动所必备的专门知识、相关领域工作技能。主要涉及三个方面：扎实的理论基础、熟练的专业技能、全面的业务能力。

在求学过程中要夯实基础，打好基础。基础理论知识包括两大类，即科学文化知识和专业基础知识。文化课教学的目标是用各门学科的基础知识、基本技能和技巧武装求学者，打下一个扎实的基础，只有这样才能便于日后继续学习和深造，才能适应科技不断发展的要求。劳动者掌握了从事职业的专业技能，要能够在本职工作中提高效率，创造出卓越成绩，需要逐渐培养自身的理论技能和专业素质，这是逐渐养成的，也是随着社会的进步而不断发展的，职业内容的更新同样是在社会活动中不断发展的，它需要一个长期的过程。

（八）社会交往素质

良好的人际关系应该是个体在与人交往的过程中，用诚实、宽容和谅解的态度，树立自我良好形象，在集体中形成融洽的关系，并积极向外拓展自己的交际面，不断赢得他人和社会的荣誉，是辅助人生走向成功的最佳手段。

（九）学习创新素质

创新素质是创新意识和创新能力的结合，创新的意识包括怀疑一切意识、好奇意识和发散式思维创新；创新能力包括发现问题、解决问题和实践的能力。创新思维是素质的核心，它决定着一个人能否创新及创新能力的大小。

7.1.3 任务同步训练

一、任务描述

作为呼叫中心的工作人员，可以看到我们需要的综合素质是非常重要的，那么我们应该如何提升这几种素质呢？通过交流、学习、模仿或者其他办法，完成下面的同步训练任务书。

二、同步训练任务书

任务名称	呼叫中心职业素质要求	任务用时	15 分钟

同步训练描述	在素质学习中,我们每个人都有着不同的方法与路径。由小组进行交流,然后每个同学根据自身的情况,考虑一个切实可行能够提升我们专业素质的方法。

序号	素质需求	提升方法
1	身体素质	
2	心理素质	
3	政治素质	
4	思想道德素质	
5	文化素质	
6	审美素质	
7	专业素质	
8	社会交往素质	
9	学习创新素质	

三、教师点评

良好的素质不是一天两天养成的,这将是一个巨大的工程,需要我们不断努力、坚持不懈地去挑战自我。让自己每天进步一点点,让自己每天都有收获。在未来的工作中,才能够厚积薄发,拥有别人所无法超越的能力。

四、综合评价

任务名称	呼叫中心职业素质要求
任务完成方式	□小组协作完成 □个人独立完成

评价:

任务成绩(满分 100 分):

自我评价 (20%)		小组评价 (20%)		教师评价 (60%)	

存在的主要问题:

7.1.4　自主学习任务

什么是核心竞争力呢？

它是一个组织具备的应对变革与外部竞争并且取胜于竞争对手的能力的集合。

对于呼叫中心而言，这种能力并不是体现在呼叫中心管理过程中的比较优势，如接听率比同行高几个百分点，投诉回复率达到了新高；也不是呼叫中心所拥有的各种内外部资源，如呼叫中心又获得某某资格认证，系统刚刚升级，采用了国际排名第一的交换机等设备，而是在于一个呼叫中心的组织系统能力。呼叫中心的竞争优势正是凭借这种系统能力体现在为客户提供更多、更大的价值上。因此可以这样说，呼叫中心的竞争优势来源于持续建立一个比竞争对手制造出更多、更好的服务并且能够迅速适应外部环境变化，通过不断学习，及时调整行动的组织。

我们就可以得出答案：对于一个人员密集型的呼叫中心组织而言，它的核心竞争力最终来自于组织中的人力资源，凭借于组织中人员所掌握的核心专长与技能。这种专长与技能除了表现为员工所具备的知识与技能外，还包括他们潜在的、可以通过不同方式表现出来的内驱力与个性特征等，即"素质"——素质才是真正导致员工产生高效，从而实现呼叫中心战略目标的内在动力源泉。正是这种素质能够保障为顾客创造独特的价值，并且是对手在短期内难以模仿与复制的。

我们可以在课后对相关素质的话题进行深刻的讨论。

任务 2　呼叫中心职业素质培养

7.2.1　任务引导

1. 任务情境

在一次呼叫中心的工作会议上，领导希望人力资源赵经理写一份新进员工的培训方案，作为人力资源赵经理经过反复思考后写出了三点主要的培训方向：

（1）新员工融入培训，这类培训主要是帮助新员工迅速融入企业和团队当中。

（2）职业素养培训。职业素养培训目的是帮助建立初步的职业素养。

（3）电话营销技能培训。电话营销技能的培训是入职培训中的核心部分。

根据这三个要点，需要制定详细的计划有：请公司高层讲话、请行业专家讲解行业背景及职业发展前景介绍、优秀员工现身说法、企业内部参观、有业务往来部门的同时对所在部门工作的介绍以及户外的团队建设；讲解客户满意、商业道德、职业操守等内容；讲解电话礼仪、声音技巧、语言表达方法。

2. 任务分析

结合任务情境，同学们需要思考：

（1）人力资源赵经理根据什么来制定培训要点的？

（2）在培训中，关于职业素养要怎么培训呢？她对职业素质培养考虑周全吗？

7.2.2　支撑知识

一、呼叫中心服务人员的基本守则

（一）认真负责

了解客户的需求，认认真真的为客户处理好每件事情，无论事情的大小，都要给客户圆满的结果或答复，即使客户提出的要求不属于自己岗位的工作范围，也要主动与相关部门联系，切实解决客户的问题，把满足客户的需求当做工作中最重要的事情来做，按照客户要求认真做好每件事。

（二）积极主动

以积极主动的态度来接听每通电话。要学会使用积极肯定的语气、热情清晰的声音和礼貌的言语与客户沟通，掌握本职工作的规律，自觉的做好准备工作，梳理好客户可能会提出的问题和要求，并善于发现问题、解决问题。做到处处主动，事事深入考虑，为客户提供完美的解决方案。

（三）热情耐心

在通话的过程中，我们需要有效的控制自己的情绪，不能因为客户态度的异常而影响电话沟通的质量。要积极聆听客户的需求及问题，以便准确地对客户的情绪、困难、要求和期望做出正确的回应。在通话的过程中，要始终保持微笑、和蔼可亲、热情诚恳的态度。在客户面前，无论工作多繁琐或者压力有多大，都要保持不急不躁，镇定自如的情绪。在通话的过程中，对客户的意见要虚心接受，对于客户的激烈言辞，要尽量做好安抚工作，绝对不与客户争吵，要严于律己，恭敬谦让。

（四）细致周到

要善于分析客户在电话另一端讲话时的心态及心理特点，要懂得从客户的言词、语气及语速中发现客户的需要或意图，正确把握时机，解决问题要在客户的期望之上，力求沟通工作完善妥当、体贴入微、面面俱到。

（五）文明礼貌

要有较高的文化修养，语言文明，谈吐文雅。举止端庄，待人接物不卑不亢，了解不同国家、不同民族的风俗习惯、宗教信仰和忌讳，时时处处注意表现出良好的精神风貌。

（六）业务熟练

刻苦钻研业务，提高自身素质，熟悉管理标准、规范及政策，熟悉相关部门的业务流程，做到咨询、查询答复准确。

二、呼叫中心服务人员的职业意识

所谓职业意识指的是对职业的认识意向以及对职业所持的主要观点。职业意识不是突然就会形成的,它的形成要经历一个从幻想到现实、模糊到清晰、摇摆到稳定、产生到发展的过程。作为一个呼叫中心从业人员应具备以下职业意识:

(一)客户服务意识

客户服务是全面的、深入履行现代市场营销观念的有效方式之一。就现代营销学的观念,从以生产产品为中心的生产观念转变为满足客户需求为中心的客户服务观念和大客户服务观念。

呼叫中心服务人员在工作过程中牢记"客户是最重要的"、"为客户尽快解决问题"的两个观念,努力去发现客户的需求并满足这些需求。积极主动的表达自己的服务意愿,并尽可能地满足客户的期望。

(二)团队意识

呼叫中心是一个集中的工作式场所,一项工作的完成是很多人共同协作的结果。因此,需要从业人员积极主动的做好团队中自己的工作,积极提出有利于企业发展的合理化建议;尊重服从领导的安排,关心爱护同事;建立团队内部的协作,开展有效、健康的部门及同事之间的合作竞争,互为平台、互通商机、共同进步。同事也要保守团队的商业秘密。

(三)学习意识

呼叫中心从业人员要有对工作相关的知识的精通了解、扩展和利用技术知识的欲望,或拥有指导他人有关工作的知识。自主学习人力资源业务知识和技术知识,能熟练操作、运用计算机,熟练掌握办公自动化软件。具备独立工作和解决问题的能力,为以后的职位晋升做好准备。

(四)主动性

在工作中,相对于工作要求和期望的工作,自我要求去做更多的工作,或自愿去做更多的工作,在发生特殊事件要求采取行动之前就主动采取措施,提高工作效率,避免失败,发现创新的机会。

(五)灵活性

指一个人在不同的环境下,能够与不同的人或者团队表现出适应环境变化需求的能力。灵活性表现为一个人理解并重视事物的变化,使自己适应和有效工作于多样的环境中,能够根据情况要求来应变做事的方式,或易于接受变化。例如:在与客户的电话中,不要一开始就强行引导客户,应该先去适应客户的言语习惯,沟通方式,是改变还是引导客户的想法,这也正是呼叫中心的服务宣传,要求客户服务人员做到"倾听、倾谈、倾情服务"。

三、呼叫中心从业人员的职业行为习惯

(一) 职业习惯内容

职业行为习惯就是职业能力。职业能力的提升,让你从一个更高的层次认识和发掘职业兴趣。没有职业能力,职业兴趣就只剩下空想,没有职业兴趣,职业能力就不能充分发挥,而且这样的职业生涯必然很乏味。习惯一旦形成就难以改变,所以我们要培养良好的职业习惯。职业行为习惯具体表现在:

1. 清楚掌握公司的各种行为规范与办公流程;
2. 及时主动反馈工作当中遇到的瓶颈与问题;
3. 做定期的工作计划、工作笔录与工作总结;
4. 仔细倾听上级的工作布置与安排,不懂就问;
5. 服从工作布置与安排,勇于承担责任与风险;
6. 工作期间对自己的工作做定期的上级汇报;
7. 回复上级命令或指示,不要等上级来过问。

除了以上关于工作方面的基本习惯外,作为一个呼叫中心的从业人员,我们还需要具备:

1. 心态积极,专心工作,不在工作中从事与顾客服务及公司业务无关的事情;
2. 保持应该有的职业操守,尊重同事,尊重顾客。如非工作需要,不翻查顾客的任何资料,不对外泄露公司及客户的任何资料;
3. 具有人际沟通能力,能够通过有效的方法与他人准确轻松地进行交流和信息的传递能力,包括书写及谈话等多种渠道的沟通方式。在与客户通话的过程中,对客户的重点信息进行适当重复,善于通过提问把握客户的需求,且进行积极的良好沟通,了解客户的满意度,给客户提供准确信息,让客户感受到友好愉快的服务;
4. 自信,指一个人相信自己具备选择有效途径完成某项任务或解决问题的能力,包括相信自己能适应日益增长的挑战性的环境,相信自己的决定和选择,以及自己建设性的处理失败的能力。喜欢微笑,自信但不夸耀;
5. 自我控制能力也称压力的承受能力,指人在遭受诱惑、阻力、敌意、压力、刺激时,保持冷静、抑制负面情绪或行动的能力。在这些压力下,能调节好自己的心态,很快忘却不快,继续投入工作中。

(二) 培养良好的职业习惯

1. 学会自我反省

① 情绪不良是健康的一大杀手

不良的情绪是人们身体的大敌,而良好的情绪则是一种最有助于健康的力量。愤怒会给人的身体带来可怕的危险。人在愤怒的时候心跳会明显加快,直到愤怒的情绪消散后才会恢复正常。愤怒时血压会一下子升得很高,严重时会导致大脑血管破裂。愤怒情绪不仅会使人的心血管系统发生变化,甚至还会促使心脏病的发生,威胁人们的身体健

康,这种现象在我们生活中是比较常见的。

② 情绪失控可能导致犯罪

日常生活中,我们常常看到一些人为了小小的事情而怒火攻心,大打出手,甚至于对对方造成伤害,在事件发生以后,后悔不已,一失足成千古恨。这样的惨剧不仅毁灭了自己的前程,也给家庭和社会带来了巨大的损失和伤害。因此可见,放纵情绪,可能会带来非常巨大的危害。那么,如何才能调整自己的情绪呢? 我们可以尝试离开让人愤怒或不开心的场景或对象。

真正成熟的人,在遇到任何事件时会先反省自己。如果确实是对方的错误,我们也最好不要得理不饶人,应该用宽容大度的态度对待别人的错误,宽容和大度能够体现我们的高姿态,能够赢得别人的尊重。同时,对别人的宽容,就是对自己的宽容,因为宽容让自己获得了心情舒畅的回报,最好不要拿别人的错误来惩罚自己。

③ 自我反省的作用与好处

学会自我反省,有助于心理健康。从心理学上讲,自我反思有助于形成积极的、自我关爱的人生态度;从医学的角度上说,有助于身体健康。学会自我反省,有助于家庭幸福、邻里和睦,有益于建立良好的人际关系。学会自我反省,有助于个人成长。对于管理者而言,学会自我反省,能够赢得下属的尊重,树立自己的威信,形成强有力的个人魅力。

2. 做事情一定要勤奋

要想比别人做得好,做事情就要比别人更加勤奋,正所谓一分耕耘一分收获,只有勤奋努力才能比别人做得更好。勤奋的另一层含义就是做事情不要拖延,想到做到,立即行动,有很强的执行力。大多数失败者的致命错误就在于拖延。勤奋强调时间的投入,但勤奋不是不讲方法的蛮干。有了较省力的方法,同样勤奋,这样才能不断地超越别人,超越自己。

3. 做事情要谨慎

想要把事情做好,就一定要养成一个谨慎的工作态度。否则,可能会"差之毫厘,谬之千里"。严谨就是在做事之前尽可能的考虑周全,不要有什么遗漏。比如我们每天上班,就需要考虑线路、路况、天气、事件等会有可能导致我们不能按时上班的因素。像这么一个简单的日常生活琐事,也需要提前考虑这么多问题,才能把它做好,更何况工作中更加复杂的事情! 一个工作随意的人,肯定会在工作生活中出现较多的差错,时间长了,别人会认为这个人马虎,认为其工作能力有问题。从这个方面讲,我们也应该养成做事严谨的习惯。

4. 做事情一定要主动

对于主动的解释,一种是不待外力推动而行动;另一种是能够造成有利局面,使事情按照自己的意图进行。这两种方式都是主动的表现。自己主动表达自己的意愿,别人才会知道,而自己不主动说出来,别人就不会知道;就算自己主动说出来,而不主动争取,别人也不会拱手相送。只有主动去做一些事情,才能赢的机会,才能有所突破、有所创新。

如果作为一个管理者,工作主动变得更为重要。管理者也有上级和下属,如中层管理者,我们要通过主动地说服沟通,去影响自己的下属,去支持自己的上级做出正确的决策,从而使整个局面朝着有利的方向前进;我们要通过主动地推动一些事情,解决一些问题,去打开工作的局面，建立自己的工作业绩。

5. 做事情一定要坚持

我们在做事情时，可能不是一帆风顺的，总会有这样或那样的阻力，会出现很多波折与失败。只要我们认定是正确的，就一定要坚持。拥有坚强的意志品质，是一个获得成功的必要条件。坚持就意味着专注，而一个人在同一时间内的精力是有限的，所以我们就必须将有限的精力投入到某一件事情上，否则只会顾此失彼。

坚持是在不断的总结经验、纠正错误基础上的坚持，是一个不断改进和提升的过程。通过对错误经验的总结，我们可以在认知上进行全面系统的提升，寻找出工作和事物发展的规律，可以正确认识以往工作中的优缺点，明确下一步工作的方向，少走弯路、少犯错误，从而为以后的工作打下坚实的基础。

（三）呼叫中心从业人员的职业技能

呼叫中心的工作职能大致可以分为：基层岗位、团队管理和部门管理三个类别，不同岗位的从业人员都有着其对应的职业技能。

1. 基层岗位的职业能力

作为一个呼叫中心的客服代表必须具备全面的职业素质，才能真正地为客户、为企业创造价值，也为个人赢得职业的维持和发展。在呼叫中心客服代表的日常工作中我们需要具有以下四个能力：

（1）客户接待能力

客户接待能力是受到最大程度重视和发展，能够支持完成基本岗位工作的能力。如能够了解业务受理流程与规范，熟练操作有关设备和软件，具备基本的投诉处理技巧，了解客户基本的消费心理和消费行为。

（2）职业支撑知识

指的是与职业相关的一系列支撑性知识。例如了解企业，了解行业，了解企业竞争对手的基本概况，关心市场动态，了解行业发展及法律法规等。

（3）职业发展潜能

是指能够发掘客户需求、主动销售、客户挽留、突发事件处理的能力，需要了解客户关系管理、服务营销知识和管理学知识等等。在具备这一类知识或者能力以后，就可以较好的获得职业发展和晋升，也可以帮助员工适应呼叫中心从客户服务、客户接触向客户价值管理、客户资产运营转变的趋势。

（4）核心职业素养

在呼叫中心中，客户需求发掘、主动营销、客户挽留、突发事件处理等能力以及具有客户关系管理、服务营销、团队管理等知识，是一个成功呼叫中心从业人员在其职业发展生涯中必备的核心能力。

口头与书面的表达能力，人际交往与团队融合能力，职业认知发展，职业心态调整，时间管理，主动学习，自我激励、情绪与压力管理、工作与生活平衡……如果把职业素养比喻为一杯水，核心职业素养就如同杯子，具备了良好的核心职业素养才可能比较容易的学习和发展其他各项知识技能。

核心职业素养,是支持员工获取其他各方面职业知识和技能、赢得职业发展、提高工作生活质量的根本,但是在员工的学习中也是往往最容易被忽略的一部分。部分呼叫中心因为看不到他们与岗位工作的直接关系,而把相关的培训视为一个员工福利或绩效奖励;而有远见的管理者则知道这是一项有价值的长期投资。

2. 团队管理岗位的职业技能

在一个呼叫中心中,班组是一线生产部门的最基本单位,也是基层管理活动的践行者和基层作业的直接参与者,对能否顺利完成经营指标、保持职工队伍稳定起着重要的作用。班组长作为班组的核心,其综合素养的高低直接影响着班组的整体素质的高低。因此,班组长应具备如下的能力:

(1)业务能力

班组长能够巧妙地处理及解决小组成员的用户投诉及复杂的用户咨询。能够利用通话录音分析、数据统计与分析等方法指导及支援,以促进小组成员的服务质量和日常操作的实施。

(2)理解力

班组长理解力的好坏是企业各项政策是否有效落实的关键所在,也是管理好一个班组的根本。如果班组长的知识面、理解力不够,则很可能无法向员工传达和解释公司的政策和发展方向。

(3)管理能力

班组长在日常管理中经常会碰到各种难题,首先所要具备的是信息管理能力,分类收集汇总管理班组内的各类信息,建立通常的汇报体系。监督并评估小组成员的工作质量及效率,必要时采取改善措施,确保实现既定的 KPI。班组长也要区别轻重缓急,监督电话流量,适当部署服务资源,以实现资源的最大化利用。并且在工作中班组长要及时发现小组成员个人的负面情绪,分析原因,帮助解决困难,及时疏导,确保员工心态良好,小组氛围积极向上。

(4)教练能力

班组长需要能够敏锐地洞察员工的问题,理性而有技巧地提醒、引导和帮助员工保持工作状态。能够分析组员特性并为其制定个性化的目标;与组员共同分析现状并订制改善措施;跟踪组员改善过程并及时给予帮助;定期总结改善结果并制定下一个阶段目标。班组长还要起到能够塑造一个和谐的班组气氛和重视小团队的润滑作用,让班组成员守望相助,让每个人都能够获得人际交往满足感和社会支持感。

7.2.3 任务同步训练

一、任务描述

作为一名合格的呼叫中心工作人员,我们需要相应的素质作为工作的基础支撑,而相应的素质就是良好的职业习惯与职业技能,在工作中一个好的习惯能够让工作事半功倍,一个良好的职业技能能够让我们对工作中出现的问题应对自如。因此,无论在什么样的情况下,一个好的职业素质都是必不可少的。

二、同步训练任务书

任务名称	呼叫中心职业素质培养	任务用时	10分钟
同步训练描述	小华毕业后，在一家很有名的大型呼叫中心工作，在学校学习的时候，有关呼叫中心的职业素质与职业技能相关的知识都学过，在入职前，小华想将他们整理并复习一遍。 请大家帮助小华将所学过的相关内容整理出来。 以小组为单位进行分工合作，最后再进行小组交流。我们来比比看哪个小组总结的更加全面。		
标题	**具体内容**		
职业习惯			
职业技能			

三、教师点评

在培养职业素养的过程中，我们需要将我们需求的良好的职业习惯与职业技能进行详细的划分。在找到具体的知识点的时候，我们就可以对相应的知识点进行具有目的性地制订培训计划与素质培养，不单可以让我们在工作中提高自己的能力，也可以在日常管理中起到很好的辅助作用。

四、综合评价

任务名称	呼叫中心职业素质培养		
任务完成方式	□小组协作完成 □个人独立完成		
评价：			
任务成绩（满分100分）：			
自我评价 （20%）		小组评价 （20%）	教师评价 （60%）
存在的主要问题：			

7.2.4 自主学习任务

基于胜任特征的素质研究意义

对员工进行基于胜任特征的素质研究在呼叫中心的运营管理中起着基础性的作用。它可为呼叫中心的人员选聘、任用和调配及培训等各项管理工作提供比较客观、可靠的依据。

1. 对人员选聘、任用和调配的作用

由于呼叫中心与传统的业务部门相比具有独特性,并且存在着多种矛盾。如工作性质和内容相对单调,但对人员素质要求较高;人员待遇普遍较低,但培训投入要求较高;呼叫中心人员规模大,对人员的需求较多,同时人员的流失率较高等。因此从特质上来分析,呼叫中心的工作需要具备良好心理素质、性格开朗热情等特质的坐席人员来执行。而传统的人员选聘、任用和调配一般比较重视考察人员的知识、技能等外显特征,而没有针对难以测量的核心动机和特质来选聘、任用和调配。

事实上,素质中潜能的部分对于呼叫中心各岗位人员能否有效利用其所拥有的知识与技能是非常关键的,有时甚至起到决定性作用。胜任特征是坐席代表能否做好客服工作、创造良好的绩效的根本因素所在。要想改变该员工的深层特征,培训往往显得束手无策。这对于企业来说是一个重大的失误与损失。相反,对员工进行基于胜任特征的素质研究可以帮助企业物色到与工作岗位要求相适合的人选,即具有适当的核心动机和特质的员工。而且,在进行人员使用时,即使知识与技能暂时无法满足要求,只要具备从事某职位的素质(尤其是潜能即可),这样既可减少了招聘、培训支出,也避免由于人员挑选、使用失误所带来的不良影响,降低呼叫中心的运营风险。正如某位名人所说:你也许能教会一只鸡爬树,但还是找只松鼠来得容易点。

2. 对培训的作用

一般来说,培训的目的与要求就是帮助员工提高素质,弥补技能上的不足,从而达到岗位的要求。传统的培训理念是通过改进知识、技能的"短板",来期望达到最佳服务水平的目标。但是实际上,每个员工的潜能都是不易改变的,因此往往出现投入很高,收效甚微的现象。基于胜任特征的员工素质研究可以很好的避免这个问题的发生。依据呼叫中心的战略目标,确定呼叫中心素质差距;根据业务的要求,确定差距改进的优先顺序,以此制订培训计划,设计培训课程,实施培训并指导下属执行。即可有的放矢地突出培训的重点,节省培训开支,提高培训的效用,又可进一步开发员工的潜力,为企业创造更多的效益。

3. 对员工职业生涯发展的作用

呼叫中心也是"素质密集型"的一个组织,基于胜任特征的员工素质研究可以帮助员工进行自我了解、自我设计与自我开发。每个人对自我并不是全部的了解,尤其是对自己素质的潜能部分,更不是十分地了解。每个人都是通过他人对自己的评价或者自己与他人的比较来认识自我的,而基于胜任特征的员工素质研究则是通过一定的技术设计,使员工对自己的素质科学化与标准化的认识,让自己的潜能得到充分的展现,从而达到自我了解、自我设计、自我开发与发展的目的。在员工充分自我了解与开发的过程中,呼叫中心也可获得不断提升的服务水平与不断降低的人员流失率,保持企业的竞争力和竞争优势。

任务 3　职业生涯规划基础

7.3.1　任务引导

1. 任务情景

经过三个月的轮岗实习,王晓琳即将转正,人力资源赵经理找到王晓琳,想问问她对自己未来的职业生涯是如何规划的? 王晓琳看着人力资源经理的脸一脸迷茫,说道:"我刚刚来到公司,对这个问题还没有认真考虑过,我甚至不是很清楚职业生涯规划到底是什么? 如何规划?"人力资源赵经理看着王晓琳无奈地说道:"王晓琳啊,这样子是不行的,你对自己的职业都没有一个清晰的认识和规划,那你从事这份工作的动力是什么呢? 仅仅是为了养家糊口吗? 关于职业生涯规划的问题,我希望你下去能够认真思考一下,对自己的职业也好好规划一下。"王晓琳听到赵经理的这段话,感觉很惭愧,点点头说:"赵经理,我知道了,下去一定好好学习,认真思考。"

2. 任务分析

经过人力资源赵经理的一番说教,王晓琳急需要了解一下以下几点的内容:

(1) 什么是职业生涯规划?

(2) 职业生涯一般经过哪些阶段?

(3) 职业生涯如何进行规划?

7.3.2　支撑知识

一、职业生涯以及职业生涯规划的概念

"生涯"一词在汉语中的意思,可以拆开来看,"生"与"死"相对,其意思为"活着";"涯"为"边际"之意,合起来就是"一生"的意思。在西方,"生涯"这个词本身包含职业的意思,因此"生涯"与"职业生涯"都用同一个单词。

目前大多数学者所接受的生涯定义是舒伯的论点:生涯是生活中各种事件的演进方向和历程,它统合了人一生中的各种职业和生活角色,由此表现出个人独特的自我发展形态。

与职业不同,职业生涯是一个发展的概念,是一个动态的过程。职业生涯的发展是以个人为中心的,它不仅包括一个人的过去、现在和未来那些可以实际观察到的、连续从事的职业发展过程,还包括个人对职业生涯发展的见解和期望。具体地讲,职业生涯是以心理开发、智力开发、技能开发等人的潜力开发为基础,以工作内容的确定和变化,工作业绩的评价,工资待遇,职称、职务的变动为标志,以满足需求为目标的工作经历和内心体验的经历。

"职业生涯规划"简称生涯规划,又叫职业生涯设计。职业生涯规划是指个体在对影

响自己职业生涯的主、客观因素进行分析和评估的基础上,进行职业定位,确定奋斗目标,进而选择实现这一目标的职业,编制相应的工作、教育和培训的行动计划,并对每一步骤的时间、顺序和方向做出合理的安排,这是职业生涯管理的一个组成部分。

职业生涯规划关键是要解决"干什么"、"何处干"、"怎么干"、"以什么样的心态干"的问题,可以概括为:定向、定点、定位和定心四点。

定向(干什么),就是确定自己的职业方向。方向与目标有所不同,目标是自己拟定的希望达到的一个理想,而方向是为了目标而选择的一种路径,如果方向错误,则会偏离目标,即使修正也需要花费更多的时间和精力。

定点(何处干),就是确定职业发展的地点。地点也就是现实环境的一个因素,各地的经济发展现状和前景都有不同,甚至差异很大,比如中心城市和边远山区,沿海一带和西部地区。一般而言,经济发达地区,竞争激烈,但是发展和晋升的空间和机会相对更多。

定位(怎么干),就是确定自己在职业人群中的位置。定位过低会导致个人在职业生涯中无法实现自我价值的最大化;过高则容易因连续遭受挫折而对职业生涯丧失信心。

定心(以什么样的心态干),就是稳定自己的心态。人的一生必然会高低起伏、成败交替,职业生涯也不例外。在实现职业理想与目标的过程中,个人应当保持平常心态,敢于直视就业过程中的困难和问题,不以物喜,不以己悲,始终坚定地按照自己的计划去实现理想。

二、职业生涯规划的阶段

职业生涯贯穿人的一生,在发展的不同阶段,每个人有着不同的职业需求和人生追求。正确认识职业生涯发展规律、自己所处的职业生涯发展阶段对制定有效的职业生涯规划是非常重要的。对于职业生涯发展阶段的划分理论,国内外学者都有自己的观点,其中美国学者施恩的职业生涯阶段理论对职业生涯阶段的划分最为详细。

美国著名心理学家和职业管理学家埃德加·施恩教授,根据个人生命周期的特点及其在不同年龄段面临的问题和职业工作的主要任务,将职业生涯分为 9 个阶段。需要指出的是,施恩教授基本依照年龄增长顺序划分职业发展的阶段,但他的阶段划分更多的是根据职业状态、任务、职业行为的重要性,又因为每个人经历某一职业阶段的年龄有别,所以他只给出了大致的年龄跨度,并且职业阶段的划分在年龄上也有交叉。衰退、离职和退休的年龄更是因人而异。

表 7-1 施恩的职业生涯阶段表

阶段	角色	主要任务
成长、幻想、探索阶段(0~20岁)	学生、职业工作的候选人和申请者	发现和发展自己的需要、兴趣、能力和才干,为进行实际的职业选择打好基础;学习职业方面的知识;做出合理的受教育决策;开发工作领域需要的知识和技能
进入工作世界(16~25岁)	应聘者、新学员	进入职业生涯;学会寻找并评估一项工作,做出现实有效的工作选择;个人和雇主之间达成正式可行的契约;个人真正成为一个组织的成员

阶段	角色	主要任务
基础培训(16～25岁)	实习生、新手	了解、熟悉组织,接受组织文化,克服不安全感;学会与人相处,融入工作群体;适应独立工作,成为一名有效的成员
早期职业的正式成员资格(17～30岁)	取得职业正式成员资格	承担责任,成功地履行第一次工作任务;发展和展示自己的技能和专长,为提升或横向职业成长打基础;重新评估现有的职业,理智地进行新的职业决策;寻找良师和保护人
职业中期(25岁以上)	正式成员、任职者、终生成员、主管、经理等	选定一项专业或进入管理部门;保持技术竞争力,力争成为一名专家或职业能手;承担较大责任,确定自己的地位;开发个人的长期职业计划;寻求家庭、自我和工作事物间的平衡
职业中期危险阶段(35～45岁)		现实地评估自己的才干,进一步明确自己的职业抱负及个人前途;就接受现状或争取看得见的前途做出具体选择;建立与他人的良师关系
职业后期(45岁～退休)	骨干成员、管理者、有效贡献者	成为一名工作指导者,学会影响他人并承担责任;提高才干,以担负更重要的责任;选拔和培养接替人员;如果求安稳,就此停滞,但要接受和正视自己的影响力和接受挑战的能力下降
衰退和离职阶段(45岁～退休)		学会接受权力、责任、地位的下降;学会接受和发展新的角色;培养工作以外的新的兴趣、爱好,寻找新的满足感;评估自己的职业生涯,着手退休
退休		适应角色、生活方式和生活标准的急剧变化,保持一种认同感;保持一种自我价值观,运用自己积累的经验和智慧,以各种资深角色,对他人进行传、帮、带

三、如何进行职业生涯规划

成功的人生需要正确规划,你今天站在哪里不重要,重要的是你下一步迈向哪里?职业生涯规划的目的绝不只是帮助一个人找到一份让别人羡慕的工作,达到和实现个人目标,更重要的是帮助个人真正了解自己,进一步详细估量内、外环境的优势和局限,在知己知彼的情形下,设计出符合个体实际情形的、合理且可行的职业生涯发展方向,确定一生为之奋斗的职业生涯目标。

个人职业生涯规划的内容虽然因人而异,但是在制订时需要考虑的要素却是基本相同的。职业生涯规划基本上分为:确定志向、自我评估、职业生涯机会评估、职业选择、职业生涯目标的确定与路线的选择、制订行动计划与措施、职业生涯评估与修正等阶段。这些阶段是一个周而复始的连续过程。

(一)确定志向

志向是事业成功的基本前提,没有志向,事业的成功也就无从谈起。立志是人生的起跑点,反映着一个人的理想、胸怀、情趣和价值观,影响着一个人的奋斗目标及成就的大小。所以,在制订生涯规划时,首先要确立志向,这是制订职业生涯规划的关键,也是个人职业生涯中最重要的一点。

(二)自我评估

自我评估的目的,是认识自己、了解自己。因为只有认识了自己,才能对自己的职业做出正确的选择,才能对自己的职业生涯目标做出正确的选择,才能选定适合自己发展的职业生涯路线。

自我评估包括对自己的兴趣、特长、性格、学识、技能、智商、情商、思维方式、道德水准以及社会中的自我等进行客观全面地评价。当然自我评估要求自我认识和他人评价相结合。通过自我评估可以认识自身条件,进行比较准确的自我评价,以便根据自身特点设计自己的职业志向和目标。

(三)职业生涯机会的评估

职业生涯机会的评估,主要是分析各种环境因素对自身职业生涯发展的影响。每一个人都处在一定的环境之中,特别是生活在一个特定的组织环境中。所以,在制订个人的职业生涯规划时,要分析环境条件的特点、环境的发展变化情况、自己与环境的关系、自己在这个环境中的地位、环境对自己提出的要求以及环境对自己有利的条件与不利的条件等等。只有对这些环境因素充分了解,才能做到在复杂的环境中趋利避害,使职业生涯规划具有实际意义。

(四)职业的选择

职业选择正确与否,直接关系到人生事业的成功与失败。据统计,在选错职业的人当中,有80%的人在事业上是失败者。由此可见,职业选择对人生事业发展是何等重要。如何才能选择正确的职业呢?至少应考虑以下几点:

- 性格与职业的匹配;
- 兴趣与职业的匹配;
- 特长与职业的匹配;
- 内外环境与职业相适应。

(五)确定职业生涯目标

职业生涯目标的确定,是职业生涯规划的核心。一个人事业的成败,很大程度上取决于有无正确适当的目标。只有树立了目标,才能明确奋斗方向。有效的职业生涯规划需要切实可行的目标,全心致力于目标的实现。

在目标的确定上,应根据主客观条件,以自己的最佳才能、最优性格、最大兴趣、最有利的环境等信息为依据来进行。目标不可过高或过低,还要把短期目标、中期目标、长期目标和人生目标结合起来,通过不断实现短期目标来最终实现长远目标。

（六）职业生涯路线的选择

职业生涯路线的选择，也是职业生涯发展能否成功的重要步骤之一。在职业生涯目标确定后，从什么方向上实现自己的职业目标，此时要做出选择，例如：是向行政管理路线发展，还是向专业技术路线发展……由于发展路线的不同，对职业发展的要求也不相同。因此，在职业生涯规划中，需要做出抉择，以便使学习、工作以及各种行动措施沿着自己的职业生涯路线或预定的方向前进。

（七）制订行动计划与措施

在确定了职业生涯目标和选择了职业路线后，行动便成了关键的环节。职业生涯的行动计划和措施一般都是具体的、可行性较强的，主要包括工作、训练、教育、轮岗、职业目标与其他目标的平衡等方面的措施。例如：为了达成目标，在工作方面，你计划采取什么措施，提高你的工作效率？在业务素质方面，你计划学习哪些知识，掌握哪些技能，提高你的业务能力？在潜能开发方面，采取什么措施开发你的潜能等，都要有具体的计划与明确的措施，以便定期检查落实情况。

（八）评估与修正

俗话说："计划赶不上变化"，影响职业生涯规划的因素诸多，有的变化因素是可以预测的，而有的变化因素难以预测。在此状况下，要使职业生涯规划行之有效，就需不断地对职业生涯规划进行评估与修正。评估与修正是指在实现职业生涯目标的过程中，根据实际情况自觉地总结经验教训，修正对自我的认识和定位，弄清楚自己喜欢并真正适合从事什么职业。在进行职业生涯规划时，由于对自身及外界环境都不了解，最初确定的职业生涯目标往往比较模糊或抽象，有时甚至是错误的。经过一段时间的工作后，有意识地回顾自己的得失，检验自己的职业定位和职业方向是否合适，以便及时进行修正。修正的内容主要包括职业的重新选择、职业生涯目标的修正、职业生涯路线的选择、实施策略计划的变更等。

7.3.3 任务同步训练

一、任务描述

在充分学习和认识职业生涯规划的基础上，认真思考，想想到底哪些人生阶段对职业生涯起到了关键性的作用，并且说一说这些阶段之所以关键的原因，并完成下面表单的填写。

二、同步训练任务书

任务名称	职业生涯关键环节	任务用时	15 分钟
同步训练描述	每位学生在充分认识和理解职业生涯规划的基础上,认真思考职业生涯中哪些阶段起着关键性的作用,并且说明一下你认为关键的原因。		
职业生涯关键环节			
关键阶段	原　因		

三、教师点评

本任务介绍了职业生涯规划的基本概念、职业生涯的阶段以及如何进行职业生涯规划等内容,这些内容看似与呼叫中心员工的职业生涯规划无关,其实确是呼叫中心员工在进行职业生涯规划前必须要了解和清楚的内容,只有了解清楚这些职业生涯规划的基本知识,我们才能有目标的、头脑清晰的制订好自己的呼叫中心职业生涯规划。

四、综合评价

任务名称	职业生涯关键环节		
任务完成方式	□小组协作完成 □个人独立完成		
评价:			
任务成绩(满分 100 分):			
自我评价 (20%)	小组评价 (20%)	教师评价 (60%)	
存在的主要问题:			

7.3.4　自主学习任务

王小姐是电子商务专业的学生,在找工作的时候比较有针对性,她的求职方式是海投简历,也面试过很多企业,但是王小姐却始终不想真正进入它们任何一家企业工作,因为她认为还没有进入工作的状态,没有动力,也认为没有好的机会。

王小姐曾经做过 3 个月的呼叫中心客户服务工作,但是她认为自己想要找有挑战性的工作,不想接听电话,因此,她想去呼叫中心质检岗位,因此,她的目标就是应聘质量监控专员,但是在面试的道路上却屡战屡败。

当有人问她为何一定要做质量监控专员,她坦言说:"因为不需要接听电话,没有太大的工作压力,也没有工作量的要求。"

认真阅读此案例,分析王小姐在职业认知上存在哪些问题?她如何才能找准自己的职业定位?

任务 4　职业生涯规划设计

7.4.1　任务引导

1. 任务情景

张艺谋,成功的职业生涯规划

今天,张艺谋已经成为中国电影的一面旗帜。其实,不只张导的电影好看,而张导迈向成功的职业发展历程也很值得我们借鉴。

1968 年初中毕业后,张艺谋在陕西乾县农村插队劳动,后在陕西咸阳国棉八厂当工人。1978 年进入北京电影学院摄影系学习。1982 年毕业后任广西电影制片厂摄影师。

1987 年,张艺谋导演的一部《红高粱》,以浓烈的色彩、豪放的风格,颂扬中华民族激扬昂奋的民族精神,融叙事与抒情、写实与写意于一炉,发挥了电影语言的独特魅力。正是这部电影,给张艺谋带来了一系列的荣誉,也让张艺谋成功地实现了从演员到导演的转型,并以一个成功导演的角色进入公众视野,奠定了张艺谋成功导演的地位。从此,张导便一发不可收拾,在经过一段艺术片的成功后,他又转向了商业大片,《英雄》等一部部商业大片的红火为他带来了巨大的声誉,并最终带他走到了中国电影旗帜的位置。

反观张艺谋的个人职业发展轨迹:插队劳动的农民—工人—学生—摄影师—演员—导演,一次次巨大的职业跳跃和转型才最终造就了一个成功的导演。特殊的历史环境,使得年轻时的张艺谋未能上高中就插队当了农民和当工人,很多人像他一样没有选择,但能坚持自己梦想的却不多。终于,在 1978 年,张艺谋以 27 岁的高龄去学习自己心爱的技术——摄影,为自己未来的转型进行积累。当你遭遇职业挫折、对自己职业状态不满意,尤其是确认眼前的工作并非自己真正的兴趣所在,可以考虑转型,要尽可能地向自己喜欢的职业靠拢,因为兴趣是认真工作的最大动力,转向自己喜欢的职业是保障转型成功的第一步。

重新进入课堂学习后,张艺谋老老实实的做起了摄影,虽然他的志向是导演,但他显然十分清楚自己要做什么。这个时候的他仍在学习,不是在课堂上,而是在实践中学习。当时,他拍摄的很多片子都是与当时已经很有名气的陈凯歌导演合作的,陈凯歌导演也可以算他半个师傅。他做摄影获奖的那部《黄土地》就是陈凯歌导演的。

乍一进入某个不太熟悉的领域,谁都会有些不适应。因此转型前应该做充分的准备,把这种不适应降至最小,从而促成转型成功。比如,进入一个陌生的领域,找个好师傅就是必要的。师傅不仅能够教授业务知识,还可以让你看清新行业的"门槛"。再次就是寻找"好榜样"。转型后你该怎么发展、怎么进步,最初可能有些摸不着头脑。你可以确立一个"榜样",分析他的成功轨迹,把每一个标准予以细分,做一个长期规划与短期规划。而有些人没有这样的规划。却只喜欢靠自己瞎摸索,结果绕了个很大的圈子才能走回正确的路上。

张艺谋拍了多年的艺术片,并且获得了成功,但他并没有就此将自己定位为一个文艺片的导演,而是果断地转向了商业片。反观部分职场人士,不懂得变通之道,没有长远的计划,只敢做熟悉的,不敢迈向新领域,这其实是职业生涯上的一种障碍。职业生涯规划师认为,始终坚持自己的职业规划,不满足于眼前的成功,敢于为自己的职业生涯设定新的起点和目标,或许正是张艺谋一步步走向成功最关键的秘诀所在。

这是一篇讲述张艺谋职业生涯的文章,从文中我们可以看到,张艺谋不仅不断的跨越职业领域,而且这种跨越是上升式的:农民—工人—学生—摄影师—演员—导演—国际大导演,他通过职业生涯的规划,不断拓展自己事业的广度和深度,这是值得我们学习的。那么同学们,你们知道职业生涯应该如何进行规划和设计吗?

2. 任务分析

同学们要想清楚的了解职业生涯如何进行规划和设计,需要了解以下几点内容:

(1) 职业生涯规划的目标是什么?

(2) 在职业生涯规划中如何对自我进行认知?

(3) 在认知自我之后,还需要进行哪些方面的认知?

(4) 行业认知应该了解哪些内容?

(5) 环境分析以及个人环境分析都包括哪些内容?

7.4.2　支撑知识

一份有效的职业生涯规划设计要求必须在明确职业生涯规划目标的前提下,在全面认识了解自己的同时,也需要进行必要的职业认知和环境分析,才能设计出更符合自己实际情况的职业生涯规划。

一、职业生涯规划的目标

职业生涯目标的确定是职业生涯规划的核心内容之一,在深入地自我分析的基础上,在对自己有了全面、深刻的了解之后,就需要对自己的职业生涯目标进行抉择了。如何制订自己的职业生涯目标呢?

（一）制订职业生涯目标的基本步骤

职业生涯目标的制订一般需要经过 6 个步骤：

1. 自我分析，认识自我，找出自己的特点和优势；

2. 对自己所处的内外环境进行分析，确定自己在内外环境中的位置及发展的潜力和机会；

3. 确定人生目标。把目标具体，详细地写出来；

4. 选择自己的生涯路线，决定向哪一方面发展，是从事行政管理工作，还是从事专业技术工作，还是从事其他的工作；

5. 对即将参加工作的人，可根据前面的分析结果选择适当的职业。对已经参加工作的人，可根据前面的分析结果审视自己目前的职业，必要时可重新选择。

6. 制订行动计划。按照目标的要求，制订详细的行动计划与措施，行动计划包括十年计划、五年计划、三年计划、明年计划、下月计划和明日计划。

（二）职业生涯目标制订的具体办法

职业生涯目标的设定可以通过如下方法与环节完成：

1. 发现愿望。在自我分析的基础上，冷静思考一下，想象你这一生最想得到的某些东西是什么，这些东西是你最想得到的，而不是因为别人想让你得到的。

2. 坚定信念。必须绝对相信你有足够的能力达到目标。

3. 记录下来。把你的目标记录下来，不作记录的目标不是目标，仅仅是愿望或者空想。

4. 明确利益。想象你的目标达成后为你带来的喜悦、成就、收获和满足。这些利益必须具有鼓舞性，必须能给予你足够的动力。

5. 找到着眼点。对自己认识越清楚，你就越可以发现从什么地方入手去实现你的目标，去实现你的愿望。计划和不懈的坚持，80％的目标都会达成。

6. 理清障碍。扫除实现目标的障碍，包括内部的、外部的、你本身的或者是环境造成的。

7. 附加信息。根据实现目标的需要，按优先次序区分所需的信息、技能、能力、经验，以决定怎么去达成。

8. 明确可以从哪里得到帮助。现代人的成功绝不是单打独斗的结果，都需要团队和别人帮助，因此，想成功地完成某事，需要很多人的帮助。

9. 做计划。要目标达成，必须根据时间和优先次序写下你的活动计划，这些计划可以是初步的、轮廓性的，不求计划是完美的。

10. 可预见性。每达成一个目标或阶段性目标时都要庆祝一下，并留下一个清晰的记忆，反复回忆目标达成时的喜悦和对未来充满的信心。

11. 坚持。切记在实现目标的过程中，千万不要放弃。

12. 对于目标要每天回忆，经常重写，经常重复你的目标。

（三）制订职业生涯目标应注意的问题

1. 要注重职业生涯发展环境，如组织环境、社会环境、经济环境等的分析。
2. 目标要适合自身的特点并建立在自身的优势之上。
3. 目标要高远但决不能好高骛远。
4. 目标幅度不宜过宽。
5. 要注意长期目标与短期目标间的结合。
6. 目标要明确、具体并可以量化，同一时期的目标不要太多。
7. 要注意职业目标与家庭目标以及个人生活与健康目标的协调与结合。

二、职业生涯规划中的自我认知

自我认知，又叫自我意识，是对自我进行全面的分析，认识和了解自己的特点，以便准确地为自己定位。自我认知的内容包括个人的职业价值观、气质、兴趣、能力与性格等。

（一）职业价值观自我认知

所谓的"职业价值观"是指人们最想从工作中得到什么。职业价值观反映了人们对奖励、报酬、晋升、发展或职业中其他方面的不同偏好，体现人们在工作中最看重什么，并影响着人们对就业方向和具体职业岗位的选择。呼叫中心坐席服务人员在职业价值观上大都属于合作型，他们人际关系较好，认为朋友是最大的财富，喜欢和客户有广泛沟通的工作。

（二）气质自我认知

现代心理学一般认为，气质是个体不以活动的目的和内容为转移的、典型的、稳定的心理活动的动力特征，是神经类型特征在人的行为上的表现。人们情绪体验的强弱，意志努力的大小，知觉或思维的快慢，注意力集中的时间长短，注意力转移的难易等，都是气质的表现。如有的人生机勃勃，有的人沉默寡言，有的人庄重冷静，有的人多愁善感。气质只表明人的心理活动和动力方面的差异，影响和制约着人的行动及其后果，所以，认清自己的气质，有助于职业生涯规划的成功。

对于呼叫中心坐席人员，他们的气质类型大都属于变化型的气质，这类人在变化性的工作中感到愉快，他们喜欢工作内容经常有些变化，在有压力的情况下他们工作得很出色，他们追求多样化的工作，善于将注意力从一件事情转移到另一件事情上。

（三）兴趣自我认知

兴趣是指对事物喜好或关切的情绪，它表现为人们对某件事物、某项活动的选择性态度和积极的情绪反应。"兴趣比天才更重要"，兴趣在人的实践活动中具有重要的意义，兴趣对于职业生涯的影响也意义深刻：兴趣是职业生涯选择的重要依据；可以增强职业生涯的适应性；影响工作满意度和稳定性。

美国心理学教授约翰·霍兰德曾经提出了具有影响力的职业兴趣理论，他认为人的人格类型、兴趣与职业密切相关,其中兴趣是人们活动的巨大动力,凡是具有职业兴趣的职业,都可以提高人们的积极性,促使人们积极地、愉快地从事该职业。在约翰的理论中,呼叫中心坐席员应该属于社会型职业兴趣类型,其特点是:喜欢与人交往,喜欢不断结交新的朋友,善言谈,愿意指导别人,关心社会问题,渴望发挥自己的社会作用,寻求广泛的人际关系。

(四)能力自我认知

心理学中,能力是指直接影响人的活动效率,并使活动的任务得以顺利完成的那些最必需的个性心理特征,是一种个体完成活动的主观条件。事业发展和能力之间有着不容置疑的直接关系,能力是一个人能否进入职业的先决条件,是职业适应性的首要的、基本的制约因素。能力的强弱直接影响到人们的工作效率。

一般说来,按照能力的倾向性,可分为一般能力和特殊能力。"一般能力"是指顺利完成各种活动所必备的基本能力,如观察能力、注意能力、记忆能力、思维能力、想象能力等。"特殊能力"是指从事某种专业活动所必需的能力,它指在特殊活动领域内发生作用,是完成有关活动必不可少的能力。一般认为:数学能力、音乐能力、写作能力等。而对于呼叫中心坐席人员来讲,最需要具备的能力是语言表达能力,即对词、句、段落、篇章的理解和使用能力,善于清晰而正确地表达自己的观点和向别人介绍信息的能力,包括语言文字理解能力和口头表达能力。

(五)性格自我认知

性格是人对现实的态度和行为中较为稳定的、独特的心理特征的总和,如正直、诚恳、热忱、谦虚、懒惰、粗心、傲慢等。心理学认为,性格与职业适应性有着紧密的联系,性格影响着一个人对职业的适应性,因此,在进行职业生涯规划时,不仅要考虑自己的职业兴趣和职业能力还要考虑自己的性格特征。

根据不同的划分方法,可以把性格分为很多种类,一般人们把性格分为两大类:内向型和外向型性格。

对于呼叫中心坐席人员,外向型性格更加适合呼叫服务工作,此性格特征为:心理能量倾向于外部世界,活泼开朗、善于交往、心直口快、感情外露、待人热情、不拘小节,适应环境的能力较强,但是注意力不稳定,兴趣容易转移。

三、职业生涯规划中的职业认知

"职业指导之父"帕森斯指出,要做好职业规划,除了要了解自我外,还要了解职业,如果对职业认识不清,就无法进行恰当的自我定位,即使对自我的认知很清晰,也难以制订出合适的职业生涯发展计划。

职业的概念由来已久,但是由于研究的目的不同,学者们从不同的角度、不同的侧面对职业的内涵进行了不同的界定。一般认为,职业是指具备劳动能力的个体,运用自身的知识、技能与态度,从事社会生产服务,为社会创造物质财富与精神财富,并获取合理的个人报酬,以满足自身的物质与精神需求的持续性活动。

（一）职业的要素：

1. 职业名称：职业符合的特征，它一般是由社会通用的称谓来命名的；
2. 职业主体：从事一定社会分工活动的劳动者，必须具有承担该职业活动所需要的资格和能力；
3. 职业客体：职业活动的工作对象、内容、劳动方式和场所等；
4. 职业报酬：通过职业活动所取得的各种报酬；
5. 职业技术：劳动者在从事职业活动中所运用的自然技术、社会技术与思维技术的总和。

（二）评估职业的方法：

当我们通过多种途径收集到职业的信息之后，就需要对信息进行筛选，评估你关注的职业是否符合你的目标，你各方面的资质与职业所要求的标准有多大的距离，在此基础上确立自己的奋斗目标，制订详细的职业生涯发展步骤。那么，如何进行评估呢？评估的方法很多，这里主要介绍常用的 PLACE 法。

PLACE 常用来对职业进行评估。全面获取某种职业的信息之后，根据 PLACE 法所给出的 5 个指标对职业信息进行分解，从各个层面认知该职业，从而评估你各方面的条件是否符合该职业的需要。

P（Position）：职位、职务，主要指该职位的日常工作有哪些，需要担负什么样的工作责任，处于什么样的工作层次。

L（Location）：工作地点，包括工作单位的地理位置、所处的环境状况、安全性等。

A（Advancement）：升迁、发展，指升迁的渠道有哪些，是否畅通；升迁速度如何。

C（Condition of employment）：工作状况，如工作时间、工资和福利、培训学习的机会等。

E（Entry requirements）：雇佣条件，包括所需的学历水平、专业、工作经验、能力、性格、气质等。

四、职业生涯规划中的环境分析

个人职业生涯成功与否，既受到个人自身条件的影响，同时也受到他所处的客观环境的影响。所以，一份有效的职业生涯规划要求在全面认识了解自己的同时，也需要进行必要的环境分析，以评估职业机会。通过充分分析了解环境的特点、环境的发展变化、个人在环境中地位等条件，同时结合自我认知。总的来说，职业生涯规划的环境分析包括：社会环境分析、行业环境分析、组织环境分析以及个人环境分析四个部分。

（一）社会环境分析

经济环境：就业地区的经济形势的好坏、经济发展水平的高低、劳动力市场供求状况、产业结构调整的冲击以及居民的收入水平都属于经济环境的影响因素，这些都是在进行职业生涯规划的时候必须要了解的问题。例如：经济形势的变化对职业的影响是最为明显且最为复杂的,当经济处于萧条时期时,企业的效益降低,对人力资源的需求就会较少,因而职业发展的机会就会相应的减少;再比如,在经济发展水平高的地区,企业相对集中,优秀企业也就比较多,个人职业选择的机会就比较多,因而有利于个人职业的发展等等。

科技环境:科学技术的发展,有时直接决定着一个行业的兴衰;其次,科技的发展会带来理论的更新、观念的转变、思维的变革、技能的补充等,而这些都是职业生涯规划中不可或缺的因素。这样在职业生涯规划中,个人时刻要注意的问题就是目前关键的职业技能、技术是什么,自己是否已经具备了应有的职业技能,如何提升职业技能的开发与管理等。

政治法律环境:政治不仅影响到已过的经济体制,而且影响到企业的组织体制,如政府有关人员招聘、工时制、最低工资的强制性规定、现行的户籍制度、住房制等,从而对职业生涯的规划产生重要的影响。另外,关注国家重大政策走向和社会发展潮流,将为职业生涯规划提供重要依据。

社会文化环境:社会文化反映人们的基本信念、价值观和规范的变动,在良好的社会文化环境中,个人能力受到良好的教育和熏陶,从而为职业生涯打下了更好的基础。

社会价值观:一个人生活在社会环境中,必然会受到社会价值观念的影响,大多数人的价值取向在很大程度上都是被社会主体价值取向所左右。个人思想发展、成熟的过程,其实就是认可、接受社会主体价值观的过程。社会价值观念正是通过影响个人价值观念而影响个人的职业选择。

(二)行业环境分析

行业发展现状:对呼叫行业发展现状进行分析,了解自己现在从事的是什么行业,这个行业目前是怎么样地一个发展趋势,是一个逐渐萎缩的行业还是一个朝阳产业。

国际国内重大事件对该行业的影响:行业的发展是否容易受到国际国内重大事件的影响,进而影响到该行业能否提供较多的职业机会,比如2008年的北京奥运会给建筑业、旅游业和服务业提供较大的发展和较多的发展机会。

行业发展前景预测:发展前景预测可以从两个方面进行:一方面是行业自身的生命力,是否有技术、资金支持等,另一方面也要考虑和研究国家对相关行业的政策。

(三)组织环境分析

企业内部环境:企业内部环境对个人的职业生涯有直接的影响,所有的人都处于企业的小环境之中,个体的发展与企业的发展息息相关,对企业环境进行分析,可以使个人及时地了解企业的实际发展状况和前景,把个体的发展与企业的发展联系在一起,并融入企业之中,这有利于个人做出正确的职业生涯规划。

企业文化:企业文化是全体员工在长期的生产经营活动中形成并共同遵循的最高目标、价值标准、基本信念和行为规范。企业文化决定了一个企业如何看待其员工,故员工的职业生涯是为企业文化所左右的。一个主张员工参与管理的企业显然比一个独裁的企业能为员工提供更多的发展机会。

企业制度:企业制度包含了合理的管理制度、用人制度、培训制度、晋升制度、绩效考核制度、薪酬制度等。企业员工的职业发展,归根到底要靠企业管理制度来保障,没有制度或者制度定得不合理、不到位的企业,员工的职业发展就难以实现。

领导人的素质和价值观:企业文化和管理风格与其领导的素质和价值观有直接的关系,企业经营哲学往往就是企业家的价值观。很多成功的企业往往都有一位出色的企业领导人。企业主要领导人的抱负及能力是企业发展的决定性因素。

（四）个体环境分析

家庭环境:家庭是孩子教育成长的第一所学校,家庭的环境氛围、父母的教育方式对孩子的成长教育起着重要的作用。美国心理学家通过对一批杰出的物理学家、生物学家和社会学家的个体发展历程的研究发现,早期所受的抚养和教育方式不同,影响着被教育者所从事的职业类型和创造水平。由此可见,家庭抚养和教育方式影响着其子女的兴趣、爱好、性格的熏陶与培养,而最终直接影响着其个人职业能力的发展。

教育背景:职业进展深受教育或专业训练的影响,教育上的成功与职场的晋升有明显的关联,教育是改变职场阶层的主要动力。教育程度虽然是事业成功中不可缺少的因素,但对大多数的职业而言,也未必尽然。现在企业对录用者能做什么较有兴趣,而不是只注意他们的教育资格。一般来说,企业要找的是既要受过正规教育,又具备某些没有固定规范的个人发展潜力的人。

7.4.3　任务同步训练

一、任务描述

在充分学习、认识职业生涯规划和设计基本知识的基础上,认真思考自己实际情况,对自我进行一次全面的分析,对自己有一个全方位的评价,从而为自己进一步的职业生涯的确定做好准备。

二、同步训练任务书

任务名称	自我认知分析	任务用时	15分钟
同步训练描述	每位学生在充分认识和理解职业生涯规划设计知识的基础上,认真思考自己实际情况,对自己展开一次全面的自我认识,同时完成下面表单的填写。		
自我认知分析			
分析点	我的情况		
职业价值观			
气质			
兴趣			
能力			
性格			

三、教师点评

职业生涯规划设计是在考虑主客观综合因素，在对自我及环境进行全面分析的前提下，制订出或者设计出符合实际情况的职业生涯规划，从而使整个职业生涯更加趋于合理与专业，所以本任务的内容十分重要。

四、综合评价

任务名称	自我认知分析	
任务完成方式	□小组协作完成 □个人独立完成	
评价：		
任务成绩（满分100分）：		
自我评价 （20%）	小组评价 （20%）	教师评价 （60%）
存在的主要问题：		

7.4.4 自主学习任务

上面提到的同步任务仅是结合自己实际情况，对自身的自我认知，希望同学们利用业余时间对自身的客观情况进行分析，从而使自己的职业生涯规划更加全面和完整。

任务5 呼叫中心员工的职业生涯规划

7.5.1 任务引导

1. 任务情景

"在知识经济时代，人力资本已经超出其他一切资源并成为决定企业经营成败的关键因素，但对于呼叫中心这种高流失率的行业来说培养人才和留住人才却成了一个最困难的问题。从对近200个从事6个月以上呼叫中心工作的一线员工进行的访谈中得知，他们大多数人对工作感受的基本总结都是"枯燥的、重复的、毫无激情的、厌倦的"，而这些感受绝大部分源于对职业前景的迷惘和发展空间的局限，所以在这里我们不得不再次提及如何完成呼叫中心员工的职业生涯计划。毕竟企业吸引人才的最重要条件之一就是提供给员工合适的、可上升的发展空间。我们一天50%的时间都花在了工作上，所以'选择了一个工作,就是选择一种生活',如果能实现个人生涯计划与企业经营规划的统一,不仅能调动全体员工的积极性,也能不断提高企业产品和服务的质量。"

这是一篇新闻,其中对呼叫中心员工职业生涯规划的重要性进行了说明,足以体现出职业生涯规划对呼叫中心员工来讲更为重要,那你知道作为呼叫中心员工该如何进行职业生涯规划吗?

2. 任务分析

作为呼叫心中员工,该如何进行职业生涯规划呢? 要弄清这个问题,需要注意以下几点:

(1) 呼叫中心的职级、职等问题;

(2) 了解呼叫中心各岗位所承担的工作内容和职责;

(3) 呼叫中心员工晋升的路径有哪些;

(4) 针对于呼叫中心员工,该如何进行职业生涯的规划。

7.5.2 支撑知识

一、呼叫中心的职级职等

职级是同一序列岗位在级别上的区分,例如销售代表岗位,可分为普通销售代表、中级销售代表、高级销售代表三个职级,即指将工作内容的难易程度、责任大小、所需资格皆很相似的职位划分为同一职级,实行同样的管理与报酬。职级的职位数量并不相同,至少一个,多至数个。职级是录用、考核、培养、晋级人员时,从专业程度和能力上考虑的依据。

在职级设计上,专业技能的考察并不是唯一的,尤其在企业中,要求更为广泛。企业不仅对个人学识有要求,更为重要的是,要求每个人可以很好地和团队相互配合,期待可以有人带动团队的发展等等。在企业的综合要求下,这些被设计进入职级的分布,以使得每个人知道自己的地位、缺失、将来的努力方向。

通常的职级设计中,专业素质为第一考量点,其他企业工作要求为辅助考量点。比如:在满足了专业素质要求的前提下,人际关系为下次职级晋升的第二考量点,是否得以晋升。这些考量点综合起来可以评价一个人的职级究竟可以到多少,以及为什么还不能晋升。乍看之下,职级可以无限排序,那么似乎所有人都可以用职级定位。但在现实工作中,职级是有局限性的,因为企业的职位具有多样化、多变性的特点,这时就需要引入职等这一概念。

职等是针对岗位的等级划分,各个序列下的岗位,可以依据职等进行横向比较。职等是在不同职级之间,把职责轻重、工作繁简复杂情况以及任职资格条件充分相同的职位归入同一等。同一职等上职位的劳动报酬相同,所有的职位都可以归入适当的职等。职等是工资、待遇、奖惩、调整的依据。例如,各部门经理:财务经理、销售经理、人力资源经理等都属于同一职等。

呼叫中心的组织结构和人员构成,按照职级来看,分别为:一线、二线(值班长)、TL、SV、OM 等职位。一线客户信息服务人员按照岗位技能共设有四个等级:初级(客户信息服务员,国家职业资格五级)、中级(高级客户信息服务员,国家职业资格四级)、高级(助理客户信息服务师,国家职业资格三级)、技师级(客户信息服务师,国家职业资格二级)。

按照职等来看,呼叫中心分别有运营团队和支撑团队,运营团队包括:受话团队、非受话团队;支撑团队包括:报表专员、培训专员、人事行政专员、质控专员、流程工程师等岗位。

表7-2　岗位与级别对照表

级别	运营团队					支撑团队					
六级	/	/	电话营销班长	/	高级专家坐席	客户关注主管	质量管理主管	培训主管	信息管理主管	高级信息分析员	系统管理主管
五级	咨询班长	业务组长	/	/	专家坐席	/	质检专员	培训导师	知识管理员	/	系统管理员
四级	/	/	电话营销组长	集团客户专家	资深客服代表	客户关注专员	/	助理内部讲师	/	信息分析员	助理系统工程师
三级	咨询组长	业务组长	电话营销代表	专席	/	/	助理品质专员	/	/	/	/
二级	客户服务代表	四星级/五星级	/	/	/	助理客户关注专员	/	/	信息采编/题库管理	助理信息分析员	/
一级	客户服务代表	三星级/二星级/一星级	/	/	/	/	/	/	/	/	/

职位级别划分,目的在于明确薪资制订标准以及明晰员工职业发展通道,为加薪以及晋升提供依据。从表中可以清晰地发现,呼叫中心客户服务代表的职业发展有三种通道:既可以在客服岗位纵向发展,即同组晋升;也可以在同级别岗位横向发展,即平级转岗;还可以在具备一定的知识和技能后跨组晋升。

一般来说,呼叫中心员工在同一岗位每担任一年(超过6个月以上)可申请调整职级;每担任两年(超过18个月)的员工可申请调整职等。调整后的职等职级不能超出该岗位的核定范围。新进员工应根据该员工拟担任的岗位的职等职级浮动范围,并且结合该员工的学历、工作熟练程度(工作经验)、工作能力核定该员工的职等职级。原则上职等应从低,职级以中间级为基准。

二、员工的职位晋升

晋升是指员工由较低层级职位上升到较高层级职位的过程。企业需要评价员工,看其是否能晋升到高一层级的职位上去。晋升机制有两个作用:仪式资源配置;二是提供激励。所谓资源配置的作用通俗地说就是合适的人做合适的事情,实现能力和职位的匹配,这是人力资源管理的一项重要任务;其次,提供激励是指较高层级职位的收入和地位给处于较低层级职位的员工提供了激励。传统观念依然影响着现代社会的员工,他们的价值观中有一种根深蒂固的观念,就是在企业中身居要职是能力和地位的象征,甚至将晋升当做个人成功的主要衡量标准。所以,良好的晋升机制给员工创造了争相晋升的氛围,能够提升员工的工作积极性和工作效率。

呼叫中心坐席职业的发展空间包括以下三个方面:

① 本部门正常晋升,坐席——组长——项目经理——经理——总监;

② 竞争本单位其他岗位和晋升机会,这主要是由于坐席人员掌握企业很多的客户资源,并且熟悉企业的全部业务内容和业务流程,因此能更容易得到这些机会;

③ 通过熟悉、掌握呼叫平台,利用呼叫平台创业。在呼叫中心工作,不但能熟悉掌握呼叫平台的运营,而且能深刻体验呼叫平台的作用,因此一旦有机会,可以利用呼叫平台及在公司建立的良好人际关系进行创业。

三、呼叫中心员工的职业生涯路径

在市场竞争日益激烈的今天,客户服务已经被提升到了企业战略高度,越来越多的呼叫中心开始将员工的职业生涯规划提上日程,通过帮助坐席代表明确个人职业生涯目标和企业目标,给予个人发展空间和机会作为推动个人工作积极性的激励,从而达到企业持续发展的目的。作为呼叫中心从业人员,该如何把握目前行业发展契机,完成自身职业规划的设计与发展? 我们先来看看,今天的呼叫中心缺乏哪些人才?

(一) 呼叫中心高端管理人才

目前呼叫中心的管理层基本上由两种类型的人员组成:一类是从实践中提拔起来的客户服务代表;一类是其他职位人员转行过来的。第一类的管理者具有丰富的一线经验,但是由于管理经验的限制,难以承担目前呼叫中心战略执行者的任务;第二类管理者由于缺乏呼叫中心运营经验,难以带领呼叫中心走上规范化、数字化管理的道路。高端呼叫中心管理人才的匮乏正是客户服务代表进行职业规划的契机,客户服务代表可以沿着从一线客服到领班到客服经理到客服总监的职业道路进行职业生涯的规划。

(二) 呼叫中心培训专家

随着呼叫中心业务划分越来越细,所需要的技能也越来越广泛,包括语音、沟通、营销、冲突处理、数据分析、流程规范、客户管理、客户关怀、服务模式创新等方面,这些技能的需求导致了呼叫中心培训行业的繁荣。目前国内大部分呼叫中心的优秀管理人才都转入培训行业,但是培训老师依然比较缺乏,所以成为呼叫中心培训师是从业人员可以选择的另一条职业发展道路。

（三）呼叫中心管理咨询顾问

中国呼叫中心行业的快速发展遇到了前所未有的呼叫中心运营管理的需求和人才瓶颈。许多呼叫中心需要专家来帮助他们建立专业化的运营中心来提高他们的服务水平。客户服务代表可以通过努力成为呼叫中心管理咨询的顾问。

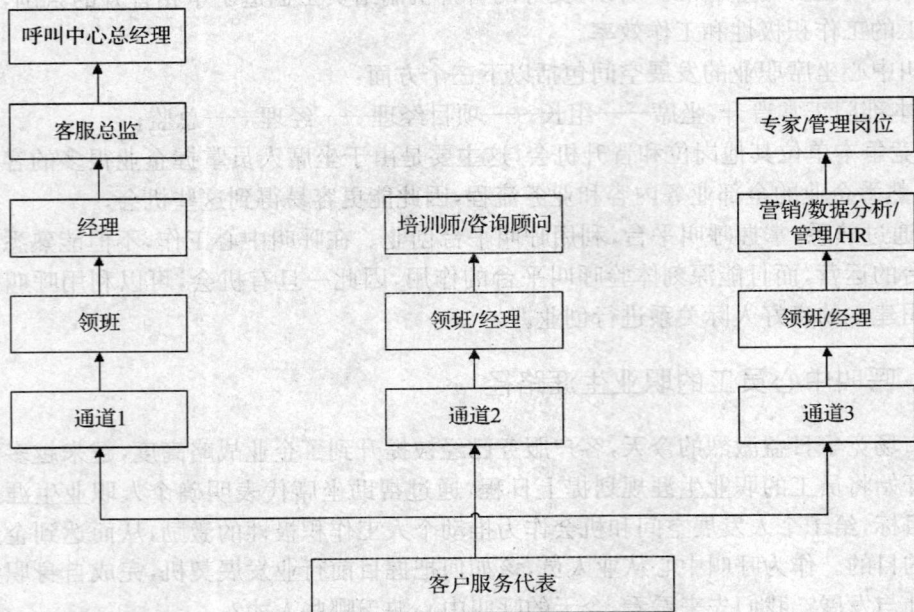

表 7 – 3　客户服务代表职业发展

客户服务代表职业发展
坐席员要想在职业生涯中取得成功,必须在这个职业过程中做到如下:

- 熟悉公司业务、运营模式、运营流程;
- 研究呼叫中心管理模式、运营流程、盈利模式和部门价值;
- 形成综合管理素质和能力,广泛涉猎各领域知识,包括财务、人力资源、业务、数据、销售等方面;
- 具有客户关系管理能力;
- 具有矫情的团队协作、战略执行、商务谈判、理解沟通能力;
- 善于抓住和利用培训机会,不断进行自我学习和提高。

四、呼叫中心员工的职业生涯规划

在我国,社会对呼叫中心从业人员的定位并不是很高,很多人认为坐席员"不过就是一个接电话的",甚至坐席员自身的潜意识也和这种认识相一致。对职业缺少认同感和归属感,导致准备投身该行业的人产生一定的心理阻力,已经身在其中的很多人又会把这份工作作为职业发展的一个过渡阶段或者提升平台,一旦出现更好的机会,他们便会选择离开。如果说社会认知程度较低是一种外在压力,那么,呼叫中心的工作中复兴强,精神压力较大,很多从业者会感到枯燥和缺少发展空间,则是一种内在压力。正是这种内外并存的压力导致呼叫中心离职率较其他行业高出很多。因此,了解这个行业,了解呼叫中心的工作,根据自己的自身情况和职业目标设计出实现其个人合理的职业生涯规划,才能最大程度上调动自己的积极性和创造性,在呼叫服务岗位上作出自己满意的成绩,才能走好自己的职业生涯之路。

(一)呼叫中心员工的职业生涯规划的方向

纵向发展:呼叫中心员工的职务等级由低级向高级提升,如由客户服务代表到组长,由组长到客服主管等;

横向发展:员工在同一层次不同职务之间的调动,如:由呼入电话的客房代表转岗到呼出电话的客服代表,由业务管理到品质管理等,此种横向发展可以发现员工的最佳发挥点,同时又可以使员工积累各方面的经验,为以后在呼叫中心行业内发展创造有利条件;

向呼叫中心核心方向发展:虽然职务没有晋升,却担负了更多的责任,有了更多的机会参加更有挑战性的工作,如掌握多项技能的自身客服代表、呼叫中心内部培训专家,服务客户产品专家等。

(二)呼叫中心员工职业生涯设计的一般原则

① 确定志向

志向是事业成功的基本前提,没有志向,事业成功也就无从谈起。立志是人生的起跑点,反映着一个人的理想、胸怀和价值观,影响着一个人的奋斗目标机成就的大小。所以,在制订职业生涯规划的时候,首先要确立志向,如果选定呼叫服务行业,再想想自己要发展到这个行业的哪个职位层次等等。

② 自我评估

自我评估的目的是认识自己、了解自己。因为只有认识了自己,才能对自己的职业做出正确的选择,才能选定适合自己发展的职业生涯路线,才能对自己的职业生涯目标做出最佳的选择。自我评估包括了自己的兴趣、特长、性格、学识、技能、思维方式等等。

③ 职业生涯机会的评估

职业生涯机会的评估,主要是评估各种环境因素对自己职业生涯发展的影响,每一个人都处在一定的环境之中,离开了这个环境,人们的各种机遇也是不一样的。所以,在制订个人的职业生涯规划时,要分析环境条件的特点、环境的发展变化情况、自己与环境的关系、自己在这个环境中的地位、环境对自己提出的要求以及环境对自己有利的条件与不利的条件等等,只有对这些环境因素有了充分的分析,才能做到在负责的环境中趋利避害,使自己的职业生涯规划具有现实的意义。

④ 职业选择

职业选择正确与否,直接关系到人生事业的成败。如何才能选择正确的职业呢?至少应考虑以下几点:

● 性格与职业的匹配;

- 兴趣与职业的匹配;
- 特长与职业的匹配;
- 内外环境与职业相适应。

职业生涯路线的选择决定在职业确定后,向哪一条路线发展,例如向行政管理路线发展,还是向专业技术路线发展,或是先走技术路线再转向行政管理路线……此时要做出选择。由于发展路线不同,对职业发展的要求也不相同。因此,在职业生涯规划中,需做出抉择,以便使学习、工作以及各种行动措施沿着自身的职业生涯路线或预定的方向前进。通常职业生涯路线的选择需要考虑以下三个问题:

- 我想往哪一路线发展? ——职业生涯路线的选择要考虑个人的兴趣、志向。
- 我能往哪一路线发展? ——职业生涯路线的选择要充分考虑个人的客观条件,包括能力特点、性格倾向、知识积累等。
- 我可以往哪一路线发展? ——职业生涯路线的选择还要考虑家庭环境、社会环境等所提供的客观上的可能性。

⑤ 设定职业生涯目标

职业生涯目标的设定,是职业生涯规划的核心。一个人事业的成败,很大程度上取决于有无正确适当的目标。只有树立了目标,才能明确奋斗方向,沿着方向一步一步地走向成功。通常目标分为短期目标、中期目标、长期目标和人生目标,短期目标一般为 1～2 年,中期目标一般为 3～5 年,长期目标一般为 5～10 年。

⑥ 制订行动计划与措施

在确定了职业生涯目标后,行动便成了关键的环节,没有为了目标努力的行动,目标就难以实现,也就谈不上事业的成功。这里所指的行动,是指落实目标的具体措施,主要包括工作、训练、教育、轮岗等方面的措施。例如,为了达成目标,在工作方面,你计划采取什么措施提高工作效率? 在业务素质方面,你计划学习哪些知识,掌握哪些技能,以提高业务能力? 在潜能开发方面,采取什么措施开发你的潜能等,都要有具体的计划与明确的措施,并且这些计划要特别具体,以便于定时检查。

⑦ 评估与回馈

俗话说:"计划赶不上变化",同样的道理,影响职业生涯规划的因素诸多,有的变化因素是可以预测的,而有的变化因素是难以预测的。在此状况下,要使职业生涯规划行之有效,就需要不断地对职业生涯规划进行评估与修订。其修订的内容包括:职业的重新选择、职业生涯路线选择、人生目标的修正、实施措施与计划的变更等。

五、呼叫中心员工职业生涯发展目标设立的误区

(一)设置了不属于自己的目标

如果你设定的目标不是自己的优势所能达到的,而自己的专业、兴趣、能力等也不适合这个目标,那么你的发展目标将不会很好地完成。

（二）职业目标与人生的其他目标不相关

一个人一生中的角色有多种，既要为生计设计，又要为生活设计，要兼顾多种人生的需求，所以，有的人不顾其他的生活愿望，只制订一个工作的目标，是不可行的，人生既是一个创造的过程，也是一个享受的过程。

（三）长期目标与短期目标相脱节

把长期目标制订的过于笼统，不切合实际，造成目标与现实有距离，与短期目标努力的方向不同，导致有些努力和辛劳得不到积累的效应，效率过低，浪费时间。

呼叫中心员工职业生涯规划是呼叫服务人员有计划、有目标的进行工作和提升自己职业技能的重要一环，但是仅仅有规划是远远不够的，再好的计划如果没有有效的实施其目标都是难以达成的，所以呼叫服务人员一旦确立好自己的职业发展目标和规划之后，一定要沿着既定的方向一点一滴的努力，一步一个脚印的向前迈进，同时通过呼叫中心的各类培训、通过呼叫服务的实际操作，积累更多的理论知识和实际经验，为今后往更高层次提升做好准备。

7.5.3 任务同步训练

一、任务描述

假如你选择了呼叫服务行业作为你的职业领域，那么请根据本任务的内容和你自己的职业生涯目标，设计出一个较为详细的职业生涯规划表，完成下面表单的填写。

二、同步训练任务书

任务名称	职业生涯规划表	任务用时	25分钟
同步训练描述	每位学生在确立职业呢生涯目标的前提下，对实现这个目标进行一个全面的规划，列出一个符合实际的计划执行表，让整个规划清楚明了。		
职业生涯规划表			
阶段目标	计划实现的时间	需要学习的内容/成长的方式	所必须具备的能力

三、教师点评

呼叫中心员工的职业生涯规划是让员工明确自己的职业方面、确立自己的职业目标的最好方式,它是实现职业目标的阶段性计划,如果没有这些计划,呼叫中心员工将出现迷茫、不知所措的现象,所以每一位打算从事这个职业的学生都必须重视职业生涯规划这个问题。

四、综合评价

任务名称	职业生涯规划表		
任务完成方式	□小组协作完成 □个人独立完成		
评价:			
任务成绩(满分100分):			
自我评价 (20%)		小组评价 (20%)	教师评价 (60%)
存在的主要问题:			

7.5.4 自主学习任务

对于同步训练任务中设计出的职业生涯规划表,利用业余时间对于每个阶段规划进行进一步的细化,转化成每个阶段的小目标,提高职业生涯计划的可执行性。

参考文献

[1] 赵溪. 呼叫中心运营与管理. 北京. 清华大学出版社. 2010

[2] 赵溪. 客户服务导论与呼叫中心实务. 第 3 版. 北京. 清华大学出版社. 2010

[3] 曹倩. 呼叫中心职业素质及职业生涯规划. 北京. 清华大学出版社. 2013

[4] 刘文纲. 客户呼叫中心实务. 北京. 中国经济出版社. 2012

[5] 许爱国. 呼叫中心实务. 北京. 清华大学出版社. 2013

[6] 王晓望. 客户关系管理实践教程. 北京. 机械工业出版社. 2011

[7] 许海燕,郭晨东. 呼叫中心管理手册. 北京. 经济管理出版社. 2010

[8] 刘慎. 呼叫中心从业人员心理健康及客户沟通心理学. 北京. 清华大学出版社. 2013

[9] 刘宇. 呼叫中心坐席员培训教程. 北京. 人民邮电出版社. 2009

[10] 宫冠英. 呼叫中心实训指导. 北京. 清华大学出版社. 2011

[11] 杨萍. 呼叫中心:玩转运营. 成都. 成都时代出版社. 2012

[12] 王鲁捷,葛舜卿. 呼叫中心管理案例集. 北京. 华艺出版社. 2011

参考文献

[1] 彭聃龄. 普通心理学[M]. 北京: 北京师范大学出版社, 2016.
[2] 姚梅林. 学与教的心理学[M]. 第3版. 上海: 华东师范大学出版社, 2019.
[3] 莫雷. 教育心理学[M]. 广东: 广东高等教育出版社, 2013.
[4] 邵瑞珍. 教育心理学[M]. 上海: 上海教育出版社, 2012.
[5] 冯忠良. 教育心理学[M]. 北京: 人民教育出版社, 2015.
[6] 张春兴. 教育心理学[M]. 杭州: 浙江教育出版社, 2011.
[7] 陈琦, 刘儒德. 当代教育心理学[M]. 北京: 北京师范大学出版社, 2020.
[8] 皮连生. 教育心理学[M]. 上海: 上海教育出版社, 2011.
[9] 伍新春. 儿童发展与教育心理学[M]. 北京: 高等教育出版社, 2015.
[10] 刘儒德. 教育心理学[M]. 北京: 人民邮电出版社, 2009.
[11] 张大均. 教育心理学[M]. 北京: 人民教育出版社, 2011.
[12] 王振宇. 儿童心理学[M]. 南京: 江苏教育出版社, 2017.